Propos sur l'éducation

suivis de

Pédagogie enfantine

Alain

Propos sur l'éducation

suivis de

Pédagogie enfantine

ÉDITION REVUE
ET AUGMENTÉE
PAR ROBERT BOURGNE

QUADRIGE / PUF

ISBN 2 13 052379X
ISSN 0291-0489

Dépôt légal :
Propos sur l'éducation – 1re édition : 1932
Pédagogie infantine – 1re édition : 1963

Nouvelle édition revue et augmentée (1re édition « Quadrige ») : 1986
5e édition « Quadrige » : 2001, novembre

6, avenue Reille, 75014 Paris

Avertissement

La présente édition joint aux Propos sur l'Éducation *la* Pédagogie enfantine, *préparation rédigée par Alain d'un cours professé au Collège Sévigné. Ce texte assurera une meilleure intelligence des propos, dans la mesure où il en explicite la cohérence doctrinale et l'assise philosophique. On trouvera également à titre de documents quelques pages inédites, tirées du* Journal d'Alain *et de* Souvenirs sans égards.

La datation de chaque propos, à partir de l'indication manuscrite portée sur son propre exemplaire par Mme Morre-Lambelin, à qui est dû ce recueil, permettra de le situer dans l'ensemble de la production d'Alain. Une annexe renvoie aux diverses publications et recueils dans lesquels chaque propos se retrouve.

Robert BOURGNE

Avant-propos

Qui observe les natures individuelles arrive bientôt à cette idée que chacune d'elles se développe suivant sa loi interne, comme un pommier, qui ne peut donner des prunes. Cette idée si fortement appuyée sur l'aspect extérieur, et aussi sur les réactions de l'humeur si constantes en chacun, si différentes de l'un à l'autre, cette idée est vraie mais elle n'est pas vraie seule. On ne change point une nature, en ce sens que l'un aura sa manière d'être charitable, affectueux, courageux ; l'autre, une autre. Aussi l'éducation ne doit-elle pas prendre comme fin de donner à l'un les sentiments de l'autre. Comme l'écriture elle est propre à chacun quoique le modèle soit commun ; les mêmes idées, les mêmes mots, non le même trait. Mais n'importe quelle écriture peut porter une bonne maxime. Il faut en dire autant de ces traits de nature, qui sont invincibles, mais qui en même temps ne sont nullement rebelles à l'éducation véritable qui n'est que développement. Il y a dans l'être humain la pensée qui est universelle. Par exemple la géométrie. Ainsi cette contradiction que vous voulez voir entre l'idéal humain des sentiments et la nature strictement individuelle, cette contradiction n'est pas extérieure à l'individu, elle est logée en lui. A chaque instant elle est résolue en lui. En chacun la commune nature humaine se réalise par des moyens qui sont propres à lui ; chacun a sa manière de retenir et même de comprendre. Et ce qu'il faut remarquer, c'est que la valeur humaine universelle, en un Descartes, n'exclut nullement la nature individuelle. Nul développement n'est plus intérieur et original que celui de cet homme, qui est pourtant, qui est justement à cause de cela, modèle pour tous et bien commun. Il n'y a d'utile que ce qui est inimitable, parce que nous y trouvons le modèle du spontané et l'exemple du salut possible. Justement parce que Descartes n'a point abdiqué jamais. Cette grosse lèvre PENSE.

ALAIN

Collège Sévigné, 6 juin 1921

Propos sur l'éducation

I

Des gens jouaient aux *Lettres*, jeu connu; il s'agit de former des mots avec des lettres éparpillées; ces combinaisons excitent l'attention prodigieusement; l'extrême facilité des petits problèmes à trois ou quatre lettres engage l'esprit dans un travail assez fatigant; belle occasion d'apprendre les mots techniques et l'orthographe. Ainsi, me disais-je, l'attention de l'enfant est bien facile à prendre; faites-lui un pont depuis ses jeux jusqu'à vos sciences; et qu'il se trouve en plein travail sans savoir qu'il travaille; ensuite, toute sa vie, l'étude sera un repos et une joie, par cette habitude d'enfance; au lieu que le souvenir des études est comme un supplice pour la plupart. Je suivais donc cette idée charmante en compagnie de Montaigne. Mais l'ombre de Hegel parla plus fort.

L'enfant, dit cette Ombre, n'aime pas ses joies d'enfant autant que vous croyez. Dans sa vie immédiate, oui, il est pleinement enfant, et content d'être enfant, mais pour vous, non pour lui. Par réflexion, il repousse aussitôt son état d'enfant; il veut faire l'homme; et en cela il est plus sérieux que vous; moins enfant que vous, qui faites l'enfant. Car l'état d'homme est beau pour celui qui y va, avec toutes les forces de l'enfance. Le sommeil est un plaisir d'animal, toujours gris et sombre un peu; mais on s'y perd bientôt; on y glisse; on s'y plonge, sans aucun retour sur soi. C'est le mieux. C'est tout le plaisir de la plante et de l'animal, sans doute; c'est tout le plaisir de l'être qui ne surmonte rien, qui ne se hausse pas au-dessus de lui-même. Mais bercer n'est pas instruire.

Au contraire, dit cette grande Ombre, je veux qu'il y ait comme un fossé entre le jeu et l'étude. Quoi ? Apprendre à lire et à écrire par jeu de lettres ? A compter par noisettes, par activité de singe ? J'aurais plutôt à craindre que ces grands secrets ne paraissent pas assez difficiles, ni assez majestueux. L'idiot s'amuse de tout; il broute vos belles idées; il mâchonne; il ricane. Je crains ce sauvage déguisé en homme. Un peu de peinture, en jouant; quelques notes de musique, soudainement interrompues, sans mesure, sans le sérieux de la chose. Une conférence sur le radium, ou la télégraphie sans fil, ou les rayons X; l'ombre d'un squelette; une anecdote. Un peu de danse; un peu de politique; un peu de religion. L'Inconnaissable en six mots. « Je sais, j'ai compris », dit l'idiot. L'ennui lui conviendrait mieux; il en sortirait, peut-être; mais dans ce jeu de lettres il reste assis et fort occupé; sérieux à sa manière, et content de lui-même.

J'aime mieux, dit l'Ombre, j'aime mieux dans l'enfant cette honte d'homme, quand il voit que c'est l'heure de l'étude et qu'on veut encore le faire rire. Je veux qu'il se sente bien ignorant, bien loin, bien au-dessous, bien petit garçon pour lui-même; qu'il s'aide de l'ordre humain; qu'il se forme au respect, car on est grand par le respect et non pas petit. Qu'il conçoive une grande ambition, une grande résolution, par une grande humilité. Qu'il se discipline et qu'il se fasse ; toujours en effort, toujours en ascension. Apprendre difficilement les choses faciles. Après cela bondir et crier, selon la nature animale. Progrès, dit l'Ombre, par oppositions et négations.

II

Il m'est arrivé de répondre à quelque enquête de pédagogie. Ce n'est toujours que donner un bon coup de pied dans le système d'instruire en amusant. Je regrette de troubler des hommes très bons et éminemment raisonnables. Seulement quoi ? Les pédagogues sont des enfants sages; ils ne connaissent pas la puissance des passions. L'homme est un animal; et l'homme supérieur est peut-être plus animal qu'un autre; j'y remarque une force qui est disciplinée, mais qui est toujours force. Cela me fait entendre que c'est l'animal qui pense, condition que nul ne peut éviter. En revanche, les grands modèles font apprécier aussi l'immense distance entre l'animal et l'homme. Je sais comment on dresse les chiens, et que le plus parfait dressage les fait paraître plus chiens que jamais. Mieux je les gouverne et plus ils sont chiens.

Il n'est donc nullement question d'apprivoiser les petits d'hommes, quand ce serait pour leur bien. Tout au contraire, il faut mettre en leurs mains leur propre apprentissage, ce qui est fortifier en eux la volonté. Car il n'y a point d'autre valeur humaine que celle-là. Et je n'ai nullement le projet d'habituer l'homme aux bruits soudains, comme on fait pour les chevaux des gardes. Bref, tout ce qui est accoutumance dans l'éducation me paraît inhumain. Autrement dit l'expérience qui intéresse me paraît mortelle pour l'esprit. On a de cela mille exemples. Les sauvages s'intéressent à ce qui est chasse et pêche, aux changements de temps, aux saisons, aux signes des saisons; et nous les voyons pourtant superstitieux et crédules; c'est que l'accoutumance les gouverne. Ils savent bien tirer de l'arc et suivre une piste, mais ils croient aussi qu'un charme, c'est-à-dire une conjuration de paroles, fait mourir. Ils ont vu les effets, ils craignent les causes; en quoi je reconnais le mouvement de l'animal qui a peur du fouet; on prend le fouet et il gémit déjà. Il se croit ; il croit les mouvements animaux que produit l'accoutumance, et ainsi il est très assuré que la seule vue du fouet fait mal. Le sauvage est gouverné de la même manière et naïf de la même manière; il croit que le seul regard d'un sorcier gâtera une journée de chasse, et, parce qu'il le croit, il le constate; car celui qui est assuré de manquer la bête la manquera. Ce genre de piège, à mille formes, est ce qui explique l'incroyable état de barbarie et de fureur dont nous sommes à peine sortis, dont l'enfant, à coup sûr, n'est point sorti du tout; car il naît tout nu, et il porte toutes les passions dans son sac de peau.

L'immense danger, et l'urgence, toujours aussi pressante, de tirer l'humanité de la barbarie proche, commandent d'aller droit au but humain. Il faut que l'enfant connaisse le pouvoir qu'il a de se gouverner, et d'abord de ne point se croire; il faut qu'il ait aussi le sentiment que ce travail sur lui-même est difficile et beau. Je ne dirai pas seulement que tout ce qui est facile est mauvais; je dirai même que ce qu'on croit facile est mauvais. Par exemple l'attention facile n'est nullement l'attention; ou bien alors disons que le chien qui guette le sucre fait attention. Aussi je ne veux pas trace de sucre; et la vieille histoire de la coupe amère dont les bords sont enduits de miel me paraît ridicule. J'aimerais mieux rendre amers les bords d'une coupe de miel. Toutefois ce n'est pas nécessaire; les vrais problèmes sont d'abord amers à goûter; le plaisir viendra à ceux qui auront vaincu l'amertume. Je ne promettrai donc pas le plaisir, mais je donnerai comme fin la difficulté vaincue; tel est l'appât qui convient à l'homme; c'est par là seulement qu'il arrivera à penser au lieu de goûter.

Tout l'art est à graduer les épreuves et à mesurer

les efforts; car la grande affaire est de donner à l'enfant une haute idée de sa puissance, et de la soutenir par des victoires; mais il n'est pas moins important que ces victoires soient pénibles, et remportées sans aucun secours étranger. Le défaut de ce qui est intéressant par soi, c'est qu'on n'a pas de peine à s'y intéresser, c'est qu'on n'apprend pas à s'y intéresser par volonté. C'est pourquoi je méprise jusqu'au beau langage, qui est une manière de rendre l'attention facile. Et non seulement l'enfant doit être capable de vaincre l'ennui et l'abstraction; il doit aussi savoir qu'il en est capable; c'est là-dessus qu'il faut mettre l'accent, et ce n'est qu'appliquer à la culture de l'esprit les principes qu'on ne peut oublier quand on enseigne la gymnastique. Essayez donc cette rude méthode, et vous verrez aussitôt une belle ambition, une ambition d'esprit que n'ont pas les chiens.

III

Des enfants nés et élevés en bourgeoisie imitent les conversations et politesses, offrent des sièges, reconduisent, saluent, et ne trouvent à cela aucune difficulté. C'est que les choses n'y sont guère, et que les personnes y sont presque tout. Les enfants d'acrobates, sur le tapis du cirque, essaient de se dresser sur la tête ou de faire le saut périlleux, choses dans lesquelles l'opinion ne fait rien, car la pesanteur corrige rudement le maladroit; que les parents s'en mêlent ou non, c'est toujours comme si l'enfant était battu pour chaque faute. Ces deux méthodes font deux espèces d'hommes, deux espèces d'estime, deux espèces de gloire. Un fils de virtuose fait semblant de jouer, d'être applaudi, de saluer, de parler aux princes; c'est la partie facile du métier; mais il ne peut faire semblant devant le violon ou le piano. Aussi faut-il le forcer souvent; et beaucoup d'artistes furent d'abord conduits à la justesse et à la mesure par des coups de règle. A considérer les résultats selon les valeurs humaines, on comprend qu'il manque quelque chose à une éducation toute de douceur. Montaigne était réveillé au son des instruments; ce n'était pas le moyen de faire un musicien. L'homme ne compte que par ce qu'il obtient de lui-même selon la méthode sévère; et ceux qui refusent la méthode sévère ne vaudront jamais rien.

Ce n'est pas que je sois pour les coups de bâton. Pierre Hamp, dans son beau livre où il nous donne l'histoire de ses métiers, raconte qu'un petit pâtissier, pour une maladresse excusable ou non, reçoit aussitôt un coup de spatule sur la tête, un coup qui fait mal. On ne sait pas dire si la rapidité et la précision des mouvements gagnent ou perdent à ce régime; beaucoup diront qu'il en est des hommes comme de ces chevaux généreux qui se crèveraient à dépasser le voisin, mais enfin qu'il faut frapper encore sur le poteau si l'on veut obtenir dans le même temps un demi-mètre de plus. Peut-être le boxeur ira encore plus vite à la parade si le coup est réel, et si, pour une fraction de seconde, le nez saigne ou l'œil est poché. Et il ne faudrait point conclure qu'alors sa volonté est esclave et que c'est le mieux; car c'est l'apprenti boxeur lui-même qui veut que l'on frappe fort, et que ses fautes soient punies selon la force, non selon l'opinion. La méthode de force eut certes ses excès. Locke, en son traité de pédagogie, recommande de rosser très fort le petit menteur. Que manque-t-il ici ? Il manque que l'enfant menteur demande lui-même d'être rossé. C'est là le point. Il faut que l'enfant cherche de lui-même la difficulté, et refuse d'être aidé ou ménagé. Non seulement un tel enfant se trouve, mais c'est l'ordinaire.

Ce qui porte l'enfant, ce n'est point l'amour du jeu; car, à chaque minute, il se défait d'un amour du jeu, et c'est passer de la robe à la culotte; toute l'enfance se passe à oublier l'enfant qu'on était la veille. La croissance ne signifie pas autre chose. Et l'enfant ne désire rien de plus que de ne plus être enfant. Ambition qui cède sans cesse à l'attrait du jeu; aussi le jeu continu n'est-il jamais sans regret ni sans ennui. L'enfant demande secours. Il veut être tiré vivement du jeu; il ne le peut de lui-même, mais de lui-même il le veut; c'est le commencement et comme le germe de sa volonté. C'est pourquoi, gardant des coups de bâton ce qui mérite d'être gardé, on ne doit pas craindre de lui déplaire, et même il faut craindre de lui plaire. Il aime ce qui est semblant, mais il le méprise aussi. Si vous l'aidez à compter, il cédera et se réjouira, car il est enfant; mais si vous ne l'aidez pas, si au contraire vous attendez froidement qu'il s'aide lui-même, et si vous marquez la faute sans aucune complaisance, c'est alors qu'il reconnaîtra son ami véritable, qui ne flatte point, qui ne triche point. Quant à la sévérité, les nombres eux-mêmes s'en chargeront, qui sont sans pitié. C'est ainsi que sera honoré comme il doit l'être le maître de valeur.

IV

Lorsque quelqu'un dit, après tant d'autres, qu'il faut plaire aux enfants, et que c'est le vrai moyen de les instruire, on laisse passer. Mais je n'aime pas trop cette bouche en cœur, ni ce maître courtisan. J'ai rencontré, quand j'étais sur les bancs, un professeur assurément affectueux, et qui intéressait son jeune auditoire; je puis même dire que nous l'aimions. Or, il ne put jamais surmonter un certain désordre, qui résultait surtout, je m'en souviens très bien, de marques indiscrètes d'approbation. Et cela venait promptement au tumulte, par les forces de jeunesse, et par les lois de la foule, qui s'agite à la manière des éléments naturels. D'où j'ai tiré une sorte de règle de métier, c'est qu'il faut intéresser, j'en conviens, mais qu'il ne faut pas vouloir intéresser, et surtout qu'il ne faut pas montrer qu'on le veut. Cette règle est bonne aussi pour l'orateur; et dans tous les arts on la retrouve, bien qu'elle soit alors profondément cachée. L'acteur n'a-t-il pas pour métier de plaire ? Oui, mais il y a plaire et plaire : et le difficile est d'amener les hommes à se plaire finalement à ce qui de premier abord ne plaît point.

Le métier de meneur d'hommes, à quelque degré qu'on le prenne, enferme plus d'une ruse. Ces acteurs qui inventèrent de jouer en tournant le dos au public avaient trouvé, et peut-être par de petites raisons, qu'un certain air d'indifférence sert quelquefois à élever l'attention au niveau convenable, et à faire découvrir aux spectateurs un genre de plaisir qu'ils ne concevaient seulement pas. L'art du musicien, si j'ai bien écouté, ne commence pas par plaire, mais plutôt par forcer. Trop de flatterie d'abord dans le son, cela offense. Il y a aussi une architecture flatteuse, et un abus de roses en guirlandes. Je sens que l'homme est un animal fier et difficile. Et là-dessus, l'enfant est plus homme que l'homme. Un enfant gâté, c'est un enfant repu de flatteries et de plaisirs tout faits. Que veut-il donc, et que veut l'homme ? Il vise au difficile, non à l'agréable, et, s'il ne peut garder cette attitude d'homme, il veut qu'on l'y aide. Il pressent d'autres plaisirs que ceux qui coulent au niveau de ses lèvres ; il veut d'abord se hausser jusqu'à apercevoir un autre paysage de plaisirs ; enfin il veut qu'on l'élève ; voilà un très beau mot.

Un très beau mot, dont l'enfant saisit très bien tout le sens, par ce mouvement naturel de croître qui est le sien. Au niveau de l'enfant, pensez-y, vous n'intéressez déjà que son être d'hier ; il se rapetisse alors un peu, afin que vous puissiez lui plaire ; mais gare au mépris. Ce qu'il y a de redoutable dans le mépris, c'est la part de mépris de soi qui y est, mépris de soi dépassé. Tel est le progrès de l'enfant ; s'il le fait sans vous, vous n'êtes qu'amuseur. Et rien n'est plus méprisé que l'amuseur. « A cet enfant d'hier, se dit l'enfant, mes jeux suffisent bien. »

C'est pourquoi je ne crois pas trop à ces leçons amusantes qui sont comme la suite des jeux. Ce sont rêveries de braves gens qui n'ont pas appris le métier. Certes, il est mieux d'entrevoir les causes ; mais le métier instruit plus rudement et rustiquement. La cloche ou le sifflet marquent la fin des jeux et le retour à un ordre plus sévère; et la pratique enseigne qu'il n'y faut point un insensible passage, mais au contraire un total changement, et très marqué dans les apparences. L'attention est élevée d'un degré; elle ne cherche plus alors quelque plaisir à lécher, comme font les chiens; elle n'est plus gourmandise; elle est privation, patience, attente qui regarde au-dessus de soi. L'attention du chien n'est pas l'attention.

V

Je n'ai pas beaucoup confiance dans ces jardins d'enfants et autres inventions au moyen desquelles on veut instruire en amusant. La méthode n'est déjà pas excellente pour les hommes. Je pourrais citer des gens qui passent pour instruits, et qui s'ennuient à *La Chartreuse de Parme* ou au *Lys dans la Vallée*. Ils ne lisent que des œuvres de seconde valeur, où tout est disposé pour plaire au premier regard; mais, en se livrant à des plaisirs faciles, ils perdent un plus haut plaisir qu'ils auraient conquis par un peu de courage et d'attention.

Il n'y a point d'expérience qui élève mieux un homme que la découverte d'un plaisir supérieur, qu'il aurait toujours ignoré s'il n'avait point pris d'abord un peu de peine. Montaigne est difficile; c'est qu'il faut d'abord le connaître, s'y orienter, s'y retrouver; ensuite seulement on le découvre. De même la géométrie par cartons assemblés, cela peut plaire; mais les problèmes plus rigoureux donnent aussi un plaisir bien plus vif. C'est ainsi que le plaisir de lire une œuvre au piano n'est nullement sensible dans les premières leçons ; il faut savoir s'ennuyer d'abord. C'est pourquoi vous ne pouvez faire goûter à l'enfant les sciences et les arts comme on goûte les fruits confits. L'homme se forme par la peine ; ses vrais plaisirs, il doit les gagner, il doit les mériter. Il doit donner avant de recevoir. C'est la loi.

Le métier d'amuseur est recherché et bien payé, et, dans le fond, secrètement méprisé. Que dire de ces plats journaux hebdomadaires, ornés d'images, où tous les arts et toutes les sciences sont mis à la portée du regard le plus distrait ? Voyages, radium, aéroplanes, politique, économique, médecine, biologie, on y cueille de tout ; et les auteurs ont enlevé toutes les épines. Ce maigre plaisir ennuie ; il donne un dégoût des choses de l'esprit, qui sont sévères d'abord, mais délicieuses. J'ai cité tout à l'heure deux romans qui ne sont guère lus. Que de plaisirs ignorés et que chacun pourrait se donner sous la condition d'un peu de courage ! J'ai entendu raconter qu'un enfant trop aimé, qui avait reçu un théâtre de Guignol pour ses étrennes, s'installait à l'orchestre comme un vieil abonné, pendant que sa mère se donnait bien du mal à faire marcher les personnages et à inventer des histoires. A ce régime, la pensée s'engraisse comme une volaille. J'aime mieux une pensée maigre, qui chasse son gibier.

Surtout aux enfants qui ont tant de fraîcheur, tant de force, tant de curiosité avide, je ne veux pas qu'on donne ainsi la noix épluchée. Tout l'art d'instruire est d'obtenir au contraire que l'enfant prenne de la peine et se hausse à l'état d'homme. Ce n'est pas l'ambition qui manque ici; l'ambition est le ressort de l'esprit enfant. L'enfance est un état paradoxal où l'on sent qu'on ne peut rester; la croissance accélère impérieusement ce mouvement de se dépasser, qui, dans la suite, ne se ralentira que trop. L'homme fait doit se dire qu'il est en un sens moins raisonnable et moins sérieux que l'enfant. Sans doute il y a une frivolité de l'enfant, un besoin de mouvement et de bruit; c'est la part des jeux; mais il faut aussi que l'enfant se sente grandir, lorsqu'il passe du jeu au travail. Ce beau passage, bien loin de le rendre insensible, je le voudrais marqué et solennel. L'enfant vous sera reconnaissant de l'avoir forcé; il vous méprisera de l'avoir flatté. L'apprenti est à un meilleur régime; il éprouve le sérieux du travail; seulement, par les nécessités mêmes du travail, il est mieux formé quant au caractère, non quant à l'esprit. Si l'on apprenait à penser comme on apprend à souder, nous connaîtrions le peuple roi.

Or, dès que nous nous approchons des pensées réelles, nous sommes tous soumis à cette condition de recevoir d'abord sans comprendre, et par une sorte de piété. Lire, c'est le vrai culte, et le mot culture nous en avertit. L'opinion, l'exemple, la rumeur de la gloire nous disposent comme il faut. Mais la beauté encore mieux. C'est pourquoi je suis bien loin de croire que l'enfant doive comprendre tout ce qu'il lit et récite. Prenez donc La Fontaine, oui, plutôt que Florian; prenez Corneille, Racine, Vigny, Hugo.

Mais cela est trop fort pour l'enfant ? Parbleu, je l'espère bien. Il sera pris par l'harmonie d'abord. Ecouter en soi-même les belles choses, comme une musique, c'est la première méditation. Semez de vraies graines, et non du sable. Qu'ils voient les dessins de Vinci, de Michel-Ange, de Raphaël; et qu'ils entendent Beethoven dans leur berceau.

Comment apprend-on une langue ? Par les grands auteurs, non autrement. Par les phrases les plus serrées, les plus riches, les plus profondes, et non par les niaiseries d'un manuel de conversation. Apprendre d'abord, et ouvrir ensuite tous ces trésors, tous ces bijoux à triple secret. Je ne vois pas que l'enfant puisse s'élever sans admiration et sans vénération; c'est par là qu'il est enfant; et la virilité consiste à dépasser ces sentiments-là, quand la raison développe sans fin toute la richesse humaine, d'abord pressentie. L'enfant se fait une très grande idée de l'âge viril; il faut pourtant que cette espérance soit elle-même dépassée. Rien n'est trop beau pour cet âge.

VI

Deux jugements faux dans tous nos essais. Nous pensons d'abord que la chose est très facile; et, après un premier essai, nous jugeons qu'elle est impossible. Ceux qui ont fait tourner un diabolo, jeu oublié, savent ce que c'est qu'une tentative ridicule et sans aucune espérance. Que dire du violon, du piano, du latin, de l'anglais ?

Le spectacle de ceux qui sont déjà avancés fortifie d'abord notre courage, mais presque aussitôt le ruine par une comparaison qui écrase. C'est pourquoi la curiosité, le premier élan, l'ardeur de tout commencement ne promettent pas beaucoup aux yeux du maître; il sait trop que ces provisions seront promptement dévorées; il attend même que le désespoir et la maladresse soient en raison de la première ambition, car il faut que toutes ces choses d'entrée, bonnes et mauvaises, soient enterrées et oubliées; alors le travail commence. C'est pourquoi, si l'on travaille sans maître, les essais prennent fin juste au moment où le travail devrait commencer.

Le travail a des exigences étonnantes, et que l'on ne comprend jamais assez. Il ne souffre point que l'esprit considère des fins lointaines; il veut toute l'attention. Le faucheur ne regarde pas au bout du champ.

L'école est un lieu admirable. J'aime que les bruits extérieurs n'y entrent point. J'aime ces murs nus. Je n'approuve point qu'on y accroche des choses à regarder, même belles, car il faut que l'attention soit ramenée au travail. Que l'enfant lise, ou qu'il écrive, ou qu'il calcule, cette action dénudée est son petit monde à lui, qui doit suffire. Et tout cet ennui, là autour, et ce vide sans profondeur, sont comme une leçon bien parlante; car il n'y a qu'une chose qui importe pour toi, petit garçon, c'est ce que tu fais. Si tu le fais bien ou mal, c'est ce que tu sauras tout à l'heure; mais fais ce que tu fais.

Cette simplicité monastique n'est jamais acceptée par ses vraies causes, quoique, dans le fait, on s'y trouve heureusement réduit. « O solitude, ô pauvreté ! » Tout homme est un poète qui se plaint. J'ai ouï conter, au sujet d'un enfant bien doué, que son maître de piano occupait une bonne partie du temps à lui parler des biographies, des écoles et des genres; ce qui prépare peut-être à parler passablement de

Beethoven, mais nullement à jouer ses œuvres. Or, parler passablement n'est pas difficile; c'est jouer qui est difficile. Et enfin il n'y a de progrès, pour nul écolier au monde, ni en ce qu'il entend, ni en ce qu'il voit, mais seulement en ce qu'il fait.

Or, cette sévère méthode, qui raccourcit si bien les vues sur le monde, est justement ce qui y donne entrée. Car, à s'informer de tout, on ne sait jamais rien. On apprend la politique en transmettant des ordres et en copiant des dépêches, non autrement. J'irais jusqu'à dire qu'en tout travail le désir de bien faire doit être usé d'abord; dont tout métier se charge, et le métier d'écolier comme les autres. Car le désir vise trop loin, et gâte l'action présente en y mêlant celle qui suivra. Si exercé que soit le pianiste, il aura toujours autant de déceptions que d'ambitions. Par quoi il est ramené à son travail, et lui confie tout. Ici commence toute grandeur.

Je veux expliquer par là que la patience consiste à se passer de preuves; et l'épreuve, en tout son sens, signifie cela. Aussi le mot des impatients est-il toujours qu'ils ne retiennent rien, qu'ils ne font pas de progrès, que tout est difficile. Ce tour d'esprit n'est pas méprisable; j'y vois du sérieux, une sévérité pour soi-même, une noble idée de la perfection; mais ce sont des vertus prématurées. Il faut surmonter cette timidité orgueilleuse. L'ambition se porte alors toute à des actions qui sont toujours à portée, comme de régler l'emploi du temps; et, par cette humble police de soi, l'esprit se trouve délivré sans qu'on s'en doute. Cet art de vouloir ne se perd plus; mais je ne vois pas qu'on puisse l'acquérir hors du collège; et les Tard-Instruits, comme dit Platon, ne l'ont jamais.

VII

« Qu'est-ce que l'école, disait le pédagogue, si ce n'est une famille plus grande et qui voudrait remplacer la mère, sans grand espoir d'y arriver, ou seulement d'en approcher ? L'éducation normale, au jeune âge, requiert deux conditions; la première, c'est que la mère ait le loisir d'instruire son enfant; la seconde, c'est qu'elle en soit capable. Nous autres, en attendant, nous recevons délégation du père et de la mère; et il nous faut aimer cinquante mioches comme si nous les avions faits. Il y a de l'artificiel, de l'abstrait et de l'inorganique dans cette institution, qui sans doute disparaîtra par l'effet d'une meilleure Économie et d'une meilleure Sociologie. »

Ainsi essayait-il de coudre les nouvelles idées avec les anciennes. Mais le vieux sociologue secouait la tête et lançait des étincelles par ses lunettes. « Observons, dit-il, ne construisons pas. Je ne crois pas qu'il y ait tant d'artificiel et d'inorganique en nos écoles; et je n'aime pas trop non plus qu'on cherche en quoi une institution ressemble à une autre. Je penserais plus volontiers que l'école est une chose naturelle, non moins naturelle que la famille, et très différente de la famille, de plus en plus à mesure qu'elle développe sa perfection propre. Tout est du même fil, je vous entends bien; mais cette humanité scolaire me paraît arrangée et tissée autrement. Dès qu'il y a plusieurs familles en voisinage et coopération, le groupement des enfants d'après l'âge se fait de lui-même pour les jeux. Certes le groupement familial, avec ses petits et ses grands ensemble, et cette distribution naturelle des pouvoirs et des devoirs, est quelque chose de beau et que rien ne peut remplacer. Ici est l'école du sentiment; ici jouent le dévouement, la confiance, l'admiration; les garçons imitent le père, et les filles imitent la mère, chacun étant protecteur à la fois et protégé, vénéré et vénérant. Mais pourquoi vouloir imiter ce qui est inimitable ? La réunion des enfants du même âge, et qui en sont à apprendre les mêmes choses, est une société naturelle aussi; non point du même genre, mais tout à fait autre; autre par sa structure, que je n'ai pas inventée. Pourquoi voulez-vous qu'aller à l'école ce soit moins naturel que d'avoir deux mains, une oreille musicale, et des yeux sensibles au relief et aux couleurs ? »

Le pédagogue avait abandonné ses lieux communs et guettait l'idée; car l'objet ainsi mis en place lui était familier, et en quelque sorte toujours sous ses yeux et en ses mains depuis un bon nombre d'années. Mais l'autre, forte tête, apportait dans l'entretien cet esprit d'ensemble, qui fait paraître les différences. Secouant de nouveau la tête, et comme regardant de côté, il dit : « L'école fait contraste, au contraire, avec la famille, et ce contraste même réveille l'enfant de ce sommeil biologique et de cet instinct familial qui se referme sur lui-même. Ici égalité d'âges; liens biologiques très faibles, et au surplus effacés; deux jumeaux, deux cousins du même âge se trouvent ici séparés, et aussitôt groupés d'après d'autres affinités. Peut-être l'enfant est-il délivré de l'amour par cette cloche et par ce maître sans cœur. Car le maître doit être sans cœur; oui, insensible aux gentillesses du cœur, qui, ici, ne sont plus comptées. Il doit l'être, et il l'est. Ici apparaissent le vrai et le juste, mais mesurés à l'âge. Ici est effacé le bonheur d'exister; tout est d'abord extérieur et étranger. L'humain se montre en ce langage réglé, en ce ton chantant, en ces exercices, et même en ces fautes qui sont de cérémonie, et n'engagent point le cœur. Une certaine indifférence s'y montre; l'esprit y jette son regard oblique et son invincible patience. L'œil mesure et compte, au lieu d'espérer et craindre. Le temps prend dimension et valeur. Le travail montre son froid visage, insensible à la peine et même au plaisir. »

VIII

La famille instruit mal et même élève mal. La communauté du sang y développe des affections inimitables, mais mal réglées. C'est que l'on s'y fie; ainsi chacun tyrannise de tout son cœur. Cela sent le sauvage. Une entière confiance, sans aucune liberté. On peut tout exiger, mais aussi l'on doit tout. Quand la famille vit sur elle-même comme une plante, sans le bon air des amis, des coopérateurs et des indifférents, il y naît un fanatisme qui n'a point d'égal; c'est une fureur d'admirer et ensemble de blâmer. On ne permet point la dissidence parce que l'on espère trop l'accord. Le trait le plus marquant de cette existence purement biologique, c'est la différence des âges, qui fait que la hiérarchie est partout. On s'étonne des querelles entre frères; mais il faut penser qu'il y a toujours un aîné et un jeune; la communauté s'y trouve, non l'égalité. Le corps s'en trouverait bien, mais l'esprit se met en révolte; dont la nature le punit. Cela fait des drames, et déjà dans un petit bonhomme de sept ans. Il faut convenir que la moindre pensée est injurieuse à l'égard d'un père ou d'une mère; il faut convenir que c'est très bien ainsi et que cela ne peut être qu'ainsi.

Il me semble que les communautés religieuses traduisent cette opposition, mais abstraitement, c'est-à-dire par simple négation. L'idée que les liens de famille font obstacle au salut est une idée forte, quoique non développée. Il faut comprendre que l'esprit chrétien fut un esprit de libre pensée, et l'est encore, et le sera toujours; et la doctrine du salut personnel sera toujours un scandale devant l'institution biologique. Inversement les droits du chyle, et les revendications de la pulpe nourricière feront toujours scandale devant l'esprit. D'où cette division, célébrée en Polyeucte.

Il est de nécessité que l'opposé imite son opposé. La naïve église est une famille d'esprits, qui reconstruit la famille; ce que l'on retrouve dans le festin mystique, négation et imitation à la fois de la table familiale; d'où l'obligation de vénérer et de croire, et une insurmontable difficulté à sortir d'enfance. Ces tissus de société devraient être étudiés physiologiquement; car de toute façon la biologie nous porte, et par suite nous gouverne toujours. Combien d'hommes sont enfants de doctrine, à l'image de ces pères qui sont encore enfants devant l'ancêtre ! La métaphore du

Père Eternel est juste comme ces mouvements de vie qui dépassent de si loin nos maigres pensées, souvent les annoncent, et toujours les règlent.

Si l'on cherchait maintenant le moyen terme, on trouverait l'école. Qui n'a point connu l'école ne sait rien de sa pensée. Voilà un autre tissu de société et un bel objet pour le naturaliste; mais on n'y regarde guère. Cela se forme par les jeux, où nécessairement les mêmes âges se recherchent. Les enfants se trouvent naturellement rassemblés, et tout aussi étrangers, en leur république des jeux, à la société des échanges qu'à la société familiale. Mais comment essayer l'exacte analyse de cette autre société, qui n'a point d'industrie réelle, qui n'a peut-être point d'affections réelles, et qui se trouve échapper pour un temps aux besoins et aux plus dures nécessités ? Toujours est-il que la démarche de l'esprit n'y a rien de tragique, et que le jeu lui-même conduit naturellement à une pensée de jeu, qui choisit et limite ses problèmes, et nie les conséquences. Il est assez clair que l'enfant qui fait une faute de calcul n'est pas ruiné pour cela. Ici l'erreur trouve sa place; on lave l'ardoise, et il ne reste rien de la faute. C'est là que l'esprit prend cet air de négligence, qui n'est point bon tout seul, mais qui est pourtant de première valeur, comme le pouvoir de tomber sans se tuer est pour le gymnaste. Cela est nouveau; on aperçoit à peine les fruits d'une organisation de société où tout esprit aura été libre et juge de soi pendant un petit moment.

IX

Chacun sait que les parents instruisent assez mal leurs enfants, quand ils veulent s'en mêler. J'ai vu un bon père, qui était aussi un bon violoniste, tomber dans des accès de colère ridicule, et enfin remettre son fils à quelque professeur moins passionné. L'amour est sans patience. Peut-être il espère trop; peut-être la moindre négligence lui apparaît-elle comme une sorte d'insulte. Enfin ce sentiment, si porté à expliquer les fautes et à les excuser, lorsqu'il juge sur le rapport du maître, devient plus sévère qu'il ne faudrait s'il enseigne lui-même. Mais je ne suis pas surpris que l'on soit si sévère pour les siens; ne l'est-on pas étrangement à l'égard de soi-même ? Un homme pardonne bien aisément une maladresse d'autrui; mais le souvenir de sa propre maladresse le fait encore rougir dix ans après. Ainsi rougit-il de l'ignorance de son fils, comme il rougirait de la sienne propre; il perd toute mesure et les choses n'en vont pas mieux.

Aristote a dit que le sentiment bientôt tyrannise. Et il faut voir les deux côtés. Le père imagine, s'il rencontre la frivolité du jeune âge, que son fils ne l'aime point. Mais l'enfant, lui, comprend encore moins que son père le veuille forcer. Il essaie tous les signes du sentiment; s'il ne réussit point le voilà au désespoir. Il y a un esprit de révolte et des crises de passion qui troublent profondément les familles, et que l'école efface aussitôt. J'ai vu un enfant hurlant que l'on traînait à l'école; à peine la porte refermée, il se taisait; il se trouvait écolier par la force de l'institution. C'est qu'un genre d'indifférence, qui pour le maître est de métier, agit fort promptement comme un climat.

Précieuse chose que le sentiment. Mais n'en attendons pas des services qu'il ne peut rendre. Le tyran pensait bien que Guillaume Tell tremblerait à cause de son fils. Or, celui qui explique est comme un tireur d'arc; il ne faut pas que la cible l'intéresse trop. Selon moi le bon maître est assez indifférent, et il veut l'être, il s'exerce à l'être. Un père peut dire à son fils : « Fais cela pour me plaire », mais à la condition qu'il ne s'agisse pas de faire attention, d'examiner, de comprendre; car, chose étrange, la bonne volonté trop marquée, l'ardeur, la vivacité, tout ce qui ressemble à la passion enfin, sont tout à fait incompatibles avec l'exercice de l'intelligence. Tant qu'un sujet vous touche vivement, pour une cause ou pour une autre, vous n'êtes pas en mesure de le dominer par la pensée. Il faut user d'abord le sentiment.

D'un autre côté, le maître ne doit point dire : « Faites ceci ou cela pour me plaire. » C'est usurper sur les parents. Et l'enfant, qui a une extrême pudeur là-dessus, ressentira souvent toutes les preuves d'affection comme des espèces d'injustes contraintes. L'accent même de l'affection déplaît chez ceux qui n'ont point droit de le prendre. De là vient que les sentiments paternels, chez tout autre homme que chez le père, sont si aisément ridicules. Enfin chaque relation de société a sa nuance propre; c'est au père qu'il convient d'agir en père, au maître en maître. Quelques-uns là-dessus ont des scrupules; un père craint de trop aimer; un maître s'exerce à aimer. Je crois que ces scrupules gâtent tout; il faut que chacun soit bien ce qu'il doit être, et que l'harmonie naisse des différences. La force de l'affection, quand elle demande, c'est qu'elle pardonnera tout. Au contraire l'autorité ne peut que s'affaiblir à vouloir deviner les pensées et provoquer les sentiments; car si elle feint d'aimer elle est odieuse, et si elle aime réellement elle est sans puissance. J'ai observé, et cela est connu de ceux qui ont appris le métier, que, dès que l'enfant se découvre le pouvoir d'affliger réellement le maître par la paresse ou la frivolité, aussitôt il en abuse. Autant que je sais le désordre suit promptement, dès qu'une bonté de cœur se montre. Enfin l'école n'est nullement une grande famille. A l'école se montre la justice, qui se passe d'aimer, et qui n'a pas à pardonner, parce qu'elle n'est jamais réellement offensée. La force du maître, quand il blâme, c'est que l'instant d'après il n'y pensera plus; et l'enfant le sait très bien. Ainsi la punition ne retombe pas sur celui qui l'inflige. Au lieu que le père se punit lui-même dans son fils.

X

Socrate remarquait déjà qu'un père, si éminent qu'il soit, ne sait pas bien instruire ses propres enfants. J'en ai vu l'exemple en une grand-mère fort instruite, qui n'arriva jamais à enseigner à sa petite-fille le calcul et l'orthographe. Ce paradoxe irrite; car les parents sont toujours disposés à croire que le maître manque de zèle ; et ils s'étonnent lorsqu'ils constatent, par leur propre exemple, que le zèle ne suffit pas. Je dis bien plus, je dis que c'est le zèle qui nuit.

Il est clair que l'enseignement est un métier comme un autre. Mais je ne crois point trop non plus aux procédés. Au surplus, j'ai vu des maîtres, et qui savaient le métier, réussir fort mal avec leurs propres enfants, soit pour le violon, soit pour le latin. La force du métier n'est point où nous la cherchons ; elle est au-dessous. Voici un maître payé, qui vient à l'heure juste et qui s'en va de même ; c'est qu'il va à d'autres leçons. Il y a un ordre inflexible et étranger qui se montre ici. Que l'enfant soit bien disposé ou non, on n'y pense point. On ne renverra pas sans de grandes raisons un maître qui se présente à l'heure accoutumée. Ainsi les leçons prennent le visage de la nécessité. C'est ce qui importe ; car l'enfant ne se résignera jamais au sérieux et à l'attention s'il a la moindre espérance de perdre un peu de temps. Chacun sait bien qu'un père qui veut se faire instituteur n'est pas tout à fait esclave de l'heure ; aussi l'enfant ne se prépare point. N'étant point tenu par une règle qui ne donne jamais ses raisons, il ne prend point cette précieuse habitude de se mettre au travail tout entier et en un instant. Il ruse. Or, la principale de toutes les leçons, et de bien loin la plus importante, c'est qu'on ne peut ruser devant la nécessité. Celui qui apprend le sens de ces petits mots « Il faut » sait déjà beaucoup.

Autre conséquence. Le père se plaît à une leçon qui va bien ; il la prolonge. C'est encore une grande erreur de soutenir l'attention au-delà du temps fixé. Ceux qui règlent l'entraînement des coureurs savent bien qu'il ne faut jamais céder à un genre d'emportement qui fait qu'on ne sent pas la fatigue. Le maître payé serait moins sage peut-être, mais heureusement la nécessité extérieure l'appelle; il se lève à la sonnerie de l'horloge. Il n'y a rien de meilleur à tout âge qu'un travail qui n'use point le plaisir. On ferme le livre, on passe à d'autres occupations, et c'est alors que la lecture retentit de son propre élan, et achève de mûrir par un genre d'inattention. Cela est encore plus vrai pour l'enfant.

Ajoutons que le père est exigeant, et bientôt impatient, par de belles raisons; c'est qu'il espère beaucoup; c'est qu'il compte trop sur cet autre lui-même, qui n'a pourtant point son âge ni son expérience. Le pire est qu'il compte sur le sentiment, de façon que la moindre faute est prise au tragique. Cet enfant, qui fait voir la légèreté de son âge, est soupçonné aussitôt de ne pas aimer son père. Ainsi la moindre sévérité lui paraît une horrible injustice. Lui-même joue ce jeu; il se sait aimé; il veut être pardonné; ces petits drames, suivis de réconciliations, ces signes mêlés de la tendresse et du dépit l'intéressent beaucoup plus que la grammaire. Les sentiments sincères et profonds ont ceci de redoutable qu'ils comptent pour rien ce qui n'est pas leur propre victoire. On veut être aimé, et sans montrer qu'on le mérite; tout ce qui ressemble à un marché et à une récompense est profondément méprisé. C'est pourquoi il y a de la coquetterie dans tout sentiment vrai, et un essai pour voir jusqu'où l'on peut déplaire impunément. Et, comme il est évident pour tous deux que l'orthographe ne compte guère devant le sentiment, cette belle pensée ne tarde guère à noyer grammaire, histoire et calcul.

XI

Mon frère de lait était un garçon silencieux, ingénieux et, autant que je puis savoir, affectueux. Je ne me lassais point de sa compagnie; ensemble nous avons construit des bateaux, fabriqué de la poudre et élevé des vers à soie. Je n'ai point souvenir de l'avoir vu jamais injuste avec moi, ni distinguant, dans nos jeux, le sien et le mien. Tant qu'il restait avec moi sous la domination de mes parents, il était oublieux, aventureux et imprudent comme un enfant ordinaire; ni plus ni moins que moi-même; mais obéissant, poli et convenable en présence du pouvoir, comme j'étais.

Quand nous étions dans sa maison, et sous l'autre dynastie, les choses changeaient. Ce n'étaient que scènes violentes et punitions terribles. Je me souviens que son père brisa l'un après l'autre plus de vingt soldats de plomb pour obtenir que l'enfant dît bonjour à sa grand-mère; et il ne le dit point. J'étais en dehors de cette guerre privée, seulement très choqué de cette scène, à cause des soldats de plomb. Dès que nous étions seuls, nulle trace d'humeur chez le petit bonhomme, et nous reprenions nos jeux. Mais dès que le pouvoir se montrait, même sous de pacifiques apparences, que ce fût grand-père, grand-mère ou père, je dois dire qu'ils étaient mal reçus. L'enfant terrible attaquait aussitôt, selon les règles de la guerre, faisant ouvertement ce qui était défendu, lançant des cailloux dans les fenêtres, et se servant de mots injurieux qu'il n'employait jamais avec moi. On finissait par l'attacher à une fenêtre, exposé aux regards des passants, avec un bonnet d'âne, ou bien portant au cou un écriteau sur lequel on lisait : menteur, enfant méchant, sans cœur, et autres choses de ce genre.

Comment avait commencé cette guerre, je ne sais; mais je comprends maintenant qu'elle durait par son propre élan. Le père rêvait aux moyens de corriger son fils, et jugeait nécessaire de le qualifier sans faiblesse; et le fils, soucieux de cette sorte de gloire, ne manquait pas de se montrer désobéissant, menteur et brutal, selon les jugements paternels. Ces drames furent oubliés, et l'enfant terrible devint un homme semblable aux autres hommes.

J'ai souvent constaté depuis, avec les enfants et avec les hommes aussi, que la nature humaine se façonne aisément d'après les jugements d'autrui, comme on donne la réplique au théâtre, mais peut-être encore par cette raison plus profonde que l'on a une sorte de droit de mentir à celui qui vous croit menteur, de frapper celui qui vous juge brutal, et ainsi du reste. La contre-épreuve réussit souvent; on ne frappe guère celui qui tient les mains dans ses poches, et l'on n'aime point tromper la confiance vraie. Et je tire de là qu'il ne faut point se hâter de juger les caractères, comme si l'on décrète que l'un est sot et l'autre paresseux pour toujours. Si vous marquez un galérien, vous lui donnez une sorte de droit sauvage. Au fond de tous les vices, il y a sans doute quelque condamnation à laquelle on croit; et, dans les relations humaines, cela mène fort loin, le jugement appelant sa preuve, et la preuve fortifiant le jugement. J'essaie de ne jamais juger tout haut, ni même tout bas, car les regards et l'attitude parlent toujours trop; et j'attends le bien après le mal, souvent par les mêmes causes ; en cela je ne me trompe pas beaucoup; tout homme est bien riche.

Avec cela je crois pourtant ferme que chaque individu naît, vit et meurt selon sa nature propre, comme le crocodile est crocodile, et qu'il ne change guère. Mais cette nature appartient à l'ordre de la vie; elle est bien au-dessous de nos jugements. C'est un fond d'humeur et comme un régime de vie, qui n'enferme par lui-même ni le bien ni le mal, ni une vertu ni un vice, mais plutôt une manière inimitable et unique d'être franc ou rusé, cruel ou charitable, avare ou généreux. Remarquez qu'il y a bien moins de différence entre un homme courageux dans une rencontre, et le même, poltron en une autre, qu'entre deux héros ou deux poltrons.

XII

Les sociologues étudient les mœurs des sauvages, et s'ébahissent. Que n'étudient-ils les mœurs des enfants ? Ce peuple est mal connu. Chacun veut en juger d'après les enfants qu'il observe dans la famille; erreur de méthode, qu'un sociologue, par ses préjugés propres, doit éviter. L'enfant n'est pas ici en rapport avec ses semblables; il est pris entre les aînés et les jeunes, et mû par des sentiments invincibles qui sont marqués dans la chair. C'est seulement à l'école qu'il trouve son semblable et son égal. A l'école il est autre; meilleur quelquefois, pire quelquefois; disons différent. C'est ce qu'ignorent presque tous les maîtres. Ils comptent sur le sentiment, et le sentiment ne peut qu'être très faible. On n'est point père par décret. Il est vrai qu'un enfant isolé est ordinairement poli devant un homme qu'il ne connaît point; mais si vous rassemblez des enfants du même âge, les sentiments forts, en cette foule, résultent d'imitation et de contagion. Si vous croyez que cet être collectif ressemblera, pour les réactions, pour les opinions, pour les passions, aux individus qui le composent, vous irez d'erreur en erreur, et vous connaîtrez l'insulte continuelle, parlant par cinquante visages.

Ce peuple enfant est capable d'aimer et de respecter; non point d'abord par des pensées, mais par la puissance de tous sur chacun; et ces sentiments collectifs s'impriment si fortement que, même dans la solitude, il en restera quelque chose. Seulement il faut d'abord que cette foule soit en ordre, et orientée selon le silence et l'attention. Le silence est contagieux aussi bien que le rire. Mais si cette société d'enfants se dispose mal pour commencer, tout est perdu, et souvent sans remède. Le rire secoue même les plus sages et les plus tranquilles. Ainsi ils sentent tous qu'ils sont les parties d'un élément aveugle comme la mer; ils sentent aussitôt que cette force collective est irrésistible. La politesse, qui est une habitude familiale, n'a plus ici de lieu. L'enfant est à l'état sauvage. Cela a réduit au désespoir plus d'un homme estimable, dévoué, affectueux.

La première pensée qui peut éclairer le maître, en

cette situation difficile, c'est qu'il n'y a point de méchanceté en ces désordres, ni même de pensée. Ce sont des effets physiques, qui résultent du nombre. Cette pensée, si on la suit, conduira à un genre d'indulgence et aussi à un genre de sévérité. Car il ne s'agit nullement ici de peser ni de juger; il s'agit d'empêcher. Et si le maître agit ainsi qu'une force physique, directement opposée au désordre, il triomphera promptement. Je n'entends pas par là qu'il va se battre; au reste il ne serait pas le plus fort; mais il dispose de punitions fort sensibles à cet âge remuant, et qui suffisent toujours, pourvu qu'elles soient inflexibles à la manière des forces naturelles.

J'ai observé quand j'étais enfant que ceux qui maintenaient l'ordre comme on balaie, comme on range des objets matériels, étaient aussitôt redoutés par cette indifférence, qui enlevait tout espoir. Et, sans exception, ceux qui voulaient persuader, écouter, discuter, pardonner enfin aux promesses, étaient méprisés, hués, et, chose triste à dire, finalement haïs; au lieu que les autres, les hommes sans cœur, étaient finalement aimés.

La situation d'un père est tout à fait autre. D'un côté il aime son enfant, et l'enfant le sait; l'enfant a ce moyen redoutable de punir son père en l'obligeant à punir. Mais en revanche l'enfant aime aussi; et surtout l'enfant est seul de son âge devant le père; et toute la famille, hiérarchiquement disposée, est régulatrice et témoin. Chose digne de remarque, ce pouvoir paternel est tout à fait incapable d'instruire; et cela se comprend. D'un côté la faute d'orthographe est prise comme une offense du cœur; mais en revanche tout mouvement vrai du cœur efface la faute d'orthographe. Dans cette autre société qu'est l'école, le sentiment n'est point compté; en un sens on pardonne tout; en un autre sens on ne pardonne rien. Ici ne montrez point d'amour et n'en attendez point. L'ordre qui doit s'établir en cette société ne doit ressembler nullement à l'ordre familial. Mais il faudrait décrire avec suite ces mœurs peu connues. Comment se fait-il qu'aucun sociologue n'y ait sérieusement pensé ?

XIII

L'éléphant, dans Kipling, tire sur sa corde, arrache ses piquets, répond aux appels nocturnes, et court à cette danse des éléphants, cérémonie que nul homme n'a vue. Ensuite ce fidèle ami de l'homme revient dans ses piquets. Ainsi l'enfant exilé de son peuple se tient derrière la fenêtre fermée, écoutant l'appel des enfants. L'enfant tient à sa famille par des liens forts; mais il tient au peuple enfant par des relations qui ne sont pas moins naturelles. En un sens il est moins étranger au milieu des enfants que dans sa famille, où il ne trouve point d'égaux ni de semblables. C'est pourquoi, dès qu'il peut ronger sa corde, il court au jeu, qui est la cérémonie et le culte du peuple enfant. Bonheur plein, alors, d'imiter ses semblables et de percevoir en leurs mouvements l'image de ses propres mouvements.

Dans sa famille l'enfant n'est point lui-même; il emprunte tout; il imite ce qui n'est point de son âge; d'où un ennui agité, que l'on connaît mal. Ici l'enfant est comme étranger, parce qu'il n'éprouve ni les sentiments qu'on lui prête, ni ceux qu'il exprime. Ce que l'on veut appeler méchanceté en certains enfants n'est sans doute qu'impatience de ne pouvoir rompre la corde et aller retrouver le peuple enfant. Ce peuple est athée et religieux; il y a des rites et des prières dans les jeux, mais sans aucun dieu extérieur; ce peuple est à lui-même son dieu; il adore ses propres cérémonies et n'adore rien d'autre; c'est le bel âge des religions. Les profanes font scandale s'ils sont spectateurs; encore plus s'ils se mêlent au jeu; l'hypocrite ne peut tromper ceux qui ont la foi. De là des mouvements d'humeur incompréhensibles. J'ai souvenir d'un père indiscret qui voulait jouer aux soldats de plomb avec nous enfants; je voyais clairement qu'il n'y comprenait rien; son propre fils montrait de l'humeur et renversait tout. Les grandes personnes ne doivent jamais jouer avec les enfants; il me semble que le parti le plus sage est d'être poli et réservé avec eux comme on serait avec un peuple étranger. Quand un enfant se trouve séparé des enfants de son âge, il ne joue bien que seul.

L'école est donc une chose naturelle. Le peuple enfant s'y retrouve en son unité; et c'est encore une cérémonie que d'apprendre; mais il faut que le maître soit étranger et distant; dès qu'il s'approche et veut faire l'enfant, il y a scandale. Comme si un profane entrait dans une société secrète. Le peuple enfant a ses lois sacrées, et il les garde pour lui. Ce lien si fort entre les camarades de jeux attache encore l'homme fait, et le rend aussitôt ami d'une certaine manière avec un autre homme qu'il n'a pas revu depuis vingt ans, et qu'il ne connaît presque point. Le peuple enfant grandit ainsi et devient peuple d'hommes, étranger à ses aînés, étranger à ceux qui le suivent. La conversation avec un frère aîné est toujours difficile; elle est presque impossible avec un père; elle est plus naturelle avec un étranger d'un autre âge; plus naturelle avec un maître d'écriture ou de science, ou de belles-lettres, parce que le maître éprouve et maintient les différences, au lieu qu'un frère ou un père veulent s'approcher et comprendre, et s'irritent bientôt de n'y pas réussir. En sorte que le maître se trouve être ambassadeur et négociateur entre le peuple parent et le peuple enfant.

XIV

Le peuple enfant va se reformer, et tenir de nouveau son parlement de dix mois.

La famille, en ce temps de vacances, a épuisé son pouvoir de penser, qui ne va pas loin; car, par l'échange des sentiments affectueux, chacun est ramené à soi, exerçant son pouvoir d'esclave et usant de l'humeur sans précaution, ce qui fait que l'inférieur gouverne et que l'ennui règne. L'enfant, qui n'a point d'affaires, improvise au milieu des obstacles, et accablé par l'unanime réprobation. Mais voici qu'il va retourner à ses affaires propres, et retrouver sa pensée en son parlement. Dire que l'école convient aux pensées d'enfance c'est encore trop peu dire; car il se peut bien qu'il n'y ait de pensée qu'à l'école, et que notre sagesse, dans la suite, ne soit que le souvenir de ce beau temps.

L'expérience n'instruit guère, même quand on la conduit selon la plus sévère méthode. Or, qui donc interroge ainsi la nature ? Quelque professeur peut-être, ramené lui-même à l'enfance par l'assemblée du peuple enfant, plus puissante alors que l'assemblée académique, où l'intrigue, la flatterie, et la prépondérance des vieillards souffrants et atrabilaires font bientôt oublier la saine expérience et l'honnête calcul. Pour le commun, c'est l'expérience humaine qui remplace l'autre, l'expérience humaine, où rien ne réussit selon le raisonnable, où les fautes souvent sont récompensées, et d'autres fois sont trop punies; où le cours du temps détourne et entraîne, parce qu'il faut suivre les mouvements de fortune, et regretter le violon si l'on gagne sa vie à jouer de la flûte. C'est que les hasards humains pèsent trop sur chaque homme. Les rencontres font les affaires, et l'action court devant la pensée.

L'existence du peuple enfant se trouve hors de ce mouvement emporté. Le petit homme, chargé de ses livres, traverse les événements de la rue, et rencontre d'autres événements, ordonnés à sa taille et selon son attente, version ou problème. Et les programmes ne sont pas une petite chose, car on les suit. Or, il n'y a point un homme vivant et sorti des études qui ait jamais pu suivre un programme, et passer d'un problème à l'autre selon l'ordre de la difficulté croissante; la réussite tourne le livre à l'envers, sans nous laisser le temps de finir le chapitre, ou seulement la phrase. Mais à l'école il se trouve encore cette précieuse condition que la masse des égaux règle le pas, en sorte que l'élite revoit ce qu'elle sait déjà, et se guérit de la surprise. En tous une sécurité étonnante, par ce secours qui n'est point suspect, et cette confirmation de tous les instants, qui mêle conviction et persuasion selon les moyens de chacun. Pour les moindres choses, pour un vers de Virgile ou pour un calcul, l'opinion vraie s'établit, avec l'aide du maître, par l'union des preuves et de la publique rumeur. Il est beau de passer à côté d'un groupe d'écoliers qui marche vers l'école et qui discute et compare, au sujet d'un participe ou d'un poids spécifique; chacun tire son papier, et souvent un hésitant corrige sur la foi des autorités, qui sont marmots aussi, sans majesté ni bonnet pointu. Cet heureux état de l'esprit humain ne se retrouvera jamais. Même deux professeurs ensemble n'ont point tant de bonne foi, ni une aussi pure estime des valeurs vraies.

Le peuple enfant forge les idées; le peuple des hommes en fait dans la suite ce qu'il peut, souvent frappant de la tenaille, souvent tordant de faibles ciseaux à couper le fer; par cette hâte que je disais, par l'imprévu, par l'emportement; et ces idées tordues sont quelquefois assez belles, portant les marques de la guerre et la ligne de l'esprit ensemble. C'est pourquoi même le dos des livres de classe est encore une des choses les meilleures à considérer. Souvenir et rappel.

XV

Cette panique d'enfants et cette noyade me ramenaient à penser que l'école, qui est proprement la société des enfants, est et doit être séparée de la nature. L'école veut des jardins, c'est-à-dire une nature dessinée, ordonnée, limitée par l'homme. Toute l'activité se dépense alors au travail scolaire et au jeu, sans aucun réel souci de production ou de défense. Ces conditions sont réglées par la nature même de l'enfant, qui est absolument sans défense contre les passions. Un désespoir d'enfant passe aussitôt toute mesure et viendrait à la convulsion, si une force supérieure, qui est celle de la maman ou de la nourrice, ne l'enlevait de la terre indifférente, trop sévère pour cet âge, et ne le roulait de nouveau dans le tissu humain d'où il vient de sortir, d'où se répand, sur le petit être, avec la chaleur et l'amour, le puissant remède des larmes et du sommeil.

On saisit, dans un enfant porté à bras, cette juste proportion entre l'enfance, qui ne sait pas vivre, et l'humanité, qui garde l'enfance. Aussi voit-on partout, dans le travail, et même dans le mouvement emporté de nos villes, l'enfant heureux ou l'enfant dormant, transporté, voituré, aussi tranquille dans ce geste enveloppant que dans son berceau. Cette sagesse de l'enfant nous trompe; elle est de nous, non de lui.

Le peuple enfant est beau à voir dans l'école. C'est là que l'enfant trouve une force convenable à la sienne. Mais, si vous observez bien, vous apercevrez des défenses et des barrières contre toutes les menaces extérieures. L'enfant joue au bateau ou à la voiture, mais l'eau manque, et les chevaux, et le tournant de route. Dès que l'enfant sera en rapport avec une force réelle, quand ce serait la voiture aux chèvres, il faut que tout soit réglé et mesuré, et qu'enfin chèvres, voitures et enfants soient dominés par la force supérieure des nourrices et gardiennes. On ne conçoit pas un tramway véritable, quoique de dimensions réduites, dont les enfants feraient un jeu, où ils seraient pilotes, conducteurs et voyageurs. La force mécanique, qui est aveugle et inhumaine, ne se prête point au jeu; ou bien il faut alors que les jouets mécaniques soient tout petits, et que le petit pied les culbute sans peine.

Dans la nature même, et sous les communes conditions de la vie humaine, le peuple enfant est un monstre, par la peur, qui est la première des passions et peut-être le ressort caché de toutes. Une assemblée d'enfants suppose un terrain aplani, sans secrets ni chausse-trapes, où tout sera jeu. Dès que la menace se montre, il faut que l'assemblée d'enfants soit divisée, et gouvernée de près par un bon nombre d'êtres plus fermes, qui ne renvoient point peur contre peur. Cette juste proportion entre natures réglantes et natures réglées est offerte par ces familles nombreuses qui affrontent les dangers ordinaires d'un voyage à Meudon. Encore faut-il penser que les enfants n'ont point ici tous le même âge, et que l'aîné trouve naturellement un grand renfort de raison et de courage dans son rôle de protecteur. L'école, au contraire, réunit les enfants du même âge, d'où une belle paix, tant que l'on reste dans les conditions propres à l'école, mais de terribles paniques aussi, dès que l'élément inhumain vient seulement l'effleurer. Aussi, très sagement, dans les grandes écoles, a-t-on institué des exercices de fuite tranquille, commandés par le cri : « Au feu. » Ainsi l'on substitue l'autorité habituelle des maîtres, source de confiance, à la puissance inhumaine du feu, et surtout à la peur, reine des puissances inhumaines. D'où l'on aperçoit peut-être que l'école est une société d'un certain genre, bien distincte de la famille, bien distincte aussi de la société des hommes, et qui a ses conditions propres et son organisation propre, comme aussi son culte et ses passions propres. Beau sujet pour le sociologue.

XVI

Le Psychologue discourait en suivant la pente, comme un ruisseau. « Il n'y a, disait-il, que l'expérimentation qui nous puisse instruire. L'observation ne nous mènerait pas loin si nous n'avions appris des métiers l'art de modifier les phénomènes naturels, en produisant nous-mêmes des changements bien déterminés dont nous mesurons les effets. Qu'est-ce qu'un physicien, qu'est-ce qu'un chimiste, sinon un homme qui met les objets à la question, les rompant, les pulvérisant, les soumettant au chaud et au froid ? Sans ces essais innombrables, aurions-nous jamais saisi la loi cachée ? Pareillement la psychologie ne s'élèvera à la dignité d'une science que si nous soumettons l'homme à des expériences préparées. Déjà les médecins ont beaucoup cherché de ce côté-là; malheureusement ils ne considéraient guère que des fous. Il faut que les éducateurs soumettent aussi les enfants des écoles à des essais et à des épreuves, en vue d'apprendre enfin quelque chose de positif sur cette nature humaine en son enfance, qu'ils connaissent mal. Faute de ces investigations méthodiques, ils perdront leur temps. Pour instruire l'enfance, il faut d'abord la connaître. » Que dire contre cela ? L'évidence est notre tête de Méduse.

Le Sociologue à lunettes trouva pourtant à dire ceci : « Si les connaissances humaines s'étaient formées au bout de nos doigts, comme vous dites, le problème humain serait bien plus simple qu'il n'est, et je m'en réjouirais. Malheureusement il n'en a pas été ainsi. En tous les peuples anciens nous voyons les métiers parvenir à une perfection étonnante, en même temps que les artisans restaient attachés aux superstitions les plus ridicules. On pourrait en conclure que l'objet qui change sous les mains n'instruit point. Mais j'appelle votre attention sur une autre preuve universelle. La première science, et d'où sortit la première idée de la loi naturelle, fut partout l'astronomie; et les objets astronomiques sont justement les seuls qui soient hors de nos prises et que nous ne puissions changer. Ainsi l'astronome fut protégé contre cette curiosité indiscrète, qui change l'objet au lieu de le considérer avec patience. Et encore maintenant l'expérimentation, dont vous faites tant de cas, n'instruit que l'homme prudent et formé par l'astronomie, c'est-à-dire celui qui a observé longtemps. S'il est dangereux, pour celui qui veut s'instruire, d'allonger trop vite la main, que dirons-nous de ce regard psychologue qui change l'objet humain sur lequel il se porte ? Encore bien plus je me défie de ces expériences qui bouleversent aussitôt leur tendre et fragile objet. C'est du coin de l'œil, et sans avertir, qu'il faut observer l'homme. Et vous êtes plaisant d'observer l'enfance d'aujourd'hui, qui, avec les mots de la langue, apprend en quelques mois la sagesse des siècles, quand l'enfance de l'espèce se montre sur toute la Terre en ses temples et ses dieux. »

Il s'arrêta et essuya ses lunettes. « Maintenant, dit-il, j'ai encore autre chose à dire, non comme sociologue, mais comme instituteur, car j'ai appris le métier. Vous dites qu'il faut connaître l'enfant pour l'instruire; mais ce n'est point vrai; je dirais plutôt qu'il faut l'instruire pour le connaître; car sa vraie nature c'est sa nature développée par l'étude des langues, des auteurs et des sciences. C'est en le formant à chanter que je saurai s'il est musicien. »

XVII

L'enseignement doit être résolument retardataire. Non pas rétrograde, tout au contraire. C'est pour marcher dans le sens direct qu'il prend du recul; car, si l'on ne se place point dans le moment dépassé, comment le dépasser ? Ce serait une folle entreprise, même pour un homme dans toute la force, de prendre les connaissances en leur état dernier; il n'aurait point d'élan, ni aucune espérance raisonnable. Ne voyant que l'insuffisance partout, il se trouverait, je le parie, dans l'immobilité pyrrhonienne, c'est-à-dire que, comprenant tout, il n'affirmerait rien. Au contraire celui qui accourt des anciens âges est comme lancé selon le mouvement juste; il sait vaincre; cette expérience fait les esprits vigoureux.

La Bible annonce beaucoup, et encore plus selon l'esprit que selon la lettre; car on n'y peut rester; mais aussi on sait bien qu'on n'y va pas rester. Cette sauvage et abstraite pensée, rocheuse, abrupte, a de l'avenir. Et puisque tant d'hommes ont surmonté l'ancienne loi, chacun peut se donner permission d'y croire; et c'est ainsi qu'on portera à la maturité cette promesse d'un ordre meilleur. Il nous manque, pour être chrétiens sérieusement, d'avoir été païens ou juifs. Qui n'est pas pharisien d'abord, comment se guérirait-il de l'être ? Aussi combien d'hommes seront pharisiens étant vieux ! Telle est la marche rétrograde. C'est ce que le droit nous fait sentir; car le droit n'est jamais suffisant, et cela est bien aisé à comprendre; mais aussi cette amère pensée ne mène à rien; c'est le juriste qui change le droit en mieux, justement parce qu'il le sait et parce qu'il y croit et parce qu'il s'y tient. C'est par la suffisance, et non par l'insuffisance, qu'une idée en promet une autre. Devant l'espèce, le juge de paix pense quelque chose de neuf, par la force doctrinale elle-même; ainsi se fait la jurisprudence, bien plus puissante et de bien plus grande portée que l'ironie du plaideur.

L'enfant a besoin d'avenir; ce n'est pas le dernier mot de l'homme qu'il faut lui donner, mais plutôt le premier. C'est ce que font merveilleusement les anciens auteurs, que l'on devrait appeler les Prophètes. Ils vous donnent l'amande à casser. La vertu des belles-lettres est en ceci qu'il faut entendre l'oracle; et il n'y a point de meilleure manière de s'interroger soi-même, comme le fronton de Delphes l'annonçait. Dans les sciences, au contraire, il arrive souvent que, par la perfection de l'abrégé, on ne voie plus même l'obstacle. En un élégant cours de mécanique, rien n'arrête; et l'on demande : « A quoi cela sert-il ? », au lieu de se demander : « De quoi cela peut-il me délivrer ? » Au contraire, dans Descartes, on le voit bien, parce qu'il se trompe et se détrompe; bien plus près de nous; mais Thalès vaut mieux. Socrate avait cet art de ramener toute idée à la première enfance. Et il est bon de raisonner sur les liquides avec Archimède, et sur le baromètre avec Pascal; et même cette confusion qui reste en leurs raisonnements, elle n'est pas encore assez nôtre; toutefois elle approche de nous. Les anciens ont du neuf; c'est ce que les modernes souvent n'ont point, car leur vérité n'est point au niveau de nos erreurs. La Terre tourne, cela est vieux et usé; le fanatique n'y voit plus de difficulté. Mais est-il moins fanatique en cela ou plus ? C'est ce que je ne saurais pas dire.

XVIII

Il y a savoir et savoir. Lorsqu'un instituteur commence à expliquer les choses du ciel, décrivant d'abord les apparences, et définissant l'est et l'ouest par le lever et le coucher des astres, il se trouve souvent un mioche pour dire : « Ce n'est pas vrai, que le Soleil se lève et se couche; c'est la Terre qui tourne; c'est mon papa qui me l'a dit. » Ce genre de savoir est sans remède; car celui qui sait ainsi prématurément que la Terre tourne ne donnera jamais assez d'attention aux apparences; et si on lui parle de la sphère céleste, forme auxiliaire dont il est impossible de se passer pour décrire les apparences, il pensera que ce n'est pas ainsi, et cherchera, bien vainement, l'ordre copernicien, tel qu'on le verrait d'une étoile. L'ordre copernicien est la vérité des apparences; mais j'estime qu'il faut deux ou trois ans d'observations suivies, et selon les apparences, avant de former réellement l'idée du système solaire. C'est un mal irréparable, et trop commun, de douter avant d'être sûr.

Le public s'instruit mal, parce qu'il s'imagine que la dernière vérité est ce qui lui convient. Mais la vérité ne peut être versée ainsi d'un esprit dans l'autre; pour celui qui ne l'a pas conquise en partant des apparences, elle n'est rien. Combien de gens ont ouvert les journaux en se disant : « Voyons un peu si le principe de la conservation de l'énergie est toujours vrai. » Vaine ambition; on ne peut renoncer à ce que l'on n'a pas. Il faut posséder d'abord le principe, et l'essayer sur des milliers d'exemples, pour arriver seulement à concevoir le second principe, dit de dégradation, qui ne détruit pas le premier, et qui n'a aucun sens sans le premier. Et il faut avoir appliqué bien des fois l'un et l'autre pour être en état de douter de l'un ou de l'autre. Le doute est un passage; pour l'essayer, il faut sentir d'abord sous le pied une inébranlable résistance. Le doute est le signe de la certitude.

Considérez avec attention Descartes, le plus hardi douteur que l'on ait vu. On pourrait bien dire qu'il doute encore moins que l'ivrogne, le délirant ou le fou; car devant ces pauvres esprits le monde se défait de moment en moment; les apparences prennent mille formes; c'est comme un chaos, dont les rêves nous donnent quelque idée. Mais aussi personne ne voudra dire que ces esprits faibles sont en état de douter. Et de quoi douteraient-ils ? Au contraire voyez que Descartes doute au coin de son feu, mieux éveillé, mieux délivré de toute passion, mieux assuré de ce monde solide qu'aucun homme ne fut. Et, toute proportion gardée, je dirais que le célèbre Poincaré pouvait bien se permettre de douter sur le mouvement de la Terre, parce qu'il l'avait d'abord longtemps et fortement pensé. Mais cela ne permet pas au premier mioche de se lever de son banc pour dire : « Il n'est pas sûr que la Terre tourne, et ce n'est peut-être qu'une manière de dire. » Il y a une marche d'idée en idée, et finalement au-delà de toute idée, que chaque esprit doit suivre pour son compte, toujours soucieux de faire la vérité, mais peu curieux de la recevoir. Si cette sagesse était mieux comprise, presque tous les hommes, devant les paradoxes d'Einstein, diraient comme je dis : « Je n'en suis pas là. »

XIX

Je trouve ridicule qu'on laisse le choix, aux enfants ou aux familles, d'apprendre ceci plutôt que cela. Ridicule aussi qu'on accuse l'Etat de vouloir leur imposer ceci et cela. Nul ne doit choisir, et le choix est fait. Napoléon, je crois bien, a exprimé en deux mots ce que tout homme doit savoir le mieux possible : géométrie et latin. Elargissons; entendons par latin l'étude des grandes œuvres, et principalement de toute la poésie humaine. Alors, tout est dit.

La géométrie est la clef de la nature. Qui n'est point géomètre ne percevra jamais bien ce monde où il vit et dont il dépend. Mais plutôt il rêvera selon la passion du moment, se trompant lui-même sur la puissance antagoniste, mesurant mal, comptant mal, nuisible et malheureux. Aussi je n'entends point qu'on doive enseigner toute la nature; non, mais régler l'esprit selon l'objet, d'après la nécessité clairement aperçue. Il n'en faut pas plus, mais il n'en faut pas moins. Celui qui n'a aucune idée de la nécessité géométrique manquera l'idée même de nécessité extérieure. Toute la physique et toute l'histoire naturelle ensemble ne la lui donneront point. Donc peu de science, mais une bonne science, et toujours la preuve la plus rigoureuse. Le beau de la géométrie est qu'il y a des étages de preuves, et quelque chose de net et de sain dans toutes. Que la sphère et le prisme, donc, nous donnent des leçons de choses. A qui ? A tous. Il est bien plaisant de décider qu'un enfant ignorera la géométrie parce qu'il a peine à la comprendre; c'est un signe au contraire qu'il faut patiemment l'y faire entrer. Thalès ne savait point toute notre géométrie; mais ce qu'il savait, il le savait bien. Ainsi la moindre vue de la nécessité sera une lumière pour toute une vie. Ne comptez donc pas les heures, ne mesurez pas les aptitudes, mais dites seulement : « Il le faut. »

La poésie est la clef de l'ordre humain, et, comme j'ai dit souvent, le miroir de l'âme. Mais non pas la niaise poésie, que l'on rime exprès pour les enfants; au contraire, la plus haute poésie, la plus vénérée. Là-dessus on trouve souvent à dire que l'enfant ne comprendra guère. Sans aucun doute il ne comprendra pas d'abord. Mais la puissance de la poésie est en ceci, à chaque lecture, que d'abord, avant de nous instruire, elle nous dispose par les sons et le rythme, selon un modèle humain universel. Et cela est bon aussi pour l'enfant, surtout pour l'enfant. Comment apprend-il à parler, sinon en réglant sa nature animale d'après ce ramage humain qu'il entend ? Faites donc qu'il récite scrupuleusement le beau ramage. C'est ainsi qu'en réglant d'abord ses passions il se met en situation de comprendre toutes les passions, s'élevant aussitôt au sentiment, point d'observation d'où l'on découvre tout le paysage humain.

Mais il est grossier et comme sauvage ? Il est indifférent à ces choses ? Je n'en crois rien. La grande poésie a prise sur tous. Les plus rudes compagnons veulent la plus grande poésie. Il n'en faut pas moins contre la grimace, qui est une sorte de poésie, mais sans secours. Donc toute la poésie à tous, autant qu'on pourra; et toute la langue humaine, autant qu'on pourra. L'homme qui n'est pas discipliné selon cette imitation n'est pas un homme.

Géométrie et poésie; cela suffit. L'une tempère l'autre. Mais il faut les deux. Homère et Thalès le conduiront par la main. L'enfant a cette ambition d'être un homme; il ne faut point le tromper; encore moins lui donner à choisir dans ce qu'il ignore. Sans quoi le catéchisme nous ferait rougir. Car les théologiens enseignaient à tous tout ce qu'ils savaient, s'arrêtant à l'esprit rebelle. Et, dans le doute, ils baptisaient toute forme humaine. Allons-nous choisir, nous autres, et refuser le baptême humain au frivole ou à l'endormi ?

XX

Un petit bonhomme qui fait voir des aptitudes ou seulement un goût marqué pour l'étude est bientôt tiré de son village. Chacun le pousse selon son pouvoir, et il est célébré par les commères. C'est un beau trait de l'homme que cette admiration devant un enfant qui peut-être sera quelqu'un. Les condisciples font aussi un beau chœur de louanges; et j'ai connu des gens qui, à soixante ans passés, étaient encore fiers d'avoir fait leurs classes, eux médiocres, à côté d'un homme arrivé. Ainsi tous cherchent le génie et lui font rumeur. Chacun a connu de ces ramasseurs, nobles hommes, qui ne se trompaient que par trop espérer. Bref les bourses ne manquent pas, ce sont plutôt les boursiers qui manquent. Ainsi l'on rassemble des candidats pour les hautes places, et bien plus qu'il n'en faudrait. Quand le râteau a passé, il ne reste rien qui puisse espérer un succès franc. Ce problème est résolu; il n'y a point de barrage. J'en appelle à tous ces fils de paysans et d'ouvriers qui sont maintenant en place, et beaucoup au-dessus de ce qu'ils valaient. Je ne veux pas suivre non plus ces faibles déclamations sur ceux qui, étant appelés, ne sont pas élus. Parmi ceux-là, et j'en connais, je ne vois pas un déclassé sur cent; presque tous ils retournent dans les provinces, où ils ne font point de bruit, mais se trouvent souvent au-dessus de leurs petites fonctions, et utiles encore plus par le conseil; c'est un bon levain.

Il reste ceux que l'on n'instruit guère, soit parce

qu'ils ne veulent pas apprendre, soit parce qu'ils ne peuvent. Ici se trouve le problème véritable. J'ai connu un temps où le jeune garçon qui raisonnait mal une fois ou deux sur les triangles était aussitôt abandonné. Conduite raisonnable, si le pouvoir ne cherche que des recrues pour la partie gouvernante; conduite ridicule, si le pouvoir veut réellement des citoyens éclairés. Qu'un garçon ne fasse voir aucune aptitude pour les mathématiques, cela avertit qu'il faut les lui enseigner obstinément et ingénieusement. S'il ne comprend pas ce qui est le plus simple, que comprendra-t-il jamais ? Evidemment, le plus facile est de s'en tenir à ce jugement sommaire, que l'on entend encore trop : « Ce garçon n'est pas intelligent. » Mais ce n'est point permis. Tout au contraire, c'est la faute capitale à l'égard de l'homme, et c'est l'injustice essentielle, de le renvoyer ainsi parmi les bêtes, sans avoir employé tout l'esprit que l'on a, et toute la chaleur d'amitié dont on est capable, à rendre à la vie ces parties gelées. Si l'art d'instruire ne prend pour fin que d'éclairer les génies, il faut en rire, car les génies bondissent au premier appel, et percent la broussaille. Mais ceux qui s'accrochent partout et se trompent sur tout, ceux qui sont sujets à perdre courage et à désespérer de leur esprit, c'est ceux-là qu'il faut aider.

Le plus grand jugement n'y serait pas de trop; et, pour ma part, si j'avais à juger quelque esprit hardi et vigoureux, je le mettrais à débrouiller les premières notions dans un petit esclave, comme Socrate faisait. Je soupçonne même que le génie, en ses discours à lui-même, est plus enfant qu'on ne pourrait le croire, et ne cherche point le sauvage, l'esclave, le sot, l'arriéré, le superstitieux, le stupide, l'endormi, ailleurs qu'en lui-même. C'est pourquoi j'ai souvent pensé qu'on ne perdrait pas de temps à rassembler la queue du troupeau, et à retourner de mille manières les premiers éléments jusqu'à vaincre les esprits les plus obtus. Les meilleurs y gagneraient, et le maître aussi, par cette réflexion sur ce que l'on croit savoir, chose trop rare.

Il n'y a point d'homme, évidemment, dont je puisse annoncer qu'il ne pensera pas au-delà de son métier. Quand il serait esclave comme Esope, il pensera encore. Or il ne sera pas esclave. Non seulement il pensera aux choses divines et humaines, tant bien que mal, comme chacun fait, mais, bien plus, il décidera de la paix et de la guerre, du juste et de l'injuste, de noblesse, de bassesse, et enfin de tout, follement peut-être, de tout son poids d'homme certainement. Le plus libre écrivain sent à chaque instant ce poids sur sa plume. Aussi n'est-ce pas peu si un homme, destiné au commerce, à l'agriculture ou à la seule pratique des mécanismes, a lu Descartes, Montaigne et Pascal, ou bien a entrevu seulement la majesté des théorèmes les plus simples. Ce monde ira toujours comme il va, si le trésor des Humanités est réservé à ceux qui en sont les plus dignes. Au contraire, si l'on se mettait à instruire les ignorants, nous verrions du nouveau.

XXI

J'entendais dire : « Tout notre avenir dépend de l'éducation; et l'éducation dépend du dessin. Car rien ne nous fait connaître une nature et un caractère d'enfant mieux que le dessin; et comment enseigner avec fruit si l'on ne connaît d'abord l'enfant ? Voyez, on leur a proposé, à ces petits de l'école, des sujets qui éveillent leur imagination sans la rendre aussitôt esclave : le marché, l'ascension d'un ballon, le corbeau et le renard, le cirque, la moisson, et d'autres. Le choix qu'ils font révèle déjà quelque chose de leurs aptitudes naturelles; mais, dans l'exécution, quelle différence, et quelle variété ! Naturellement c'est lourd, c'est maladroit; j'accorde même qu'au point de vue plastique c'est laid; mais quelle force expressive, quelle spontanéité dans le sentiment, quelle révélation dans le trait ! »

La foi est rare et précieuse. Je ne voudrais pas l'enlever à ceux qui l'ont. Mais ici l'effort me semble si mal dirigé qu'il faut que je contredise.

Je vois bien que ces dessins libres peuvent instruire le maître; mais l'école a aussi pour fin d'instruire les enfants. Vous dites que, pour instruire, il faut connaître ceux qu'on instruit. Je ne sais. Il est peut-être plus important de bien connaître ce qu'on enseigne. Quant à la nature de l'enfant, qui est inscrite toute en ces naïfs dessins, par ces traits appuyés, par ces mouvements gauches, par ces gribouillages passionnés, je crois qu'elle défie votre jugement et tout jugement. Je vois même de l'indiscrétion dans ce regard de psychologue, qui cherche quelque chose à deviner, à louer, à blâmer, en cette nature où tout serait mauvais par l'ignorance, la confusion, la timidité, l'enchaînement de soi, la fureur, la tristesse, mais où tout serait bon, oui tout, par science, culture, gymnastique, possession de soi, délivrance. Et, comme je suis assuré que les Humanités sont bonnes pour tous, ma foi je les développerais pour tous, et de mon mieux; et chacun en prendra ce qu'il en peut prendre, et le fera sien. Car j'ai une idée étrange, bien éloignée de ce qu'on dit communément là-dessus, idée vérifiée bien des fois, c'est que ce qui est beau pour tous, et humain universellement, est justement ce qui semble avoir été écrit pour chacun; au lieu que ce qui veut s'adresser à moi, enfant ou homme, et se mettre à ma mesure, est toujours à côté, et souvent au-dessous. Les psychologues se trompent sur tout et sur eux-mêmes, par cette manie de vouloir connaître au lieu de changer et élever. Connaître ma pensée, c'est la faire; connaître mon sentiment, c'est l'élever et l'humaniser. Mon vrai portrait est dans Homère, Virgile, Montaigne. Et, encore plus à l'enfant qu'à moi-même, je dois tendre un miroir où il se voit aussitôt grandi et purifié.

Mais l'idée est obscure. Il faut avoir lu et relu les grands livres pour savoir où sont les meilleurs conseillers et les vrais redresseurs. Le dessin nous ramène à la même idée par des chemins plus faciles. Car, quel que soit le modèle, on n'en peut faire un dessin convenable qu'en modérant et tempérant tous ces tumultes du cœur, si sensibles dans le frémissement et le poids de la main. La vulgarité s'exprime seule en ces traits appuyés, qui percent le papier. Ce que j'admire dans les plus beaux dessins, c'est qu'ils laissent le grain du papier intact et visible; le trait aérien, sans poids. La ligne témoigne de l'attention et de la fidélité au modèle; mais c'est peu de chose encore qu'une ligne juste. Le trait juste est le portrait même de celui qui dessine. J'y vois en clair la tempérance et la pureté. D'un homme qui sans doute avait des passions vives; oui, mais d'un homme qui, dans le moment qu'il dessinait, se rendait maître de sa main, de tout son corps et de son cœur. Sans y penser. Bon modèle pour tous. A imiter donc ce trait sobre et riche de vraie sagesse, chacun fera sagesse un peu de ce qu'il a. Et sans aucun doute sera mieux lui-même, par la seule attention à copier une belle œuvre. Au lieu qu'à vouloir s'exprimer lui-même sans secours, il se déforme et grimace. Conduit, non conduisant. Esclave, comme sont et restent tant d'autres, parce qu'ils n'ont point voulu imiter.

XXII

Il est plus vite fait de changer les hommes que de les connaître. Quand je dis changer, j'entends toujours une variation très petite, mais suffisante. Un homme à genoux est autre que debout; autre la main ouverte que le poing fermé; autre s'il pose sa voix que s'il parle du gosier; c'est pourquoi les manières font souvent plus, pour persuader, que les raisons; et les raisons elles-mêmes changent peu l'homme, et ce changement suffit. Seulement l'obstacle aux raisons n'est presque jamais où l'on croit; un homme raidi et mal parti n'entend point les raisons; il faut l'assouplir, par gymnastique et musique; c'est alors qu'il pense bien, comme joue le bon violoniste, sans crisper les doigts sur l'archet. Et certes il n'y a pas une grande différence entre un bras raidi et un bras souple. Le corps brun ou blond, athlétique ou fluet, rendra avec le violon le son qui dépend des deux; mais, quel que soit ce son, il ne le fera entendre que s'il est d'abord assoupli. En sorte qu'on ne se propose point du tout, par gymnastique, de changer sa nature, mais plutôt de la délivrer.

Ces arts difficiles et patients font bien voir que la même méthode est bonne pour tous, quoique tous soient différents. Je dirais même que la méthode commune n'a point pour fin de les rendre semblables, mais au contraire de les rendre encore plus différents; car, entre deux hommes qui savent le violon, une différence nouvelle s'est développée, qui est le son propre à chacun. De même chacun aura son escrime; mais il faut qu'ils apprennent la commune escrime. Ces exemples aident à comprendre comment la commune culture fait fleurir les différences. C'est pourquoi la leçon de géométrie est bonne pour tous; et la préparation, qui consiste à tracer une droite ou un cercle d'une main légère, est bonne pour tous aussi; meilleure certainement qu'un vain effort pour deviner quelles sont les confuses idées qui, en chacun, résistent à la géométrie; c'est vouloir fixer une ombre en posant le pied dessus. Il faut seulement, pour ces études-là et pour toutes, une favorable disposition du corps, une aisance, une familiarité avec la chose; c'est en quoi une longue et difficile épure ouvre l'esprit aux raisons; et l'on peut juger de l'avancement du disciple d'après l'écriture même des chiffres et des autres signes.

Ceux qui méprisent ces moyens extérieurs ont, je crois bien, l'espérance qu'ils vaincront une nature; c'est à peu près aussi raisonnable que si l'on voulait rendre lisses des cheveux frisés. Ils ne vaincront point.

Chacun gardera le pli de ses cheveux et la forme de son corps; chacun imprimera toujours à toute idée commune sa marque naturelle; la différence des écritures devrait le faire entendre, car cette différence se développe par la culture; et on en dirait bien autant des visages, qui développent leur expression propre par la politesse. Ainsi je crois que les natures sont immuables pour le principal; mais ce fond de structure et d'humeurs est au-dessous du bien et du mal. Et la vertu d'un homme ressemble bien plus à ses propres vices qu'à la vertu du voisin. Ce que Spinoza, qui a connu l'immuable mieux que personne, exprime en disant que l'homme n'a nullement besoin de la perfection du cheval. Disons que l'homme ne peut revêtir, comme un manteau, la vertu du voisin. Aussi le vice n'est que dans l'étranglement de soi par soi, faute de gymnastique et de musique. Tout ce qui est délivré est bon.

XXIII

C'est au-dessous du caractère qu'il faut saisir l'homme; et cela est encore plus vrai de l'enfant, qui est moins terminé, quoique souvent il se croie terminé. L'homme toujours se croit terminé et promène son caractère comme une œuvre, bonne ou mauvaise, faisant de tout vanité. Mais regardons dessous. On trouve l'humeur, qui est instable; il larmoie, mais c'est qu'il a le soleil dans l'œil. Si vous voulez connaître un homme, il faut premièrement le bien asseoir, tirer le store, arrêter les vagues de chaleur ou de froid, et les bruits offensants, à commencer par celui de votre propre voix; enfin écarter tous les petits accidents dont il ferait système. Après cela vous trouvez la nature, qui est stable, c'est-à-dire un véritable système, rassemblé et équilibré; forme du nez et du menton, couleur de la peau, des cheveux et des yeux, tout se tient, car ce sont des signes d'un régime de nutrition invariable, selon lequel il a grandi, il sera malade ou sain, il vieillira. Triste ou gai il aura toujours cette couleur, cette assiette, cette liaison des mouvements, inimitables, qui font qu'il est lui. Ces différences sont invincibles; il faut les aimer; cette constance, cette fidélité à soi donne espoir aussitôt. Autant qu'il résiste, je le tiens. L'art de persuader est lié sans doute à cette investigation qui va à la nature sans s'arrêter à l'humeur.

Je le tiens. Bon. Mais qu'en vais-je faire ? Non pas ce qu'il ne veut pas; mais au contraire ce qu'il veut. Non pas briser cette résistance, mais au contraire la délivrer. Vouloir que les natures soient, c'est la charité même. Non pas la vertu du voisin, dont il n'a que faire, mais sa vertu à lui, de même couleur que ses cheveux, et de même pli. Sa vertu propre, qui ressemble comme un frère à son vice propre. Car, voulant imiter ici Spinoza l'inimitable, je dirai qu'un cheval fringant ressemble bien plus à un cheval fourbu qu'à un homme fringant; et, pareillement, que le courage d'un homme ressemble bien plus à sa propre peur qu'au courage du voisin. De même une belle pomme ressemble beaucoup plus à une pomme gâtée qu'à une belle orange. Il n'est point dit qu'un avare ne saura point donner; rien n'est dit. Mais cette manière de donner ressemblera beaucoup à cette manière de garder; ce sera toujours la même main. Et il n'y a point si loin de l'attention à compter à la probité pure; la même arithmétique fera les comptes du voisin. Au rebours, le frivole voleur comptera aussi négligemment le sien que le mien; il se volera lui-même, mais aussi ce vice de négligence n'est pas loin d'une certaine générosité; seulement il donnera comme il volait, car c'est la même main.

Du brutal au courageux, du cruel au ferme, au résolu, à l'imperturbable, je ne vois pas grande distance. Ni de l'obstiné au fidèle, ni de l'esprit lent à l'esprit fort, ni du sophiste au subtil et à l'ingénieux. Les vices ne sont que des vertus à mi-chemin. Spinoza a écrit que le seul et l'unique fondement de la vertu en chacun est l'effort à persévérer dans son être. Cette maxime de fer est de loin le meilleur outil; mais il fait peur. On aimerait mieux cette molle invitation à se changer soi-même, et à revêtir une nature étrangère. Vains conseils. L'homme restera lui-même pour presque tout. Le seul changement qu'on peut espérer, c'est qu'il soit lui-même, au lieu de céder aux choses extérieures. Mais aussi, de ces différences délivrées résultera le plus grand bien pour tous. Comment ? C'est ce que vous ne saurez point si vous n'osez pas délivrer, comme l'évêque délivre Jean Valjean.

Il faut relire ces pages sublimes des *Misérables*. C'est déjà l'occasion de ne pas se tromper ridiculement sur Hugo. Mais, bien plus, toute idée du droit se trouve là, dans cette foi imperturbable qui veut chacun comme il est. Cet amour fort est comme le soleil des hommes, qui fait qu'ils portent fruit. L'autre amour, qui voudrait choisir, et qui va à ce qui plaît, est lunaire et de reflet. La variété des couleurs n'en est pas éclairée, pis, ne mûrit même point. Ainsi voulons-nous prononcer sur la perfection du voisin, quand nous ne savons rien de la nôtre; et promettre liberté, sous condition qu'on en use bien. Mais au contraire le bon usage sera connu autant que des natures délivrées en donneront le modèle. Comme la *Neuvième symphonie*, on n'en avait pas l'idée avant qu'elle fût.

XXIV

Il y a longtemps que je suis las d'entendre dire que l'un est intelligent et l'autre non.

Je suis effrayé, comme de la pire sottise, de cette légèreté à juger les esprits. Quel est l'homme, aussi médiocre qu'on le juge, qui ne se rendra maître de la géométrie, s'il va par ordre et s'il ne se rebute point ? De la géométrie aux plus hautes recherches et aux plus ardues, le passage est le même que de l'imagination errante à la géométrie; les difficultés sont les mêmes; insurmontables pour l'impatient, nulles pour qui a patience et n'en considère qu'une à la fois. De l'invention en ces sciences, et de ce qu'on nomme le génie, il me suffit de dire qu'on n'en voit les effets qu'après de longs travaux; et si un homme n'a rien inventé, je ne puis donc savoir si c'est seulement qu'il ne l'a pas voulu.

Ce même homme qui a reculé devant le froid visage de la géométrie, je le retrouve vingt ans après, en un métier qu'il a choisi et suivi, et je le vois assez intelligent en ce qu'il a pratiqué; et d'autres, qui veulent improviser avant un travail suffisant, disent des sottises en cela, quoiqu'ils soient raisonnables et maîtres en d'autres choses. Tous, je les vois sots surabondamment en des questions de bon sens, parce qu'ils ne veulent point regarder avant de prononcer. D'où m'est venue cette idée que chacun est juste aussi intelligent qu'il veut. Le langage aurait pu m'en instruire assez; car imbécile veut exactement dire faible; ainsi l'instinct populaire me montre en quelque sorte du doigt ce qui fait la différence de l'homme de jugement au sot. Volonté, et j'aimerais encore mieux dire travail, voilà ce qui manque.

Aussi ai-je pris l'habitude de considérer les hommes, lorsqu'il me plaît de les mesurer, non point au front, mais au menton. Non point la partie qui combine et calcule, car elle suffit toujours; mais la partie qui happe et ne lâche plus. Ce qui revient à dire avec d'autres mots qu'un bon esprit est un esprit ferme. La langue commune dit bien aussi un faible d'esprit pour désigner l'homme qui juge selon la coutume et l'exemple. Descartes, dont la grande ombre nous précède encore de loin, a mis au commencement de son célèbre *Discours* une parole plus souvent citée que comprise : « Le bon sens est la chose du monde la mieux partagée. » Mais il a éclairé plus directement cette idée en disant en ses *Méditations* que le jugement est affaire de volonté et non point d'entendement, venant ainsi à nommer générosité ce que l'on veut communément appeler intelligence.

On n'arrive jamais à trouver des degrés dans l'intelligence. Les problèmes, réduits au simple, comme de faire quatre avec deux et deux, sont si aisés à résoudre que l'esprit le plus obtus s'en tirerait sans peine, s'il n'était pas empêtré de difficultés imaginaires. Je dirais que rien n'est difficile, mais que c'est l'homme qui est difficile à lui-même. Je veux dire que le sot ressemble à un âne qui secoue les oreilles et refuse d'aller. Par humeur, par colère, par peur, par désespoir; oui, ce sont de telles causes ensemble et tourbillonnant qui font que l'on est sot. Cet animal sensible, orgueilleux, ambitieux, chatouilleux, aimera mieux faire la bête dix ans que travailler pendant cinq minutes en toute simplicité et modestie. Comme celui qui se rebuterait au piano, et, parce qu'il se tromperait trois fois de suite, laisserait tout là. Toutefois, on travaille volontiers à des gammes; mais, à raisonner, on ne veut pas travailler. Peut-être par le sentiment qu'un homme peut se tromper de ses mains, mais qu'il ne lui est pas permis, sans grande humiliation, de se tromper de son esprit, qui est son bien propre et intime. Il y a, certes, de la fureur dans les têtes bornées, une sorte de révolte, et comme une damnation volontaire.

On dit quelquefois que c'est la mémoire qui fait la différence, et que la mémoire est un don. Dans le fait, on peut remarquer que tout homme montre assez de mémoire dans les choses auxquelles il s'applique. Et ceux qui s'étonnent qu'un artiste de piano ou de violon puisse jouer de mémoire, font voir simplement qu'ils ignorent l'obstiné travail par quoi on est artiste. Je crois que la mémoire n'est pas la condition du travail, mais en est bien plutôt l'effet. J'admire la mémoire du mathématicien, et même je l'envie; mais c'est que je n'ai point fait mes gammes comme il a fait. Et pourquoi ? C'est que j'ai voulu comprendre tout de suite, et que mon esprit brouillon et rétif s'est jeté dans quelque erreur ridicule dont je n'ai pas su me consoler. Chacun a vite fait de se condamner. L'infatuation est le premier mouvement puni. D'où cette timidité indomptable, qui tombe d'avance à l'obstacle, qui bute exprès, qui refuse secours. Il faudrait savoir se tromper d'abord, et rire. A quoi l'on dira que ceux qui refusent science sont déjà assez frivoles. Oui, mais la frivolité est terriblement sérieuse ; c'est comme un serment de ne se donner à rien.

J'en viens à ceci, que les travaux d'écolier sont des épreuves pour le caractère, et non point pour l'intelligence. Que ce soit orthographe, version ou calcul, il s'agit de surmonter l'humeur, il s'agit d'apprendre à vouloir.

XXV

Auguste Comte fut formé d'abord aux sciences, c'est-à-dire qu'il connut de bonne heure comment les choses de la nature sont liées entre elles, et varient ensemble, soit dans leurs quantités et leurs mouvements, soit dans leurs qualités. Pourvu de ces connaissances, et y exerçant sa forte tête, une des mieux faites sans doute que l'on ait vues, il vécut pourtant maladroitement. C'est qu'avec une vue fort précise de l'ordre extérieur, il se trouvait comme un enfant au milieu de l'ordre humain, source principale de nos passions. Aussi fut-il dupe des sentiments et de l'imagination, suivant les impulsions de son cœur généreux, en vrai sauvage qu'il était. C'est l'aventure de beaucoup. Mais cette forte tête sut du moins réfléchir sur ses propres malheurs, et découvrir en sa maturité ce qui avait manqué à sa jeunesse. Venant donc aux poètes, aux artistes, et en somme aux signes humains vers sa quarantième année, il finit par où il aurait dû commencer, qui est la politesse dans le sens le plus étendu, et l'éducation à proprement parler.

Nous naissons du tissu humain, et dans le tissu humain, peu à peu relâché, mais toujours fort, et impossible à rompre, nous grandissons. Nous n'avons pas le choix. L'enfant est malheureux par ses folles espérances, et par ses petits chagrins qu'il croit grands. Le plus pressé est de se donner de l'air, et de reporter les hommes qui nous entourent à distance de vue. Cela se fait d'abord et toujours par la connaissance des signes; et les nourrices, quoiqu'elles y fassent attention, ne nous conduisent pas loin. Il faut lire autre chose que le visage des nourrices et leur naïf parler. Il faut lire; et cela s'étend fort loin. Se rendre maître de l'alphabet est peu de chose; mais la grammaire est sans fin; au-delà s'étend le commun usage; au-dessus est l'expression belle et forte, qui est comme la règle et le modèle de nos sentiments et de nos pensées. Il faut lire et encore lire. L'ordre humain se montre dans les règles, et c'est une politesse que de suivre les règles, même orthographiques. Il n'est point de meilleure discipline. Le sauvage animal, car il est né sauvage, se trouve civilisé par là, et humanisé, sans qu'il y pense, et seulement par le plaisir de lire. Où sont les limites ? Car les langues modernes et les anciennes aussi nous y servent de mille manières. Faut-il donc lire toute l'humanité, toutes les Humanités comme on dit ?

De limites, je n'en vois point. Je ne conçois point

d'homme, si lent et grossier qu'il puisse être par nature, et quand il serait destiné aux plus simples travaux, je ne conçois point d'homme qui n'ait premièrement besoin de cette humanité autour, et déposée dans les grands livres. Il faut essayer, en profitant de la singerie enfantine, qui prend si aisément le ton et l'attitude. Il faut, dès les premières années, pousser aussi avant qu'on pourra. Décider d'après les grâces et la facilité, choisir l'un pour la culture et exclure l'autre, c'est injustice et c'est imprudence. Les belles-lettres sont bonnes pour tous, et sans doute plus nécessaires au plus grossier, au plus lourd, au plus indifférent, au plus violent. Et que fait-on des enfants ? Va-t-on mettre physique et chimie à la portée de ces marmots ? Belle physique et belle chimie ! Le même Comte nous rappelle ici à l'ordre, dans le sens le plus fort du mot, nous avertissant que la physique réelle est entièrement impénétrable sans la préparation mathématique, mécanique et même astronomique, choses que l'enfant ne doit pas essayer avant sa douzième année. Jusque-là qu'il apprenne à lire et encore à lire. Qu'il se forme par les poètes, les orateurs, les conteurs. Le temps ne manquerait pas si l'on ne voulait tout faire à la fois. L'école primaire offre ce spectacle ridicule d'un homme qui fait des cours. Je hais ces petites Sorbonnes. J'en jugerais à l'oreille, et seulement par une fenêtre ouverte. Si le maître se tait, et si les enfants lisent, tout va bien.

XXVI

On peut s'instruire par l'objet; on peut s'instruire par l'esprit. Le premier chemin est celui des techniques; et c'est le succès qui décide du vrai et du faux. J'apprends à forger en interrogeant le fer et le marteau; nul ne me demande compte de mes pensées; mais c'est à l'œuvre qu'on connaît l'ouvrier. Tout savoir d'âge mûr est ainsi; on y fait économie de pensée; même dans le métier d'avocat ou d'avoué, qui est de raisonnement et en vue de persuader, il y a une routine, comme il y a une routine du juge. Au mieux ce sont des routines vraies. Aussi voit-on des compétences qui sont des têtes vides.

L'école primaire s'est jetée par là, cherchant routine pour écrire correctement, pour accorder les mots, pour arpenter, pour compter. On a assez remarqué que les meilleurs écoliers de la primaire comptent bien, et l'on se moque du lycéen qui sait la théorie de l'addition et qui compte mal. Or, la routine de compter s'apprend par l'objet; c'est l'objet qui décide; aussi voit-on qu'une claire disposition des nombres y fait beaucoup, comme tout comptable vous le dira. L'autre écolier met la pensée au jeu, et se trompe très bien, car rien n'est autant instable, fuyant et trompeur, que la pensée. Les civilisations primitives font voir ce contraste d'une perfection étonnante des métiers, jointe à des opinions fantastiques fondées sur des raisonnements. L'étonnant, et à quoi il faut regarder avec attention et plus d'une fois, c'est que le progrès des sciences est sorti des extravagances théologiques, et non pas des métiers.

Qu'est-ce donc qu'apprendre par l'esprit ? C'est faire société. Le géomètre formé selon la subtilité euclidienne est toujours occupé de convenir avec un interlocuteur imaginaire, au moyen d'une définition sans ambiguïté; et de là, par raisonnement, conquiert l'autre, répondant à toutes les objections possibles. D'où résulte cette connaissance si bien nommée universelle, c'est-à-dire commune à tout esprit. Que l'objet en dise ce qu'il voudra. L'attention du géomètre ne se porte point à ce que répond le cercle, mais bien à ce que pourrait répondre l'autre esprit avec lequel il se met en conversation. Cette manière de penser est démontrer ; et rien n'étonne plus un esprit sans culture, que ces efforts pour démontrer correctement ce qui d'ailleurs ne fait point doute d'après l'application. Cette pensée qui prend son temps est propre à l'enseignement secondaire. Dans le supérieur on retrouve le technicien, qui se contente de réussir et même en fait doctrine. Par exemple on arrive à démontrer la loi de gravitation, sous condition de quelques suppositions simples et qui rallient tout esprit à qui on les propose. Mais le technicien, je dis même de haute mathématique, où la routine est presque de rigueur, aimera mieux dire qu'une telle démonstration perd le temps, et que c'est assez de savoir que la théorie s'applique à la chose, et paye de succès; ce qui est d'esprit primaire. Tout métier conduit là, aussi bien le métier d'astronome. Ce qui est général, entendez qui réussit, équivaut il est vrai à l'universel, qui éclaire. Mais les esprits qui n'ont point participé au loisir et au luxe du bien-penser sont des esprits sans lumière, et tout à fait sans ressources quand il s'agit seulement de penser humainement. C'est pourquoi cette halte de raison, si bien placée entre le commun métier et les métiers spéciaux, est bonne à tous. Je dis même qu'aux esprits lents et engourdis elle est encore plus nécessaire. Réformateurs de l'enseignement, regardez par là.

XXVII

Il est bien sûr que les faits de nature intéressent tout homme; encore mieux l'homme s'approche des mécaniques armé d'une merveilleuse attention. Les enfants sont de même; et je comprends qu'on veuille leur voir toujours en mains un objet qu'ils défont et refont, qu'ils essaient, qu'ils explorent, qu'ils comprennent enfin comme on comprend le mécanisme d'une horloge. Seulement je suis assuré que si l'on espère éveiller l'esprit par ces moyens-là, on se trompe. Ce qui intéresse n'instruit jamais. L'homme est naturellement ingénieux, observateur, inventeur. Vous n'apprendrez rien à un chasseur qu'il ne sache mieux que vous. Et ce n'est pas d'hier qu'on nous invite à admirer le sauvage suivant une piste. Est-ce savoir ? N'y a-t-il pas autre chose à savoir ? Voilà la question.

J'écrivais une fois de plus ces choses, pour répondre à une enquête de pédagogie. J'abrège alors, par nécessité. Je heurte, je contrarie, je déplais. C'est quelque chose. Mais le pédagogue a le cuir épais; il s'en tient à ses leçons de choses et à l'expérience. L'histoire humaine prouve pourtant assez qu'on peut être un merveilleux tireur d'arc et n'avoir point de bon sens. Le secret de ces choses est en Platon et en Descartes. Or, Platon voulait écrire au fronton de son école : « Nul n'entre ici s'il n'est géomètre »; et Descartes suppose premièrement qu'un théorème au moins a été compris. Un pédagogue devrait savoir de quoi il parle.

Dans tout fait de nature et dans toute machine il y a un point de difficulté qui rebute, qui doit rebuter. Par exemple, dans une horloge, c'est le mouvement régulier du pendule qu'il faut comprendre; on ne le peut sans la loi de chute; on ne peut comprendre la loi de chute si l'on n'est géomètre. Dans le fait de la marée il y a à comprendre l'effet de la gravitation, d'après les positions relatives du Soleil et de la Lune; et, par exemple, il faut savoir pourquoi cette marée de Pâques fut plus forte qu'une autre et relier cela à l'éclipse de Lune. Très bien. L'imagination nous représente passablement les deux astres tirant dans la même direction, comme deux hommes tirant sur le même câble. Oui. Mais si l'on demande pourquoi l'effet est le même dans l'éclipse du Soleil, où les deux astres sont en conjonction, que dans l'éclipse de Lune, où ils sont en opposition, il y aura de l'embarras. Encore bien plus si l'on demande pourquoi il y a grande marée en même temps des deux côtés opposés de la Terre. Ici est le point d'ignorance, sur lequel on passe légèrement. Leçon de choses, cela veut dire qu'on sait qu'il y a grande marée à l'éclipse; l'effort pour comprendre, et le long détour qui y est nécessaire, on laisse cela, on ajourne cela. Alors que sait-on de plus que ce que sait le pêcheur ? Encore saura-t-on moins bien que lui les retards de la marée, les effets de houle et de tourbillons. Que sont tous ces métiers mal sus ? Fermez l'école, envoyez l'enfant à la chasse ou à la pêche, sous le pouvoir d'un vieux praticien.

Ou bien alors, en cette école heureusement fermée sur le monde, faisons le difficile détour. Allons à ces difficultés véritables dont l'arithmétique offre les exemples les plus simples. Cela est ennuyeux, j'en conviens; cela est abstrait, comme vous dites. Cela n'intéresse l'enfant que lorsqu'il a vu la lumière, mais un genre de lumière qu'on ne peut lui jeter dans l'œil; car c'est l'enfant lui-même qui fera la lumière par son attention à ses propres pensées, par une volonté de s'en tenir à ce qu'il suppose, par une rigueur enfin qui est tout inventée, et que les choses ne nous proposent jamais. Ces théorèmes sévères ne sont pas intéressants par eux-mêmes; c'est que par eux-mêmes ils ne sont pas; il faut les faire et les soutenir. Mais cette lumière, alors, qu'ils montrent, est plus belle que l'aurore; c'est l'aurore de l'esprit. A ce moment le petit d'homme naît une seconde fois; il se sait esprit; il a saisi cet instrument admirable dont Descartes parlait.

Il est vrai aussi qu'en même temps que l'esprit il s'éveille en l'homme autre chose, qui est l'effrayante égalité. Socrate, cherchant dans le cercle, prit pour apprenti géomètre un petit esclave qui portait les manteaux. Le brillant Alcibiade n'avait rien à dire, mais sans doute il mâcha toute la journée de ces pensées qu'on ne dit pas. Le pédagogue est peut-être très fort; peut-être a-t-il promis à lui-même de n'apprendre le secret de l'égalité qu'à ceux qui seront les maîtres.

XXVIII

Le souvenir commence avec la cicatrice. Ce n'est pas parce que les tissus sont détruits que la trace de l'événement, épine ou lame de canif, est conservée; car, par la mort, tout retournerait aux éléments sans mémoire, qui sont carbone, oxygène, hydrogène; mais le tissu, en se réparant, fait voir la reprise, comme dans le drap ou la toile. Ainsi non seulement ma vue retrouvera ce témoin; mais aussi les parties cicatrisées ne pourront plus agir tout à fait comme elles auraient fait auparavant, ni même palper comme autrefois. La marque s'imprimera dans les connaissances et jusque dans les œuvres.

Il est vraisemblable que toutes les parties vivantes sont plastiques plus ou moins dans ce sens-là. Le muscle du forgeron est comme blessé à chaque effort, et se répare en apportant aux parties qui ont souffert un supplément de matière et en fabriquant un tissu plus serré, dont l'effet extérieur est bientôt visible, par ces muscles durs et qui roulent sous la peau; mais surtout les moindres actions du forgeron en sont changées; ainsi le souvenir de ses œuvres s'imprime dans les œuvres qui suivent, et chaque coup de marteau change ceux qui seront donnés, tout à fait autrement que le marteau se déforme lui-même et déforme l'enclume; tout à fait autrement que le manche du marteau, qui se polit par l'usage.

Ce à quoi il faut bien regarder, c'est que les souvenirs se fixent par reconstruction; il y faut donc du temps et des ressources, et le train régulier du ravitaillement. Il y a apparence que les choses se passent de même dans les parties les plus délicates, et qui sont changées par le faible choc des sons, des couleurs, des odeurs.

Ces remarques aident à comprendre l'accident de Montaigne, qu'il conte dans les *Essais*, où il dit que, renversé de son cheval par la rencontre d'un de ses gens, et ayant perdu le sentiment par la force du coup, il ne put jamais retrouver en son souvenir les circonstances qui avaient précédé le choc, quoiqu'il n'eût pas perdu la connaissance à ce moment-là. La même chose m'a été contée par un homme, qui entra en lutte avec un tramway, et fut assommé sur le coup. Il n'a jamais rien retrouvé des connaissances qui précédèrent le choc. Et il est bon de noter ici, afin d'apaiser l'imagination, que la peur aussitôt avant le choc n'a donc point le temps de se former et de devenir quelque chose. Et l'explication de ces oublis est en partie dans ce que je disais, qu'il faut que le souvenir ait le temps de mûrir, et, par le grand trouble qui survient, mûrit autrement et se trouve déformé et comme perdu dans les traces de la révolution organique. Le détail échappe. Mais toujours est-il que c'est par croissance et nutrition que nous retenons les empreintes; comme un liseron qui s'enroule en une nuit autour d'une canne, et en retient ainsi la forme; c'est qu'il pousse vite. De même l'enfant prend forme selon la grammaire et toutes choses, ce que le vieillard ne sait plus faire.

XXIX

L'apprentissage est l'opposé de l'enseignement. Cela vient de ce que le travail viril craint l'invention. L'invention se trompe, gâte les matériaux, fausse l'outil. L'apprenti subit cette dure loi; ce qu'il apprend surtout, c'est qu'il ne doit jamais essayer au-dessus de ce qu'il sait; mais bien plutôt toujours au-dessous. Il y a une timidité dans l'apprenti, qui devient prudence dans l'ouvrier, et qui est marquée sur les visages. « Je ne sais pas; ce n'est pas mon métier », tel est le refus du compagnon. Le chercheur est plus modeste quand il dit : « On va bien voir. » Toutefois on devine que le chercheur libre s'occupe fort peu de ce que les essais pourront coûter. Et c'est par là que les inventeurs souvent se ruinent, dont le fameux Palissy est le symbole. Et l'on comprend que cette entreprenante pensée ne soit pas reçue à l'atelier, car elle menace à la fois la planche et le ciseau, sans compter le temps perdu. Autant dire que l'apprenti apprend surtout à ne point penser.

Ici se montre la technique, qui est une pensée sans paroles, une pensée des mains et de l'outil. On voudrait presque dire que c'est une pensée qui craint la pensée. Cette précaution est belle à saisir dans le geste ouvrier; mais elle enferme aussi une terrible promesse d'esclavage. Je conçois l'énigmatique Egypte des anciens temps comme un peuple de techniciens. Et cette pensée qui sait et ne veut pas comprendre est à peu près impénétrable. Quelques causes assez visibles nous amènent pourtant jusqu'au seuil, mais non pas plus loin. Considérez que c'est l'outil qui règle la main, et vous aurez déjà une idée de la tradition réelle, je dirais même solide. Partout où se montre l'outil, il s'établit une règle en forme d'objet, et un esprit de soumission et même de crainte, car l'outil blesse le maladroit. Mais le patron est plus redoutable encore, parce qu'il représente l'inflexible nécessité. Le patron n'a point le loisir d'admirer un essai ingénieux qui transforme en débris les précieux matériaux. L'esprit d'enfance, qui se trompe, qui brise, qui perd, est ici l'ennemi. C'est pourquoi un gamin qui gagne sa vie fait une mauvaise expérience. Il prend la prudence trop tôt; il apprend à ne plus oser. Imaginez un petit clerc qui fait une faute d'addition sur du papier timbré; c'est une faute d'apprenti et non une faute d'écolier. Aussi la colère du premier clerc ne ressemble point à celle du maître d'école. Le maître d'école veut qu'on cherche et qu'on trouve; il appelle l'intelligence; il ne pense pas au papier perdu; mais plutôt il veut placer le petit sot en présence de sa propre sottise, par elle-même ridicule. Ce retour de conscience fortifie. Au lieu que l'autre, le technicien, accuse la recherche même, et se moque de celui qui se fie à soi. Par cette discipline l'esprit renonce devant l'outil. Remarquez cette certitude qui est écrite dans les figures égyptiennes. J'y vois quelque ressemblance à ces têtes d'épervier, qu'ils sculptaient aussi, et qui expriment la suffisance de la forme. Le discours glisse sur de telles surfaces, qui sont comme des armures.

Il y a deux moyens d'être sûr de soi; le premier, qui

est d'école, est de se fier à soi ; l'autre, qui est d'atelier, est de ne jamais se fier à soi. Cela se voit dans une addition ; car l'entendement ici se trompe, mais prend force par l'erreur redressée ; au lieu que la manière technique de compter est rapide et aveugle. Le comptable ne connaît pas les nombres. Au rebours on conçoit un profond mathématicien faisant une faute ridicule dans une opération facile. Thalès s'arrête et réfléchit ; mais toujours le fouet se lève. Telle est la vertu de l'apprentissage ; et elle est bonne en temps et lieu. L'homme qui n'a point été apprenti est un grand enfant. Mais aussi l'enfant qui a été apprenti trop tôt, et trop peu de temps écolier, est toute sa vie machine, et méprise Thalès l'amateur.

Il y a du jeu dans la pensée. Mais si on voulait que l'école ne soit qu'un jeu, on se tromperait encore. L'école est tirée en deux sens, au jeu et à l'apprentissage ; mais l'école est entre deux. Elle participe du travail par le sérieux ; mais, d'un autre côté, elle échappe à la sévère loi du travail ; ici l'on se trompe, l'on recommence ; les fausses additions n'y ruinent personne. Et ce n'est pas peu de chose si le sot rit d'une énorme erreur qu'il a faite. Par ce rire il se juge lui-même. Remarquez que nous ne raisonnons jamais que sur une erreur reconnue. Mais aussi on ne raisonne qu'à l'école, parce que là personne ne nous redresse que nous. On nous laisse aller, chercher et barboter. « Malheureux, que vas-tu faire là ? », c'est un mot d'atelier. « Montrez-moi ce que vous avez fait », c'est un mot d'école. Et quand l'écolier content de soi découvre la faute, c'est une honte sans crainte, c'est-à-dire à laquelle l'opinion des autres n'ajoute rien. Cette autre prudence est la pensée.

XXX

Il n'y a point d'idée qui égale la nature des choses. Là-dessus nous pouvons être tranquilles, et écouter sans passion aucune l'homme passionné qui montrera, par de nouvelles expériences, que l'homme le plus savant est encore bien loin d'expliquer tout. Mais quoi ? L'homme a forgé ses idées comme des armes; et l'histoire des idées ressemble assez à l'histoire des outils. Comme la pioche est un outil pour creuser la terre, ainsi la ligne droite et le triangle des géomètres sont des outils à définir les formes. Et l'on sait depuis les premiers âges qu'il n'y a point de forme réelle qui puisse être décrite absolument par nos moyens; mais on en peut approcher, de la même manière que l'arpenteur ne mesure pas le contour de chaque motte de terre. Et de même que les premiers outils ont permis d'en fabriquer d'autres, ainsi les premières idées ont permis d'en fabriquer d'autres, non pas cette fois par la forge et l'enclume, mais par les figures tracées et le discours correct. Toute courbe est fille de la droite; et aucune courbe n'égale aucun objet. La courbe appelée chaînette est déjà assez difficile à former en son idée, mais une chaînette suspendue par ses deux extrémités est quelque chose qui est bien plus composé que la chaînette du géomètre.

Les anciens supposaient que les astres décrivaient des cercles, et cela n'allait pas trop mal. Je dis qu'ils étaient dans le vrai, puisqu'ils commençaient par le plus simple. Nous autres, allant d'outil en outil et de discours en discours, nous disons que les astres décrivent des ellipses; mais ce n'est pas encore vrai; nous sommes dans le vrai, ou si l'on veut dans le juste mouvement de la pensée en progrès, mais nous n'égalons pas l'objet. On sait que les planètes, par des actions mutuelles, se détournent quelque peu de la route tracée par le géomètre. Bien mieux, aucune planète ne ferme la courbe de son orbite, puisque le Soleil les entraîne toutes vers la constellation d'Hercule, qui se trouve vers l'étoile bleue que l'on nomme Véga, étoile des beaux jours.

Aller du connu à l'inconnu, c'est notre lot; autant dire du simple et abstrait vers le concret et individuel, que nous n'épuiserons pas. Tel canard qui barbote est un monde d'un instant, que Darwin ne peut saisir tout; mais Darwin, par ses idées, l'aurait saisi mieux que moi. Et les idées de Darwin sont filles de celles qui ont précédé selon l'ordre de raison; même les classifications, qu'il a voulu réduire et peut-être briser, il a pensé d'abord par elles, comme l'ancien astronome pensait par les sphères de cristal. Qui n'a point suivi ce chemin ne sait rien. Nul Etat réel n'est démocratique absolument; mais, comme l'arpenteur, je cherche à quelle forme abstraite de gouvernement il ressemble, et en quoi il en diffère. Cependant l'homme impatient rejette toute idée et plonge tout nu dans la nature des choses, d'où il revient plus chargé de boue et de coquillages que Glaucus le marin. Nous serions tous chargés de science à ce compte, car chaque minute apporte à chacun une expérience prodigieuse qui rassemble le monde des hommes, la Terre et le

Ciel. Quand Archimède courut par les rues disant : « J'ai trouvé », il ne portait qu'une idée bien imparfaite des corps flottants; oui, mais fille de géométrie et de mécanique, et riche d'avenir par la distinction et clarté abstraites. Au lieu que nos prophètes inconstants ressemblent plutôt à ce fou que décrivaient les Stoïciens, et qui criait en plein jour : « Il fait jour »; il n'était pas moins fou pour cela. Et l'homme raisonnable, comme disaient ces rustiques philosophes, n'est pas moins raisonnable quand il se trompe, parce qu'il conserve l'ordre et la suite en ses idées imparfaites, mais correctement pensées. Je profite mieux à lire la physique céleste en Descartes qu'à la chercher dans un journal du matin.

XXXI

Que toute connaissance vienne de l'expérience, c'est ce que chacun accepte comme le dogme de notre temps. Je n'irai point contre. Toutefois je voudrais changer un peu l'axe de cette espèce d'axiome central, de façon à le faire tourner et travailler plus près de l'homme. J'aimerais mieux dire que toute connaissance réelle, quelle qu'en soit la nature, est expérience; et j'entends par expérience la perception d'un objet réel, présent aux yeux et s'il se peut aux autres sens; ainsi la pensée de l'algébriste c'est l'expérience de ses équations, que la vue explore, et dont le toucher transpose les termes par l'écriture. Je cite cet exemple parce qu'il étonnera; mais essayez de comprendre que le plus vigoureux penseur serait réduit ici à s'arrêter ou à s'égarer, s'il ne réalisait ses conceptions en cet objet stable, sur lequel il exerce ensuite le contrôle de l'observation. Cette remarque étend fort loin l'expérience, par la considération de notre action, qui crée des objets comme cercle, parabole, logarithmes, auxquels nous ne sommes pas moins soumis que nous le sommes aux voyages de Vénus; ainsi l'abstraction entre dans l'expérience.

Autre remarque, maintenant. L'enfant ne choisit pas ses objets. On peut penser que ce serait un immense avantage si l'enfant formait ses premières connaissances d'après ces objets simples, stables et qui ne trompent pas, comme sont beaucoup de choses de la nature extérieure; mais il n'en est pas ainsi. La première expérience de l'enfant est celle d'une symbiose, ou vie commune, avec un organisme fort composé, siège de besoins, de désirs, d'émotions, de passions, d'idées; et de là, venant au monde, il ne vient pas encore directement au monde, mais le père, la nourrice, le frère, le chien et d'autres objets capricieux forment d'abord son petit univers. C'est là qu'il apprend la prière et la menace, deux procédés magiques auxquels il confie d'abord ses espérances, et qui circonscrivent ses premières notions, lesquelles sont ainsi superstitieuses et en même temps religieuses, qu'on le veuille ou non. Il n'est pas d'objet dans la nature que l'on fasse se mouvoir et travailler par un signe seulement; mais la mère cède à un sourire, et la nourrice obéit à un cri redoublé. L'enfant prend donc l'expérience du gouvernement avant toute autre; il connaît la puissance des passions avant de soupçonner les strictes lois du travail; il pense d'abord en roi. On voit que l'expérience extérieure trouvera la place occupée; elle aura surtout à redresser. Une erreur chérie creuse la place de chaque amère vérité.

Plus étonnant encore. Le premier travail porte nécessairement sur les signes; l'enfant apprend sa langue d'abord, et, comme Aristote l'observait déjà, il essaie naturellement d'étendre le sens de ses premiers mots aussi loin qu'il le peut. Le mot Papa désigne son père et tous les hommes qu'il voit, le portrait de son père et d'autres portraits, la canne de son père et d'autres cannes. Lolo désigne le lait en Normandie. Lélé désigne l'eau en Bretagne. Un enfant m'apporta une des feuilles du platane qui faisait danser l'ombre et la lumière sur la terrasse, en disant : « Soleil. Soleil. » Ces faciles remarques recouvrent une idée difficile, ou du moins bien cachée, c'est que l'erreur, ici encore, marche la première. L'identité est d'abord connue, plus tard les différences; et le langage conduit aussitôt le petit homme à un suprême abstrait, d'où il devra redescendre sous la pression de l'expérience et de l'ordre extérieur, tardifs instituteurs. D'où il suit que toutes nos conceptions, sans en excepter aucune, doivent porter la double marque de l'ordre humain et de l'abstraction préliminaire. Nos premières idées passent donc à l'état de métaphores, et en même temps le progrès de tout esprit se fait de l'abstrait au concret. C'est renverser la marmite de Locke, et la vôtre, mon cher Psychologue; la vôtre aussi, mon cher Pédagogue.

XXXII

Monter à cheval, danser, jouer aux cartes, cela donne du plaisir; mais il faut savoir; et il faut apprendre, en se jurant d'avoir aussi ce plaisir qu'on voit que les autres goûtent. Il n'y a d'exception que pour les plaisirs tout préparés, et convenons qu'il n'y en a guère. L'ennui vient principalement de ce qu'on se livre à un plaisir célébré, sans vouloir y mettre du sien. Tous les jeux peuvent instruire là-dessus, car il faut s'y donner, et, en un sens, s'y soumettre, et d'abord croire qu'on s'y plaira. Si au contraire on s'ennuie en espoir, comme dit Stendhal, l'événement confirmera ce beau projet.

L'erreur principale ici est sans doute que l'on veut comprendre d'avance, et sans avoir essayé, le genre de plaisir que l'on trouvera à jouer au bridge ou à pousser le ballon selon la règle. Or il n'y a rien à comprendre en aucun plaisir. La raison de gagner, par exemple, semble extrêmement faible, et compensée par la crainte de perdre. Ce qui fait le plaisir en tous les cas peut-être, c'est un accord et comme un ajustement entre l'action que l'on fait et les conditions extérieures. La fonction vitale est une adaptation de chaque instant, un triomphe devant un problème nouveau; nouveau, mais que l'on reconnaît assez pour s'y attaquer avec confiance et sentir qu'on le surmontera. En considérant la chose ainsi, on aperçoit que la timidité est au contraire le sentiment d'une maladresse que l'on sent qui se prépare, que l'on voit venir, et devant laquelle on se raidit. Celui qui se raidit à cheval sent qu'il effraye la bête, et tombe déjà. Et il faut remarquer qu'une grandeur redoutable de l'homme est en ceci qu'il peut se résigner, et même trouver une sorte de consolation à prédire son propre malheur.

Je suivais ce détour en cherchant la juste réponse à une question que l'on m'avait proposée touchant la formation de l'esprit. Les uns n'aiment pas du tout les mathématiques, et n'y peuvent mordre; les autres ont comme juré de ne point goûter la musique. Est-ce l'aptitude qui leur manque, ou bien ont-ils eu le malheur de broncher, d'abord, comme certains chevaux peureux qui se dérobent devant la barrière ? En tous ces cas, je crois plutôt que c'est l'imagination qui est mal disposée; car que peut-on savoir des aptitudes quand on se trouve devant l'enfant, quand on reconnaît dans ce paquet de muscles toute la sauvagerie du cheval, et l'orgueil en plus ? Il faut faire grande attention aux décrets de l'enfant et de l'homme. S'il prend la résolution de perdre toujours, il perdra toujours. Oui, il vaincra les meilleurs plaisirs comme il peut vaincre les pires, par un mépris de provision. Il marchera au problème comme on va au supplice, assuré d'avance qu'il n'ira pas au-delà, qu'il bronchera juste en ce point. Chacun a connu ce sentiment que l'on a, que l'on va dire une sottise, et comme amèrement on s'y résigne; je dirais même fièrement; car l'homme se réfugie toujours à ne rien craindre; et il faut toujours qu'il brave quelque chose.

Sous ce rapport l'enfant est plus homme que l'homme. Il se hâte de se condamner; il court à son propre malheur. « Jamais je ne comprendrai »; c'est bientôt dit, et c'est irrévocable plus souvent qu'on ne croit. Tout l'art d'enseigner est de ne jamais pousser l'enfant jusqu'à ce point de l'obstination. Qu'est-ce à dire ? Calculez l'obstacle de façon qu'il puisse le franchir; et ne soulignez pas d'abord toutes les fautes. Peut-être faudrait-il louer ce qui est bien et négliger le reste, n'en point parler. Les gymnastes du cirque savent tomber; c'est un autre genre d'exercice, où ils excellent; ainsi ils essaieront cent fois, aussi joyeux, aussi souples à la centième. Il faudrait apprendre à se tromper aussi de bonne humeur. Les gens n'aiment pas penser; c'est qu'ils ont peur de se tromper. Penser, c'est aller d'erreur en erreur. Rien n'est tout à fait vrai. De même aucun chant n'est tout à fait juste. Ce qui fait que la mathématique est une épreuve redoutable, c'est qu'elle ne console point de l'erreur. Thalès, Pythagore, Archimède ne nous ont point conté leurs erreurs; nous n'avons pas connu leurs faux raisonnements; et c'est bien dommage.

XXXIII

Dès que l'on s'instruit en vue d'enseigner, on s'instruit mal. Celui qui revoit d'ensemble le siècle de Louis XIV afin de parler là-dessus convenablement et en bon ordre pendant une heure ou deux, celui-là n'apprend nullement l'histoire; je dirais plutôt qu'il l'oublie. Mais il l'apprend s'il lit Motteville, Saint-Simon ou Vauban. De même celui qui revient à l'hydrostatique pour en tirer quelque leçon destinée aux enfants, illustrée d'une pompe à tuyaux de verre, celui-là n'apprend point, mais oublie. Il apprend s'il lit Tyndall, Huxley, Lyell, Maxwell ou Mach. Concevez d'après cela le ridicule d'un enseignement en cascade, où le degré supérieur, soit le professeur d'école normale primaire, apprend au degré moyen, qui est l'apprenti instituteur, à faire des leçons magistrales destinées à des enfants de sept ans. Dans ce beau système, tout le monde revient à l'âge de sept ans et presque au parler des nourrices. Et voilà l'arrogante pédagogie démasquée.

Je veux un instituteur aussi instruit qu'il se pourra; mais instruit aux sources. L'enseignement supérieur instruit de source. Que le futur instituteur aille donc là, et qu'il prenne trois ou quatre diplômes selon son goût, deux de belles-lettres et deux de science. Mais qu'il n'aille pas après cela verser tout ce qu'il sait dans une classe de petits, où l'on en est encore à épeler. Il faut qu'un instituteur soit instruit, non pas en vue d'enseigner ce qu'il sait, mais afin d'éclairer quelque détail en passant, toujours à l'improviste, car les occasions, les éclairs d'attention, le jeu des idées dans une jeune tête ne peuvent nullement être prévus. Pour l'ordinaire, je conçois la classe primaire comme un lieu où l'instituteur ne travaille guère, et où l'enfant travaille beaucoup. Non point donc de ces leçons qui tombent comme la pluie, et que l'enfant écoute les bras croisés. Mais les enfants lisant, écrivant, calculant, dessinant, récitant, copiant et recopiant. Le vieux système des moniteurs restauré; car, pour les plus lourdes fautes d'orthographe ou de calcul, il est absurde de vouloir que le maître les suive et les corrige toutes. Beaucoup d'exercices au tableau noir, mais toujours répétés à l'ardoise, et surtout lents, et revenant, et occupant de larges tranches de temps, sans grande fatigue pour le maître, et au profit des enfants. Beaucoup d'heures aussi passées à mettre au net sur de beaux cahiers; copier est une action qui fait penser. Enfin une sorte d'atelier. Que penseriez-vous d'un maître peintre qui peindrait devant ses élèves ? Aussi très peu de variété dans les travaux, attendu que la lecture, jointe à la récitation, est l'occasion d'apprendre de tout.

Le maître surveillera de haut, délivré de préparation, de ces épuisants monologues, et de ces ridicules entretiens pédagogiques, où l'on ressasse au lieu d'acquérir. Libre de fatigue, et gardant du temps pour lui-même, il s'instruira sans cesse, s'il s'est instruit d'abord aux sources; et le voilà en mesure de guider et d'illuminer en quelques mots, dans les moments rares et précieux où l'esprit enfant bondit. Et, pour préparer ces heureux moments, toujours lecture, écriture, récitation, dessin, calcul; travail de chantier, bourdonnement de voix enfantines. Le maître écoute et surveille bien plus qu'il ne parle. Ce sont les grands livres qui parlent, et quoi de mieux ?

XXXIV

J'ai suivi autrefois les leçons d'un homme supérieur, qui tantôt tâtonnait de façon à lasser l'attention, tantôt parlait vite et disait de grandes et belles choses;

le moment de l'inspiration était difficile pour moi, car j'estimais autant que de l'or la moindre de ces paroles ailées, et je craignais d'en laisser échapper une seule; toutefois j'arrivais bientôt à le suivre, et à écrire comme sous sa dictée ce que l'esprit lui soufflait. Je transformais ainsi la leçon parlée en cours dicté. Je me souviens aussi d'un vieux bonhomme qui avait copié dans La Harpe, ou peut-être inventé, des jugements assez fins et quelquefois brillants; il les lisait ou récitait avec le ton et les gestes de quelqu'un qui improvise, à cela près qu'il lisait souvent un mot pour un autre, et, par exemple, Jésus-Christ au lieu de Jean-Jacques Rousseau, ce qui faisait des pensées imprévues. Etait-ce cours dicté ou leçon parlée ?

Les parents s'effraient de tout, et le collégien fait souvent un horrible tableau des épreuves auxquelles il est soumis. Pour moi je ne trouverai point mauvais un cours dicté, s'il est bon; je trouverai à blâmer dans une leçon parlée, même belle, si l'écolier n'en rapporte que d'informes débris; mais je crains surtout la leçon vivante, comme ils disent; neuf fois sur dix ce n'est que vocifération en mauvais style, dont heureusement il ne reste rien; mais c'est temps perdu. Ce qui est mal dit, il vaut mieux ne point le dire du tout. Ce qui est bien dit, et rare, et digne d'être considéré avec attention, ce n'est pas une fois qu'il faudrait l'écrire, mais vingt fois. Ecrire est beau et bon. Un homme d'expérience disait : « Ce que je dis doit prendre forme au tableau noir et en même temps sur les cahiers; c'est l'épreuve du pensant, et il n'y en a point d'autre. Jamais un orateur n'a pensé en parlant; jamais un auditeur n'a pensé en écoutant. Le Temps dévore ses propres enfants. C'est pourquoi le langage commun appelle des Pensées ces énonciations qui reviennent sans altération aucune. Par le secours de ces objets résistants, la pensée sort du royaume des ombres. C'est pourquoi l'action d'écrire n'est nullement contraire à la réflexion, comme on le dit quelquefois étourdiment; car il faut une action qui dispose le corps selon les pensées que l'on veut suivre; et je n'en vois point de meilleure que l'écriture pour ramener nos rêveries, toujours errantes et faibles. Mais il en est de l'enseignement comme de toutes les pratiques; ceux qui y pensent réellement n'ont point mission d'en parler. Les conseilleurs, comme dit le proverbe, ne sont point les payeurs.

« On parle toujours trop vite, disait l'homme d'expérience; trop vite pour soi-même et trop vite pour l'autre. Mais si je prends la craie et si j'écris ce que je dis, c'est encore trop vite. Si le sort voulait que j'aie à faire, en ma vieillesse, un de ces cours dont personne ne parle, je voudrais graver au ciseau et sur le marbre la pensée des grands hommes, et quelquefois la mienne; et les auditeurs auraient chacun une tablette, un ciseau et un marteau. Par ce moyen l'unique élève, la vieille dame et le cocher de la vieille dame apprendraient quelque chose. N'est-ce pas une chose étonnante que le moindre pianiste fasse plus attention à la gamme d'*ut* ou de *fa*, que jamais peut-être penseur n'a fait attention à la pensée d'un autre ou même à la sienne propre ? La légende dit bien qu'il faut enchaîner Protée, si l'on veut en tirer quelque chose. Mais qui enchaînera le Protée des cours publics ? Quelque vers de Virgile, peut-être, tant de fois recopié et tant de fois récité. Nos humanistes sauvent la pensée. Mais aussi leur lente méthode n'est pas si loin de ma tablette de marbre, de mon ciseau et de mon marteau. »

XXXV

Il est arrivé à tout homme d'entendre une suite de leçons. Celui qui veut s'instruire par ce moyen, et qui n'espère pas trouver ailleurs les notions qui lui sont ainsi exposées, prend un parti héroïque; il se fait sténographe pendant une heure. Il note tout, attentif seulement à bien entendre et à transcrire par des signes suffisants. Ensuite il met au net tout le discours, non sans peine; et il faut reconnaître que ce travail de reconstitution exerce le jugement plus qu'aucun autre. Les signes nous attendent et nous ramènent; ainsi l'imagination ne nous égare point; la pensée, dans son ensemble, nous est assez familière; entre cette pensée présupposée et les signes qui la détermineront mieux, notre réflexion s'exerce à coup sûr; nous inventons sans avoir à créer. J'ajoute que, même dans le travail sténographique, par ces mouvements réglés et faciles, le corps se trouve délié et l'attention court en avant, mouvement d'esprit libre et juste. Et c'est assez pour que la leçon magistrale soit toujours bonne à entendre. Mais il y faut deux conditions, la course de la plume pendant le discours, et la mise en forme ensuite. A quels élèves peut convenir la leçon magistrale, c'est ce que l'on comprend sans peine.

L'enseignement primaire procède volontiers par leçons magistrales; du moins c'est ainsi que le futur instituteur est formé, par d'ambitieux pédagogues qui ignorent le métier. L'instituteur se forme tout à fait autrement par sa propre expérience, comme on pense bien; mais il ne peut mépriser tout à fait la leçon magistrale, parce qu'il existe un délégué de la pédagogie abstraite, qui est l'inspecteur. Et l'inspecteur a charge de voir non pas si les enfants apprennent quelque chose, mais si l'instituteur travaille. Si l'instituteur, sous l'œil du pédagogue délégué, occupait une heure à faire écrire, et plus d'une fois, les mots usuels et les exemples simples, comme il doit, le pédagogue jugerait que le métier d'instituteur est un peu trop facile. Ainsi subsistent les niaises leçons d'histoire et de morale, et les leçons de choses, encore plus niaises, devant des enfants qui ignorent le sens des mots.

Il est impossible, on le comprend bien, qu'un écolier rédige; ce ne serait pas un mauvais exercice si on lui proposait de reconstituer par écrit une seule phrase qu'il vient d'entendre; mais, avec trente élèves seulement, il faudrait une demi-heure pour une phrase. Le pédagogue jugerait qu'on n'avance guère, et il ne le cacherait pas. Au reste l'écolier est incapable de prendre des notes à la volée. Ils seront donc tous, les bras croisés, les yeux attachés sur le visage du maître, attentifs comme on est devant un faiseur de tours. Cette expression du visage est bien trompeuse ; il n'y a point de plus sot personnage que l'écouteur qui boit les paroles et fait oui de la tête. Seulement le pédagogue inspecteur ignore tout cela; c'est un gendarme qui vient s'assurer que l'instituteur a préparé sa leçon. Le métier de surveiller rend stupide et ignorant; cela est sans exception. Je sais que beaucoup d'inspecteurs courent les chemins par tous les temps, et font voir un zèle admirable; très bien; mais cela ne leur donne point d'esprit. Je regrette de le dire, et d'attrister ces braves gendarmes; mais il faut le dire. Il faut dire que toute leçon où le bambin ne lit pas ou n'écrit pas est une leçon perdue. Il faut dire que ces pédagogues bavards finiront par rendre impossible un métier déjà difficile, et qu'au surplus ils ne connaissent point.

XXXVI

Si les pédagogues ne sont pas détournés vers d'autres proies, il arrivera que les instituteurs sauront beaucoup de choses, et que les écoliers ne sauront plus rien du tout. Il n'y a qu'une manière d'imprimer l'orthographe et la grammaire dans une tête d'enfant; c'est de répéter et de faire répéter, c'est de corriger et de faire corriger. L'enfant rendra compte de ses fautes au tableau noir, sous le regard de tous, et repassera ses conjugaisons la craie en main. S'il faut lui faire entendre l'accord des participes, ce n'est pas un exemple qu'il écrira, attentif en même temps à l'orthographe, c'est dix exemples; et tous les écriront sur l'ardoise, et les recopieront en écriture appliquée sur leur cahier. Ces exercices dévorent le temps; il se peut qu'on emploie une heure à redresser une seule phrase. Les maîtres de piano ne s'étonnent point qu'un enfant apprenne si peu de choses en une heure. Mais les pédagogues méprisent cette sotte méthode qui est celle de tous les ateliers. Un inspecteur disait à une maîtresse, qui avait redressé dix fautes par vingt exemples : « Quand ferez-vous la leçon ? »

Faire la leçon c'est parler en tenant sous son regard trente têtes dressées; c'est exposer en mauvais langage la règle des participes; c'est faire cet effort d'attention, de mémoire et de gorge, trop connu des orateurs et des conférenciers; c'est user ses cordes vocales et se donner la migraine; c'est se condamner à porter dans sa tête deux leçons pour une heure; je pourrais dire trois leçons pour chaque matinée, et deux pour chaque après-midi, si les instructions, que j'ose dire féroces, étaient suivies à la lettre. Cependant il y a de bons livres; et si les enfants lisaient tour à tour au lieu d'écouter, toute leçon serait en même temps une leçon de lecture; et l'on sait que la lecture est ce qu'il y a de plus difficile, et la condition de toute culture, si humble qu'on la suppose. Mais les pédagogues veillent; il leur faut la leçon éloquente, émouvante, vivante.

Remarquez que l'expérience a été faite. D'une leçon magistrale il ne reste presque rien après huit jours, et après quinze jours il ne reste rien du tout. C'est en récitant, en lisant, en copiant et recopiant que l'enfant retient à la fin quelque chose. Tout le monde le sait; mais l'inspecteur qui s'assied dans une classe comme au théâtre veut entendre un monologue bien composé, ou bien un de ces dialogues réglés où deux ou trois enfants lancent des réponses obligées dont la place est faite d'avance. Le bon sens voudrait pourtant qu'un inspecteur n'écoutât jamais le maître, mais s'enquît seulement de ce que les enfants savent. Si j'avais à juger d'une classe de piano, je voudrais entendre les élèves, et non pas le maître; et si les élèves savaient ce qu'ils doivent savoir, alors je demanderais au maître de vouloir bien m'apprendre la pédagogie. Mais, par cette seule remarque, on voit bien que je ne suis point né Important. « Les gens de qualité savent tout sans avoir jamais rien appris. »

XXXVII

Les cours magistraux sont temps perdu. Les notes prises ne servent jamais. J'ai remarqué qu'à la caserne on n'explique pas seulement en style clair ce que c'est qu'un fusil; mais chacun est invité à démonter et à remonter le fusil en disant les mêmes mots que le maître; et celui qui n'aura pas fait et refait, dit et redit, et plus de vingt fois, ne saura pas ce que c'est qu'un fusil; il aura seulement le souvenir d'avoir entendu un discours de quelqu'un qui savait. On n'apprend pas à dessiner en regardant un professeur qui dessine très bien. On n'apprend pas le piano en écoutant un virtuose. De même, me suis-je dit souvent, on n'apprend pas à écrire et à penser en écoutant un homme qui parle bien et qui pense bien. Il faut essayer, faire, refaire, jusqu'à ce que le métier entre, comme on dit.

Cette patience d'atelier, on ne la trouve point dans nos classes, peut-être parce que le maître s'admire lui-même parlant; peut-être parce que toute sa carrière dépend de ce talent qu'il montre à parler longtemps tout seul; vraisemblablement aussi de ce que l'enseignement a pour fin de distinguer quelques sujets d'élite, qui arrivent d'eux-mêmes à singer et à inventer; car il est vrai que l'on n'a pas de grandes places pour tous. Il faudrait imiter la rude patience de l'instructeur militaire, qui veut que tous sachent démonter et remonter un fusil; car il ne s'agit pas seulement d'apprendre le métier à deux ou trois instructeurs; tous doivent le savoir. Si donc on posait en principe que penser, parler et écrire sont les armes de l'homme, au lieu de démonter et remonter devant eux en quelques mois tous les systèmes connus de fusils, je veux dire toutes les manières de parler et de raisonner, on leur mettrait les pièces en mains jusqu'à ce qu'ils sachent remonter d'abord une arme, puis une autre. Et les plus habiles n'y perdraient rien, car, à recommencer plus d'une fois ce qu'ils savent faire, ils se le rendraient familier; et ce genre de savoir, qui est au bout des doigts, est toujours ce qui manque. Par exemple, si quelqu'un veut écrire des pièces de théâtre, je lui dirai : « Soyez acteur, soyez souffleur, soyez copiste; occupez, si vous pouvez, toutes les places du métier; et en même temps écrivez vingt ou trente pièces; on verra bien ensuite si vous êtes capable d'en écrire une. »

Que serait-ce donc qu'un cours, à ce compte ? Voici; vous faites trois phrases devant l'auditoire, qui écoute, au lieu d'écrire à toute vitesse. Et chacun doit essayer de reproduire ensuite les trois phrases en belle écriture. Les plus habiles changeront un peu, ce qui est inventer; les moins doués feront des fautes bien visibles, et bien aisées à corriger. Tous ces devoirs seront vus par le maître, et remis aussitôt en forme. Après cela ils apprendront à intercaler une phrase entre deux autres, ou à compléter les trois phrases par une quatrième; non sans variations et inventions, dont les meilleures auront l'honneur du tableau noir; et c'est là que se fera le dernier nettoyage. Et puis encore, tout effacé, il faudra refaire, réciter, varier en récitant, chercher des exemples, changer les exemples. On dira que c'est long; mais à quoi sert un travail qui ne laisse rien ?

Le grand inconvénient d'une telle méthode c'est qu'étant assez difficile à pratiquer, elle n'en a pas l'air. Le maître n'apportera pas un paquet de copies corrigées et vingt pages de préparations; il n'arrivera pas fatigué, comme un vrai travailleur. Il improvisera, et, s'il ignore quelque chose, il fera ouvrir le dictionnaire. L'heure passera bien vite, et l'inspecteur trouvera que cet argent est bientôt gagné. Il estime plus le penseur aux nuées, qui tend des fils sur des abîmes, pendant que les jeunes spectateurs admirent l'acrobate.

XXXVIII

Le problème de la lecture courante est admirable et difficile. Tant qu'il n'est point résolu, ne distinguez pas entre ceux qui savent lire et ceux qui ne le savent point. La lecture qui ânonne ne sert à rien. Tant que l'esprit est occupé à former les mots, il laisse échapper l'idée. Ces affiches lumineuses où la phrase semble sortir d'un trou comme un serpent, pour se précipiter aussitôt dans un autre, ce sont des leçons neuves et excellentes. On dit que nous vivons maintenant dans la vitesse, et emportés au train des machines. N'exagérons pas; la promenade du dimanche se fait toujours du même pas; et il ne manque pas de flâneurs, de pêcheurs à la ligne, ni d'amateurs qui s'arrêtent pour un tableau ou pour un vieux meuble. Mais nous avons gagné ceci, de faire vite ce qui ne mérite point qu'on s'arrête. Epeler un écriteau, cela est ridicule; il faut le saisir d'un regard; et la plus grande partie d'un journal doit être saisie à la course. Les titres, et quelques mots d'importance, cela suffit bien. Bref, il faut savoir lire l'imprimé comme le musicien exercé lit la musique.

Nous en sommes restés au temps où l'on se lisait à soi-même, où l'on s'écoutait lisant. Mais cet orateur qui parle à soi pour se dire que la ville est à cinq kilomètres et que les Français jouent *Andromaque*, cet orateur n'est pas de ce temps-ci. Il ne sait point lire; et même s'il lit le journal à haute voix et pour d'autres, je ne suis pas assuré qu'il comprend ce qu'il dit, assez occupé de faire correspondre les sons aux signes. Cette partie oratoire de l'art de lire doit être effacée; il n'est pas utile que j'imagine des sons quand je lis; c'est temps perdu. Et l'être humain retombe si promptement à la coutume que je me demande si les écoliers n'apprennent pas à lire lentement, par l'exercice de lire tout haut. Au reste, dans toutes les opérations de l'esprit qui dépendent d'un mécanisme, il faudrait, et dès les commencements, donner une prime à la vitesse; car la lenteur, qui nous attarde à des niaiseries, est souvent une coutume et une sorte de manie. Le calcul mental est une partie brillante et neuve de notre enseignement. Le maître et même l'élève y inventent sans cesse de nouveaux moyens de courir sans se tromper. Ce genre d'exercices est sain pour l'esprit; c'est mépriser la fonction mécanique, c'est la gouverner de haut, c'est se dépêtrer, de la même manière que celui qui apprend à marcher, à courir, à grimper, à nager, à tirer le lapin.

Mais lire, cela n'ose point courir; il y reste de la majesté. On lit d'un pas de sénateur, comme dit l'autre. On dit souvent qu'il faut apprendre lentement, et que c'est le moyen d'aller vite; mais je ne suis pas assuré de cela; j'ai remarqué au contraire qu'il est souvent plus facile de faire vite; et pourquoi ? C'est que l'on se délivre par là de ces pensées de traverse, de ces rêveries d'un instant, qui font les maladroits. Dès que l'attention s'attarde, elle se détourne. J'ai là-dessus une expérience que je dois aux hasards de la guerre. J'ai enseigné l'alphabet Morse, et par le son, à des équipes de signaleurs qui n'étaient point des lettrés; et, après avoir tâtonné un peu, je me suis assuré de ceci que la vitesse dans les exercices stimulait l'attention. Il en est de ce cas-là comme du calcul mental, où la vitesse ne doit jamais être séparée de la sûreté. Comment donc faire ? Il faut seulement choisir les premiers exercices de façon que l'apprenti puisse aller très vite sans se tromper; et en somme, au lieu d'aller du lent au vif, ce qui est trompeur, il faut aller, et toujours en vitesse, du simple au complexe. Et j'ai remarqué que cette dure méthode plaît, et qu'elle forme le caractère aussi. On apprend à compter comme on apprend à traverser une rue; il ne s'agit pas d'aller lentement; mais il faut saisir le moment, apprendre à disposer de soi, et faire vite, sans aucune peur.

Comment transporter ces règles à la lecture ? Il faudrait lire des phrases qui passent sur un écran ou qui seraient montrées un moment, et puis cachées; ensuite on écrirait ce qu'on a lu. Par ce même exercice on apprendrait l'orthographe. On reconnaîtrait d'un regard un mot et une phrase, comme on reconnaît quelqu'un. On gagne ou l'on perd; et l'on recommence. Voilà qui réveille. On pourrait aussi faire paraître une affiche, et puis disparaître; il s'agirait d'en retenir ce qui importe; exercice de pensée, remarquez-le, exercice de jugement. Sans compter que les pages denses d'un prosateur seraient utilement éclairées par ce regard d'exploration, qui va de l'ensemble aux détails. Car enfin toute la page est vraie en même temps, et il arrive souvent que la fin explique le commencement. Au lieu que celui qui ânonne, et qui bute sur un mot difficile, rompt la pensée en petits morceaux; c'est former de ces esprits bègues, qui se querellent à la porte au lieu d'entrer.

XXXIX

Savoir lire, ce n'est pas seulement connaître les lettres et faire sonner les assemblages de lettres. C'est aller vite, c'est explorer d'un coup d'œil la phrase entière; c'est reconnaître les mots à leur gréement, comme le matelot reconnaît les navires. C'est négliger ce qui va de soi, et sauter à la difficulté principale, comme font si bien ceux qui savent lire la musique. Or, cette allure vive, qui n'est pas sans risques, mais où l'on trouve le plaisir de deviner, n'est pas celle de l'écolier qui a le nez sur son livre, et qui suit du doigt une syllabe après l'autre. A ce pénible travail d'épeler, l'attention s'endort. Il faudrait lire vite; mais on tomberait dans le bredouillement. Il existe des méthodes ingénieuses qui ont pour fin de faire reconnaître les lettres; mais la difficulté n'est point à reconnaître les lettres. Je ne crois pas qu'on ait cherché quelque méthode qui éveille l'esprit d'ensemble et qui délivre d'épeler. Les mieux doués y viennent tout seuls; il y faudrait amener les autres, qui souvent, je le parie, sont retardés par un scrupule, par une défiance à l'égard d'eux-mêmes; ils lisent comme on bêche; une motte de terre après l'autre, et tout l'esprit est au tranchant de la pelle. Or, je suis assuré que le courageux garçon qui arrache ainsi une syllabe après l'autre peut défricher toute la Bible sans faire aucun progrès. Le pas du métier est toujours lent; il ne vaut rien ici. Pas à pas on va loin; mais quand on lit, l'important n'est pas d'arriver au bout de la ligne; il faut y courir d'abord et revenir. La vertu qui travaille n'est pas la même que celle qui lit.

Au temps des concours de récitation, celui qui n'était pas sûr de sa mémoire trichait un peu, non pas pour conquérir une bonne place, mais pour éviter la punition; le voisin complice approchait un peu son livre, ouvert au bon endroit; un seul regard alors, soutenu par la mémoire déjà préparée, recueillait une masse de ces précieux signes, qui n'étaient pourtant pas à distance de vue; mais chacun sait qu'on lit de fort loin, quand on sait à peu près de quoi il s'agit. Exercice excellent. Je ne vois pas pourquoi l'enfant ne lirait pas quelquefois des textes qu'il sait à peu près par cœur. Et peut-être pourrait-on lui montrer le texte par éclipses, comme se montrent ou se déroulent les enseignes lumineuses. Le mot philosophie est comme un récif difficilement abordable quand on s'y accroche en quelque sorte avec les mains; mais l'ensemble du mot est aussi facile à reconnaître qu'une brouette ou une locomotive. Si un tel mot paraît tout entier le temps d'un éclair, l'esprit s'y prend mieux; il le juge, il le domine. Une courte phrase, et même une période à incidentes, serait bientôt reconnue si on la voyait paraître plusieurs fois et aussitôt disparaître. Formé à ce jeu, l'esprit guetterait comme il faut; il n'irait point à l'assaut des syllabes; il appliquerait là cet éclair du jugement, que les illettrés ont quelquefois si vif pour d'autres choses. L'attention se préparerait à se donner toute, comme on bondit. Il s'agit d'apprendre à lire, et aussi d'apprendre à penser, sans séparer jamais l'un de l'autre. Or, une syllabe n'a point de sens, et même un mot n'en a guère. C'est la phrase qui explique le mot.

Quand je suis dans l'autobus, je m'amuse, comme chacun fait, à lire les réclames collées sur le verre et qui se montrent à l'envers; je suis alors semblable à un illettré; car je reconnais aisément chaque lettre, mais l'ensemble du mot m'est tout à fait étranger. J'épelle, mais je n'ai jamais cette perception instantanée, si facile, à laquelle personne ne fait attention, qui me permet de reconnaître un mot comme je reconnais un visage. Et si j'avais coutume d'examiner un visage par parties, le menton, le nez, les yeux, jamais je ne reconnaîtrais un visage. Au reste, si la règle de nos pensées était d'aller du détail à l'ensemble, nous ne penserions jamais rien, car tout détail se divise, et cela sans fin. L'esprit d'ensemble, c'est l'esprit. Ainsi il se peut bien qu'épeler soit un très mauvais départ, de toute façon.

XL

Nul ne peut penser ce qu'il dit, car sa pensée est encore autre chose qu'il dit. Ecoutez le bavardage; la pensée y est toujours en retard d'un moment. Ce que je dis recouvre ce que j'ai dit. Chacun a connu de ces parleurs qui sont toujours sur le point de penser. Le discours est proprement intempérant; car en un sens il se continue lui-même, et chaque parole dépend de la précédente; mais en quel sens ? En ce même sens qu'un geste suit un geste. L'homme ramène ses bras à lui par cela seul qu'il les a étendus. C'est ainsi, mais par un jeu des organes plus caché, qu'un mot suit un autre mot, que l'aigu succède au grave et le roulant au sifflant. J'entends bien ses raisons, si l'on peut dire; et c'est que sa bouche ne peut garder la même forme, ni sa gorge vibrer de la même façon. Ce discours est réglé comme le murmure de la mer, toujours balancée. Cette sorte de mémoire oublieuse fait toutes les querelles.

Tout ce qu'on invente sur l'éducation est misérable, faute d'avoir réfléchi sur la difficulté de penser. On admire le parler de l'enfant, sorte de chant d'oiseau qui imite sans savoir, et qui imite aussi bien le vieux merle, si bien dressé, j'entends l'homme important qui interroge. Il est dur de mépriser ces concerts d'intelligence, où l'intelligence n'est que pour l'autre, et n'est rien pour soi. Tant que l'enfant ne répète pas exactement ce qu'il a dit, tant qu'il ne pense pas ce qu'il dit, et enfin tant qu'il ne pense pas sa pensée, rien n'est fait. Aussi voit-on que les ignorants qui cherchent sagesse s'appuient sur les proverbes, qui sont de naïfs poèmes, où le nombre et l'assonance sont comme des marques auxquelles l'esprit se retrouve. Une telle pensée s'affermit, mais ne se développe point. Les poèmes plus achevés enferment encore l'esprit; ils le conforment; ils ne l'affranchissent pas.

C'est la prose qui affranchit. La prose repousse la mémoire chantante. Il n'y a de prose que lue; ainsi savoir lire est le tout. Chacun comprend que celui qui sait lire pourra s'instruire; mais la vertu de savoir lire n'est point toute là; elle est dans le premier moment de lire, dans le merveilleux moment de comprendre ce que l'on dit; dans ce moment affranchi de mémoire et d'égarement, par la vertu de cet objet invariable, noir sur blanc, le livre. Modèle de nos propres pensées; improvisation qui reste; liberté fixée. Ce n'est plus le rythme qui conserve; c'est la chose qui conserve. Ainsi je fais l'expérience d'une pensée qui essaie sans se perdre.

Il y eut un temps de proverbes, de poèmes, d'invariables récits. Temps de croyance; et il n'importe guère si ce qu'on croit est vrai ou non. Il y a tout le bon sens possible dans les anciennes fables; mais, par la nécessité de mémoire, et la crainte de s'égarer, l'esprit est serf. Peut-être faudrait-il dire que, dans l'ancienne sagesse, il n'y avait point d'espérance; les mêmes chemins toujours, et la même fin. Le même ordre, la même vitesse, les mêmes pauses, tel est le royaume de mémoire. Lire corrige premièrement cette peur de penser mal. Lire en chantant, ce n'est que l'apprentissage. Lire des yeux, éprouver l'objet invariable, l'explorer d'un coup d'œil, y revenir, c'est la perfection du lire. Les pensées d'aventures trouvent ici un soutien, un commencement d'espérance, par la perspective de l'art d'écrire. Et c'est là qu'il faut viser, par les exercices entremêlés de lire, de relire, de copier, d'imiter, de corriger, de recopier, je dirais même d'imprimer; car pourquoi l'enfant ne donnerait-il pas à ses pensées, revues, corrigées, nettoyées, cette forme architecturale ? Au reste, il est toujours bon d'imiter, en écrivant, les formes typographiques, car l'imprimé est maintenant le roi de l'esprit. Ainsi, en s'appuyant toujours sur la règle de l'ancienne sagesse, qui est de ne rien changer aux pensées, on apprendrait peu à peu à changer en conservant. C'est douter et croire d'un même mouvement.

XLI

L'instituteur, qui était un homme d'expérience, disait et redisait à ses jeunes adjoints que le principal était de lire et encore lire. « Que ce soit histoire, ou physique, ou morale, il faut toujours que le livre soit l'instituteur en chef, et que vous soyez, vous, les adjoints du livre. Vous commencez par vous soumettre au livre, en lisant vous-mêmes, clairement, éloquemment, comme il faut lire; ensuite les enfants reliront la même page, et plus d'une fois. Assurez-vous que chacun lit tout bas; et, en vue de tenir l'attention éveillée, changez le lecteur souvent, et à l'improviste. J'avoue que ce n'est pas amusant; mais nous ne sommes pas ici pour nous amuser. » Par cette sévère méthode, il arrivait qu'on ne trouvait guère d'illettrés dans ce coin-là. Aussi les chapeaux des inspecteurs allaient se promener par là.

Un jour il en vint trois à la fois, rangés selon l'importance, et le vieil instituteur avec eux. Le jeune maître n'était nullement timide; toutefois il n'eut point le courage de faire ânonner les petits hommes, ni de mettre en place les dentales, les roulantes et les gutturales. Mais, partant de ce qu'on lisait, qui était d'histoire, le voilà parti à conter, et tous les enfants à le dévorer des yeux, les bras croisés sur le livre. Et arrivaient les Normands sur leurs barques, et combats, et pillages, et traités, et mariages. Et le bon roi Rollon, et les bijoux suspendus aux arbres, et les châteaux et les vassaux, et le ban et l'arrière-ban, l'oriflamme et l'armure, enfin un décor d'opéra. Même il dessina une carte de la Seine, et sur les bords sinueux, sur les rives escarpées, on croyait voir les Normands courant et grimpant comme des fourmis, et les autres fourmis en alarme. Les enfants goûtaient fort cette autre manière d'apprendre, et on peut croire que leurs yeux parlaient, versant une part de reconnaissance aussi aux trois puissances favorables.

« Classe vivante », dit le plus vieux des trois. « J'allais le dire », telle fut l'opinion du deuxième; le troisième opina du bonnet. Sur quoi le plus vieux reprit : « Il faut intéresser les enfants; tout est là. » Bref, les deux instituteurs reçurent mille compliments, et les enfants eurent congé.

Et voici ce que disait le vieux maître au jeune, le

soir de ce jour-là : « Voilà, dit-il, qui annule l'effet de trois numéros de *La Croix*, ce journal dont nos chefs ont si grand peur. Et je ne trouve pas mauvais que vous ayez pris le parti d'amuser ces trois vieux enfants; ce sont des hommes faibles, qui se sont jetés sur leurs pauvres honneurs, au lieu d'apprendre le métier. Aux vieux enfants ce qui convient aux enfants; mais, mon ami, aux jeunes enfants ce qui convient aux hommes, c'est-à-dire la peine, l'attention non payée d'avance, et un art noueux qui portera fruit en sa saison. Toutes les belles choses sont difficiles, comme dit le proverbe; et celui-là ne saura jamais le violon, qui n'a su que s'y amuser. Au reste je ne serais pas étonné si quelqu'un de ces petits paysans vous avait un peu méprisé aujourd'hui, et moi, et ces trois messieurs; car ce n'est point chez leurs parents qu'ils apprendront à estimer beaucoup les marchands de plaisir, ni les montreurs d'images. Et la grande affaire n'est pas d'éveiller l'intelligence en ces petits, car ils sont fort rusés, mais plutôt de la régler d'après l'imprimé, qui est notre architecture à nous et notre cathédrale à nous. Monument contre monument; mais disons mieux, monument sur monument. Heureusement l'âge de l'éloquence est passé. »

XLII

On remarque qu'il y a beaucoup d'illettrés. Mais comment en serait-il autrement ? Les programmes de l'enseignement primaire vont au-delà du ridicule. Les écoles sont des universités en raccourci, où un seul maître, à qui il est demandé premièrement de savoir tout, a la charge de parler de tout en des leçons d'une demi-heure, et qu'il doit toutes préparer sur quelques feuilles, à la manière des conférenciers. Dans le fait, le maître a bientôt oublié cette ambitieuse pédagogie, et, en revanche, il apprend son métier. Quand ses élèves savent lire, écrire et compter, il est assez content. Cependant un conseil de beaux parleurs recherche si l'on n'a point oublié, dans les programmes, quelque connaissance qu'il soit utile d'avoir, hygiène, agriculture, cuisine, physique, chimie, sociologie, morale, esthétique; et les beaux parleurs croient avoir fait quelque chose.

Il arrive que les maîtres, surtout jeunes, se plaisent à discourir; et les élèves ne se plaisent pas moins à écouter; c'est la ruse de la paresse. Mais nul ne s'instruit en écoutant; c'est en lisant qu'on s'instruit. Or, s'il existe quelque part une école modèle, où l'emploi du temps soit suivi de point en point, où se déroulent d'ingénieuses leçons, éclairées d'expériences simples, où les enfants font voir par l'immobilité, par le feu des regards, tous les signes de l'attention passionnée, vous pouvez être assuré que les élèves n'y savent point lire. Les beaux parleurs ne feront point cette expérience, qu'ils jugent longue, ennuyeuse, et au-dessous d'eux. C'est l'affaire du maître de juger les marmots, et c'est l'affaire de l'inspecteur de juger le maître. C'est pourquoi l'inspecteur entendra avec bonheur quelque leçon sur le cœur ou sur le poumon, illustrée par quelque pièce de boucherie. Et il est sûr que l'illettré s'intéresse à ces choses, et en retient même quelques vérités sommaires et inutiles; seulement il ne sait pas lire.

Ecrire et compter, cela s'apprend assez vite. Lire, voilà le difficile, j'entends lire aisément, vivement, sans effort, de façon que l'esprit se détache de la lettre, et puisse faire attention au sens. J'ai connu un illettré, d'âge militaire, qui avait l'ambition d'apprendre à lire, et qui parvint péniblement à épeler. Comme un de ses camarades lui demandait : « Que dit ton journal ? » il répondit : « Je n'en sais rien. Je lis »; c'est qu'il était tout occupé à traduire les lettres en sons; cela occupait toute sa pensée. Il faut dépasser ce moment, qui est celui de la lecture esclave; or, communément, l'homme fait n'y arrive point; l'enfance le peut, mais à condition de lire et encore lire. S'il sort de l'école encore bredouillant et ânonnant, il n'aura point le goût de lire; il oubliera même le peu qu'il sait.

Si j'étais le chef des beaux parleurs, j'aurais bientôt renvoyé chez le boucher le cœur de veau et le mou de veau. Toutes les leçons seraient de lecture; on lirait l'histoire, la géographie, l'hygiène, la morale; et si on retenait de toutes ces lectures seulement l'art de lire, je jugerais cela suffisant. Je chasserais de nos écoles tous les genres d'éloquence, et même les commentaires de la lecture expliquée, qui n'ont point de fin. On lirait, on relirait, chacun tour à tour lisant à haute voix, tous les autres suivant et lisant tout bas; le maître surveillerait, et il aurait assez à faire. On le noterait d'après ce que ses élèves sauraient, non d'après ce qu'il saurait; et je ne demanderais pas si l'élève sait quelque chose de l'histoire de la Révolution, mais bien s'il est capable de la lire dans Michelet, de la lire aisément, avec plaisir, en spectateur, comme un bon musicien lit la musique. Hélas ! je sais amplement quarte et quinte, mélodie et harmonie ; mais je suis une sorte d'illettré en musique ; je ne lis point, j'épelle. Faute de ce premier savoir, que l'on n'acquiert bien que dans l'enfance, les connaissances supérieures me sont presque inutiles.

XLIII

Concevez une école publique où l'on ait, pour les enfants d'un certain âge, six classes et autant d'instituteurs. Je me suppose idéologue et chargé d'inspection. Je remarque que ces six instituteurs ont des aptitudes différentes et je décide que chacun d'eux enseignera seulement ce qu'il sait le mieux. Très raisonnable. Ainsi, l'un des instituteurs ira de classe en classe apportant l'écriture, le dessin et la géométrie ; un autre promènera de classe en classe de beaux discours sur Jeanne d'Arc et Bayard ; un autre se chargera de la grammaire française, et un autre de la morale. Tous ceux qui connaissent un peu le métier annonceront les résultats, et les résultats seront détestables, selon la prédiction. Mais pourquoi ? Disons donc pourquoi. Les causes inférieures ne sont pas à négliger ; elles sont invincibles.

Il est question ici de discipline, uniquement de discipline. Assurer l'ordre dans une classe de quarante élèves que l'on retrouve deux fois par jour, où l'on est le seul maître, le maître, c'est un métier possible. Assurer l'ordre en six classes, où l'on paraît seulement une fois par semaine, pour y enseigner seulement une certaine chose, c'est un métier impossible. Les professeurs de lycée le savent bien; seulement ils ne l'avouent pas volontiers. Tel homme instruit et connaissant le métier est, à juste titre, respecté de ses élèves principaux, qu'il retrouve tous les jours; le même homme, s'il a charge aussi d'enseigner le français une heure par semaine à d'autres écoliers, connaîtra des moments difficiles. Au mieux, il conclura avec ces étrangers une sorte de contrat humiliant; il parlera dans le silence, et les élèves s'occuperont d'autre chose. Temps perdu; professeur sourdement irrité, fatigué, sans élan, sans courage. Qui fera le compte de ces heures perdues ? Mais on n'en parle point.

Il y a pire, oui pire, si de temps en temps l'on mélange aux écoliers principaux quelque équipe étrangère. En règle, il y a toujours désordre en une réunion d'élèves qui n'ont point coutume d'être ensemble. Chacun devinera aisément les causes. C'est par là que l'amalgame, comme on dit, devait donner des fruits amers. On le savait; nul n'avait là-dessus le moindre doute. Mais on a fait l'essai, parce que les raisons de l'échec si exactement prédit sont de celles qu'on ne veut point dire; et aussi parce que les essais sont décidés en partie par des hommes qui enseignaient bien, mais qui n'enseignent plus; en partie par d'autres qui enseignaient mal et qui, par cette raison même, ont choisi d'administrer; en partie par les hommes des bureaux, qui n'ont jamais enseigné, qui n'en seraient point capables, et que je me permets d'appeler les illettrés de l'instruction publique. Ceux-là sont des sergents-majors, en quelque sorte, qui savent un peu de droit routinier et qui administreraient aussi bien, ou aussi mal, les bateaux, les écluses, les théâtres, le pain de troupe ou le mobilier national. Il suffit à de tels hommes, et même aux autres, dès qu'ils ont un peu vieilli dans cet étrange métier, qu'une classe soit faite de huit heures à dix heures par un professeur diplômé et responsable. Deux heures de français sont comptées comme on compte des balais. S'il apparaît que ces deux heures ne suffisent pas, on en ajoute une, faite au besoin par un autre professeur qui n'a pas son compte d'heures. Et tout est bien, sur le papier.

Une administration centrale a-t-elle jamais cherché autre chose ? Qu'il s'agisse du Théâtre-Français, d'un hospice, d'une piscine, d'une prison ou d'une école, ne s'agit-il pas toujours d'ancienneté, d'avancement, de titres, de faveurs, de solliciteurs, de crédits, d'économies, d'horaires ? Audiences et dossiers, conflits entre bureaux, points de droit, précédents, c'est toujours le même art de gouverner sans savoir. Torpilleurs, avions, cuisines, pensionnés, mutilés, dommages de guerre, vaccination, enseignement, ponts, chaussées, inondation, tout est égal. Tout cela donne occasion à un même travail abstrait que tout administrateur comprend aussitôt, et que nul autre ne comprend.

XLIV

Si j'étais directeur de l'Enseignement Primaire, je me proposerais, comme but unique, d'apprendre à lire à tous les Français. Disons aussi à écrire et à compter; mais cela va tout seul; et j'ai connu des gens qui ne savaient pas lire et qui comptaient fort bien. La véritable difficulté, c'est d'apprendre à lire. Quant aux leçons de physique, de chimie, d'histoire ou de morale, je les considère comme tout à fait ridicules si elles ne mettent point d'abord en état de lire la physique, la chimie, l'histoire et la morale. Je dis lire des yeux; cela définit pour moi une époque de l'humanité, dans laquelle nous entrons à peine.

Ecouter, réciter, et même lire tout haut, c'est une discipline d'esprit encore barbare, parfaitement représentée par la messe et le sermon. On a disserté assez sur les discussions, toujours inutiles, si souvent nuisibles, mais sans aller à la vraie raison, qui est que nous soutenons alors nos opinions, sans aucune métaphore, par une action physique continuelle. Ecouter, c'est toujours courir, sans jamais pouvoir revenir; ou bien il faut alors retenir, apprendre, donc répéter. Le mécanisme s'organise, l'habitude nous prend. Dès que nous tenons une opinion, elle nous tient. Oui, dès qu'une opinion a pour nous de la consistance, elle a de la force aussi; nous la formulons malgré nous.

Mais c'est trop peu dire. Quand le corps s'y met, les passions s'y mettent. Parler échauffe. Parler ne va jamais sans gestes, et surtout dès qu'il faut donner un peu de voix et surmonter le plus léger tumulte, cela ne va pas sans colère. Et la colère à son tour déforme l'opinion; sans compter qu'elle fait preuve souvent, par contagion, et même pour celui qui parle; car l'orateur se persuade continuellement lui-même, par un entraînement du corps. Ces redoutables forces, qui font toujours escorte à l'éloquence, ont mené l'histoire du monde pendant de longs siècles. Et les plus arriérés croient encore à une magie des paroles, parce qu'ils n'ont nullement démêlé cet enchevêtrement des causes qui font que l'effet des paroles est sans proportion avec leur sens.

Lire des yeux, c'est tout à fait autre chose. L'opinion est alors fixée et extérieure, comme un objet. Je ne mets plus mon effort à la soutenir en la répétant; je me place en face d'elle, sans m'agiter, sans l'entretenir de mon souffle comme un feu. Je la considère plusieurs fois, dans toutes ses parties, sans cette inquiétude de l'homme qui suit son propre discours, ou le discours d'autrui. Je la laisse, je la reprends. Je la prends, elle ne me prend pas. Cette fonction d'arbitre, même à l'égard de ma propre pensée, je l'exerce d'abord comme comptable, ou comme algébriste, ou comme géomètre; ma pensée est objet; elle est devant moi, je l'essaie et je l'éprouve; et encore mieux huit jours après; je la retrouve telle que je l'ai laissée. Or toute pensée doit subir cette épreuve. C'est par les yeux qu'il faut penser, non par les oreilles.

Il faut donc former l'enfant à cette lecture par les yeux. C'est dire qu'il faut viser d'abord la lecture courante, et la dépasser. Or, nos écoliers ânonnent. Ils écoutent et récitent mieux qu'ils ne lisent. Aussi les longues oreilles du bonnet d'âne signifient plus qu'on ne veut.

XLV

Quand on m'annonce une Bibliothèque de Culture générale, je cours aux volumes, croyant bien y trouver de beaux textes, de précieuses traductions, tout le trésor des Poètes, des Politiques, des Moralistes, des Penseurs. Mais point du tout; ce sont des hommes fort instruits, et vraisemblablement cultivés, qui me font part de leur culture. Or, la culture ne se transmet point et ne se résume point. Etre cultivé c'est, en chaque ordre, remonter à la source et boire dans le creux de sa main, non point dans une coupe empruntée. Toujours prendre l'idée telle que l'inventeur l'a formée; plutôt l'obscur que le médiocre; et toujours préférence donnée à ce qui est beau sur ce qui est vrai; car c'est toujours le goût qui éclaire le jugement. Encore mieux, choisir le beau le plus ancien, le mieux éprouvé; car il ne faut point supplicier le jugement, mais plutôt l'exercer. Le beau étant le signe du vrai, et la première existence du vrai en chacun, c'est donc dans Molière, Shakespeare, Balzac que je connaîtrai l'homme, et non point dans quelque résumé de psychologie. Et je ne veux même point qu'on me mette en dix pages ce que Balzac a pensé des passions; les vues du génie sont de tout ce monde à demi obscur qu'il décrit; dont je ne veux rien séparer; car ce passage du clair à l'obscur, c'est justement par là que j'entre dans la chose. Je n'ai qu'à suivre le mouvement du poète ou du romancier; mouvement humain, mouvement juste. Toujours donc revenir aux grands textes; n'en point vouloir d'extraits; les extraits ne peuvent servir qu'à nous renvoyer à l'œuvre. Et je dis aussi à l'œuvre sans notes. La note, c'est le médiocre qui s'accroche au beau. L'humanité secoue cette vermine.

En sciences de même. Je ne veux point les dernières découvertes; cela ne cultive point; cela n'est pas mûr pour la méditation humaine. La culture générale refuse les primeurs et les nouveautés. Je vois que nos amateurs se jettent sur la dernière idée comme sur la plus jeune symphonie. Votre boussole, mes amis, sera bientôt folle. L'homme de métier a trop d'avantages sur moi. Il m'étonne, me trouble et me déplace, par ces bruits singuliers qu'il incorpore à l'orchestre moderne, déjà surchargé; indiscret déjà. Les jeunes musiciens ressemblent assez aux physiciens de la dernière minute, qui nous lancent des paradoxes sur les temps et les vitesses. Car, disent-ils, le temps n'est pas quelque chose d'unique, ni d'absolu; c'était vrai pour certaines vitesses; mais il n'en est plus ainsi quand les vitesses considérées sont de l'ordre de la vitesse de la lumière. C'est ainsi qu'il n'est plus évident que, quand deux points se rencontrent, la rencontre se fasse en même temps pour les deux points. Tel est le cri du canard dans une symphonie scythe; cela étonne comme un bruit étranger.

Ainsi les symphonistes de physique voudraient m'étonner; mais je me bouche les oreilles. C'est le moment de relire les conférences de Tyndall sur la chaleur, ou les mémoires de Faraday concernant les phénomènes électromagnétiques. Cela est éprouvé; cela tient bon. La bibliothèque dont je parlais devrait nous mettre en main de telles œuvres. Et je vous conseille, si vous voulez être sérieusement physicien pour vous-même, d'ouvrir quelque mémoire de ce genre sur une grande table, et de réaliser, de vos propres mains, les expériences qui y sont décrites. Une après l'autre. Oui ces vieilles expériences dont on dit : « Cela est bien connu », justement sans les avoir faites. Travail ingrat, qui ne permet point de briller à quelque dîner de Sorbonnagres. Mais patience.

Laissez-moi conduire pendant dix ans mes rustiques travaux et mes lectures hors de mode, et les Sorbonnagres seront loin derrière.

XLVI

A quelqu'un qui me demandait quelque ouvrage où les écoliers pussent apprendre à lire couramment, et qui fût au-dessus de la morale bêlante, je répondis : « Prenez donc les *Aventures de Télémaque.* » L'expérience fut faite, et en même temps j'examinai de plus près l'ouvrage si connu de Fénelon; tout considéré, je doute qu'on puisse faire mieux. Cette prose est saine, pure et familière, sans le serré et le trait de nos prosateurs, qui ne conviennent point à l'enfance. Des hommes, des temples, des marchés, des voyages, des tempêtes; de bons rois et des tyrans; des législateurs, des prêtres, des guerriers; toute la sagesse antique, tout ce monde méditerranéen d'où notre civilisation est sortie. Nulle trace du christianisme; le paganisme est là tout nu; c'est Minos qui punit les mauvais rois. Il ne manque rien à cette humanité; c'est bien notre image. Et ce n'est pas de petite importance, pour un esprit jeune, de contempler à distance de vue une religion passée, que nul ne sera tenté de croire vraie, et qui n'est qu'un vêtement de la morale universelle. Le jugement est alors contemplatif, et tout à fait délivré d'un genre de sérieux qui va au fanatisme.

Le catholicisme aussi sera beau à voir, et est déjà beau dès qu'on n'y croit plus; mais les enfants n'en sont point là. Il faut qu'ils aiment l'erreur humaine sans s'y prendre, et qu'ils en fassent poésie. Incrédulité pleine de grâce et légère à porter; la même que l'enfant apprend des contes; seulement les contes appartiennent sans doute à des âges plus anciens; la morale s'y trouve plus abstraite, et moins politique. Ce qui serait propre au paganisme, c'est cette religion de société et cette hiérarchie des dieux, qui, par une réaction inévitable, préparaient la religion métaphysique et même le régime positif de nos pensées. Il est bon que l'homme ait traversé tous ces âges. Faites attention que nul ne peut juger le catholicisme comme moment s'il ne connaît le paganisme; et il est à craindre que l'écolier de notre temps soit privé de ces grandes vues qui, nous délivrant de nier, nous invitent à comprendre.

Quant aux idées proprement dites, vous en trouverez en ce modeste livre, d'aussi hardies et d'aussi neuves que vous pouvez le désirer. Contre la guerre d'abord, « honte du genre humain », des discours forts; sur les causes de toute guerre, des analyses qui ne sont pas loin d'être parfaites; on y découvre le jeu des passions ambitieuses, qui essaient toujours de se cacher en invoquant les intérêts ou la nécessité. Ces développements sont d'aujourd'hui et de demain; le père, en revenant du champ ou de l'usine, les lira volontiers au livre du fils. Tournant les pages, et visitant lui aussi Salente régénérée, il retrouvera, en sa forme invariable, le rêve communiste auquel on revient toujours quand on a senti le joug de l'avarice et de l'ambition. Les Soviets ont partagé les champs justement comme Idoménée, conseillé par Mentor, l'a voulu faire. L'utopie passe sur ce petit monde d'agriculteurs et de marchands, et l'éclaire à la manière du soleil inaccessible. Que de vues sur les échanges, les marchés et les sources de la richesse publique ! Encore mieux peut-être sur les ministres, les favoris et les flatteurs. Ici l'art du confesseur s'ajoute à la science de l'humaniste; toutefois nulle trace d'un pédant de séminaire; une grâce adolescente est dans ce prélat. L'humanité en sa personne traverse le catholicisme comme elle a passé le paganisme. Fénelon est de ceux qui osent sans s'en douter; et peut-être son cœur mystique est allé au-delà de Dieu. Mais dans ce livre il reste enfant, reprenant toutes ses pensées à leur enfance. Ce détour a conduit Voltaire, en ses contes, aussi loin qu'il pouvait aller. Il est clair à mes yeux que Voltaire, écrivant *Zadig*, avait souvenir des *Aventures de Télémaque*. Quelque liseur de documents voudrait-il en rechercher la preuve? Ce serait une parure de plus au vieux livre scolaire; mais il n'en a pas besoin. Lisez-le seulement.

XLVII

Comme je lisais *Les Martyrs* de Chateaubriand, je vins à penser que ce livre conviendrait pour nos écoliers. Un esprit libre acceptera aisément *Télémaque* qui est un livre païen; pour *Les Martyrs*, il y aura quelque résistance; mal fondée. Si nous voulons que nos garçons et nos filles aient quelques vues de l'histoire humaine, nous ne pouvons pas vouloir qu'ils ignorent le catholicisme; et la vérité du catholicisme ne peut pas être séparée de ce paganisme qu'il a remplacé. Ce passage est d'importance; il domine encore nos mœurs et se trouve marqué dans toutes nos idées sans exception. Un enfant ne doit pas ignorer ce moment de l'histoire humaine. Imaginez quelque fils de riche qui ne connaîtrait au monde d'autre source de lumière et de chaleur que l'ampoule électrique. La connaissance qu'il en aurait serait abstraite parce qu'elle serait immédiate; l'ampoule électrique suppose avant elle, aussi bien en idée qu'en fait, une suite d'essais plus faciles, le verre, le charbon, le feu, le silex; j'en oublie. De même toutes nos pensées, de théorie et de pratique, développent le catholicisme, qui développe lui-même le paganisme, comme on le comprend d'abord par les anticipations des Stoïciens et même de Platon, comme on voit encore aujourd'hui d'après les superstitions bretonnes, si naturellement incorporées au culte des saints, de la Vierge et de la Trinité; mais la métaphore me trompe; c'est bien plutôt la métaphysique catholique qui prend corps dans le polythéisme subordonné. Qui n'a point médité là-dessus ignore l'humanité.

Chateaubriand est un bon guide ici, et le meilleur peut-être, par cette contemplation poétique qui laisse toute chose à sa juste place. D'un côté la nouvelle organisation de la famille, la condamnation de l'esclavage, la guerre transformée devant l'esprit, et déchue de son rang, tout ce bel avenir, tout cela est célébré comme il faut. Mais d'un autre côté le paganisme n'est point défiguré; Démodocus, le prêtre homérique, n'est pas moins vénérable que l'évêque Cyrille, et l'ermite chrétien du Vésuve a les dehors et les maximes d'un Stoïcien. Le ciel des anges et l'enfer des diables dirigent les combats humains et distribuent les épreuves, comme font les dieux de l'*Iliade*. Il apparaît, par le récit même, que le courage, la pudeur, la justice n'avaient pas moins de prix pour les anciens que pour nous. Même le fanatisme catholique n'est point déguisé; on voit ici au naturel l'enfant ingrat qui frappe sa nourrice; et cela est propre à éclairer le progrès humain, toujours servi, mais souvent mal servi, par l'énergie des passions.

J'admire cette force d'esprit qui prend ses distances, et l'homme qui veut être spectateur de cette religion même à laquelle il a juré d'être fidèle. Il y a de la hauteur, en cet homme, qu'il veut nommer indifférence, mais qui vient plutôt de clairvoyance. Humain et solitaire, ce voyageur. Napoléon ne l'étonna point; il annonça la République. Cependant il fut fidèle invinciblement aux rois légitimes, ce même homme qui a écrit : « Je ne crois pas aux rois. » Je trouve une belle parole dans *Les Martyrs*. Eudore, chrétien, couvre un pauvre de son manteau. « Tu as cru sans doute, dit la païenne, que cet esclave était quelque dieu caché ? » « Non, répondit Eudore, j'ai cru que c'était un homme. »

XLVIII

Les paysans lisent l'almanach. Quoi de plus beau pour eux ? Les jours qui viennent et les mois, et les saisons, ce sont des jalons sur leurs projets. De l'année qui va suivre, on connaît d'avance certaines choses.

D'abord ce qui est comme immuable, c'est-à-dire le départ et le retour des étoiles; tel est le squelette de l'almanach. Une année, c'est un tour complet des étoiles. Je me souviens que j'ai vu l'an passé Orion, ce grand rectangle orné comme d'un baudrier et d'une épée, basculer à l'ouest comme il fait maintenant; et Régulus du Lion juste au-dessus de ma tête. Une année a passé; je le vois comme je vois sur le cadran de ma pendule qu'une heure vient de passer. Les étoiles marquent les heures aussi; les pilotes de Virgile suivaient les mouvements de la Grande Ourse autour de l'Etoile polaire; ce mouvement indique à la fois l'heure et la saison; au cours d'une année, le minuit de la Grande Ourse fait le tour du cercle; en ce moment, et au commencement de la nuit, la Grande Ourse est presque au zénith; cette grande aiguille marque la saison, le temps où le merle siffle, où les narcisses sont fleuris. Il en est de même tous les ans. Ce n'est pas un petit travail que d'expliquer la relation entre l'Ourse qui tourne au ciel et l'oiseau qui fait son nid; mais encore faut-il commencer par la remarquer, je dirais même par l'admirer. Je crois que les hommes des champs ont un peu trop oublié ce regard vers les étoiles, qui apprit à l'homme les lois les plus simples. Les anciens savaient qu'Arcturus, qu'on nomme aussi le Bouvier, paraît le soir au temps des labours printaniers, et disparaît quand la saison froide et pluvieuse s'avance. Cette science paysanne s'efface. Le laboureur lit le journal. C'est la ville qui imprime l'almanach; et, à la place des mois qui sont au ciel, elle nous dessine des casiers sans couleur, des semaines et des dimanches selon le commerce et les échéances. Heureusement, la nature célèbre aussi Noël et Pâques; heureusement la fête des Rameaux est écrite dans les bois. N'empêche que l'almanach des villes est un autre almanach. Dans l'almanach auquel je rêve, on verrait l'année tourner sur ses gonds; c'est ouvrir de grandes portes sur l'avenir, et élargir l'espérance. Les hommes seraient plus près d'être poètes, et plus généreux, s'ils ne cessaient de lier leurs travaux à ce grand Univers.

Joignez au tracé des étoiles la course du Soleil, son lever, son coucher, sa hauteur dans le ciel; et aussi les phases de la Lune, non pas en chiffres tout secs, mais par descriptions, de façon qu'on ne puisse pas penser à la pleine Lune sans imaginer le Soleil à l'opposé, de l'autre côté de la Terre. Traçons aussi le chemin des planètes, en disant que celle-ci annoncera les premiers froids, et cette autre les premières feuilles.

Je sacrifierais quelque chose de la prévision du temps, toujours incertaine; ou plutôt en annonçant par masses, et selon les saisons, j'aurais toujours raison en gros; pour le détail, je décrirais seulement les possibles, comme sont les giboulées de mars, les orages et la grêle de juin; il est bon de peupler l'année qui vient d'images vives. Aux caprices du ciel je mêlerais le chant des oiseaux, qui est presque aussi régulier que les astres. Il n'est pas besoin de tant se risquer pour être prophète.

Quant aux travaux des champs et du jardin, on en parle assez dans tout almanach, et c'est le plus beau. Si on y mêlait les plus sûrs conseils de la chimie et de la médecine, l'almanach serait un beau livre.

Quoi de plus ? Une bonne géographie de la région, partant de la structure des terres, décrivant les sources, les ruisseaux, les rochers, les grottes. Aussi, une vue des productions agricoles et industrielles, de la circulation et du prix des choses. Enfin des notions précises sur le mouvement de la population, émigrations, immigrations. L'histoire viendrait tout naturellement, pour expliquer ce qui ne s'explique point autrement. Je vois ce livre très lisible, de beau papier, et solide comme étaient les bibles. Voilà un beau travail à faire pour les amis du peuple qui ont du loisir.

En attendant ce bel almanach, je voudrais qu'on essayât d'en écrire un à l'école, sur de beaux cahiers. Ce serait l'occasion de toutes les leçons possibles, de vocabulaire, d'orthographe, de calcul, d'astronomie, de physique, de chimie, d'histoire naturelle, et même de jugement à proprement parler. Par exemple, en ce temps où l'on change l'heure officielle, et où les tests sont à la mode, je proposerais ce sujet de rédaction : « Les embarras d'un chef de gare dans la nuit du 12 au 13 avril. » Je pense aussi au calcul de Noël et de Pâques pour l'année qui vient; la routine est en déroute ici; il y faut une continuelle réflexion. Si avec cela on marquait la marche des ombres sur le mur, de saison en saison, on verrait la science redevenir une plante rustique, qui ferait une belle ombre à chaque porte.

XLIX

Beaucoup d'enfants sont en lutte avec les difficultés de l'orthographe; les parents s'étonnent; le maître vient quelquefois à penser que l'orthographe est une mode qui passera. La grammaire rappelle que Corneille, Sévigné, Bossuet écrivaient les sons selon leur humeur ou leur fantaisie. De temps en temps on lit quelque article d'un intrépide réformateur qui écrit *filosofie*, *sintèse*, et ainsi du reste; il faut lire tout haut cette écriture nouvelle et en quelque sorte la chanter, comme on fait pour la musique.

Quelquefois vous observez un homme assez bien mis et de manières passables, qui lit son journal en marmottant, comme le curé lit son bréviaire. Le curé agit ainsi par discipline, et cette obligation a plus d'un sens ; mais l'autre homme est médiocre liseur et certainement sans culture; ce signe ne trompe point. Un homme qui sait vraiment lire lit des yeux et non des lèvres. Il reconnaît les mots d'après leur aspect, comme une vigie reconnaît un bateau aux cheminées. Si vous écrivez *filosofie*, vous supprimez deux cheminées; je ne reconnais plus le bateau. Temps perdu; car l'attention utile ne se porte pas sur un mot, mais sur une suite de mots qui font un sens par leur relation. C'est un esprit lent qui s'arrête à chaque mot; l'idée n'est point dans le mot, mais dans la phrase. La négligence orthographique correspond au moment de la poésie, de l'éloquence ou de la conversation, où le lecteur fait plutôt attention à la sonorité des mots qu'à leur forme. L'orthographe correspond au moment de la prose.

La prose lue comme il faut adoucit les mœurs; et voici comment. Celui qui lit des yeux sait naturellement l'orthographe; il reconnaît ce mot que je viens d'écrire comme on reconnaît un objet. Par cette perception contemplative, les choses écrites restent à distance et extérieures; on en peut juger. Mais celui qui en est encore à faire sonner ce qu'il lit, traduisant les formes en vocifération, doit d'abord dévorer l'écrit et le faire passer en lui-même, de façon à rendre les signes extérieurs par des cris variés qu'il écoute; et c'est lui-même qu'il écoute; de là on peut deviner que celui qui lit en parlant se croit lui-même trop, au lieu de garder le calme du spectateur devant l'idée extérieure. C'est en ce sens que je dirais que l'imprimé fait preuve; oui, déjà preuve pour le lecteur mal exercé, en ce qu'il le force à dire selon l'imprimé, donc à prendre à son compte une opinion qui lui est simplement proposée. Je dis prendre à son compte, et ce n'est pas trop dire, car sa bouche, sa gorge, ses poumons, son estomac, et par répercussion son cœur travaillent aussitôt selon l'imprimé. C'est donner trop d'importance au journal.

Il faudrait donc amener les enfants à lire sans parler; je crois que l'on n'y songe point du tout. Ce que l'on appelle lecture courante n'est point du tout lecture courante, puisque l'enfant déclame tout en lisant. Et la coutume de dicter ramène encore le problème de l'écriture à un exercice de prononciation; l'enfant écoute, imite les sons à bouche fermée, et les reproduit par l'écriture, non sans des erreurs souvent risibles qui s'expliquent par une prononciation sommaire ou bégayante. Sur quoi je propose cet exercice, qui consisterait à faire prononcer les mots dictés par l'enfant lui-même, à voix haute et distinctement, avant qu'il les écrive. La méthode ainsi modifiée supprimerait, je crois, un grand nombre de fautes; mais elle serait encore imparfaite en ceci qu'elle formerait toujours l'enfant à parler l'écriture. Or sans doute il faut passer par là, mais il n'y faut point rester.

J'aimerais donc la dictée muette, qui ferait paraître

les mots et plus tard les phrases entières un bon moment, puis disparaître, de façon que ce qui resterait dans le souvenir serait comme un dessin que l'on copierait aussitôt de mémoire. Au reste la simple copie serait un très bon exercice. Ainsi l'on arriverait à lire sans y mettre le diaphragme et les passions.

J'entends bien que mes élèves risqueraient alors de ne plus savoir prononcer correctement. Aussi je joindrais au travail des yeux et des mains l'antique exercice de la récitation, pris alors comme une gymnastique des organes parleurs ; mais j'aurais soin que toute récitation fût d'une belle œuvre, et consacrée ; d'abord parce que de telles œuvres règlent les passions en même temps qu'elles les éveillent ; et aussi parce qu'il est convenable, à l'égard de telles œuvres, de croire avant d'examiner ; ainsi cette part de croyance qui suit toujours la parole aiderait encore à la culture.

L

L'orthographe est de respect ; c'est une sorte de politesse. Ce qu'il faut vaincre ici c'est le bizarre, dont on pourrait dire qu'il attire l'attention et la trompe, l'apparence promettant beaucoup et ne donnant rien. Tel est un grand chapeau, ou une barbe qui descend jusqu'à la ceinture ; ce sont des signes qui ne nous portent point au-delà d'eux-mêmes. Les grimaces aussi éveillent la curiosité et ne la nourrissent point. C'est pourquoi un visage naturellement tranquille plaît d'abord, comme le silence, sans lequel il n'y a point de musique. De même le vêtement selon la mode est raisonnable en ceci qu'il n'est point remarqué. Au rebours, un homme singulier par son chapeau pointu ou ses grands cheveux ne peut passer au travers de ces signes; s'il parle, ce sera toujours chapeau pointu. Le prédicateur à moitié rasé, exemple fameux, ne sera pas écouté, mais regardé; et lui-même sera étranger à son propre discours, par l'échange des signes. Ce qui est hors de l'usage fait donc émeute et panique autour de l'homme et dans l'homme. Impudence et timidité se combattent, et voilà un esprit noué. Il faut donc s'habiller selon l'usage, saluer selon l'usage, parler et non pas crier, écrire enfin selon l'orthographe. On dit que l'orthographe est difficile; mais la danse et la politesse sont difficiles de même; c'est grand profit quand on les sait; c'est déjà grand profit de les apprendre.

Dans un homme naïf qui écrit, je remarque d'abord un discours improvisé, rompu, repris, sans aucun souci d'éloquence, puisqu'il n'y a point d'auditeurs; aussi l'articulation est alors sous la dépendance de la nature physique et même de l'attitude; ce sont des jappements en quelque sorte; et souvent l'écriture traduit cette précipitation et sauvagerie; sans compter que la parole, allant toujours devant, mêle le mot parlé au mot que l'on écrit. Les maîtres d'orthographe connaissent bien ce genre de fautes, qui viennent d'une manière négligée et emportée de parler à soi. Là-dessus je conseille d'exercer l'enfant à parler tout haut et distinctement en même temps qu'il écrit.

Comme un homme non élevé salue trop, et même les chaises, on voit aussi que ceux qui n'ont point d'orthographe redoublent de politesse, et, par crainte d'oublier quelque chose, surchargent les mots, comme ces couturières dépourvues de style qui mettent des petits nœuds et des rubans partout. De là ces lettres doubles, ces *y* et ces *ph* qui font drapeaux et banderoles; ce sont des gestes mal tempérés. Les grammairiens ont bien considéré la paresse, qui simplifie les langues, et les ramènerait à des cris monosyllabiques; mais ils ne doivent pas oublier l'emphase, qui orne, complique et redouble. Les émotions crient; les passions déclament. Mon grand-père a toujours dit : « l'Ecole Polytechnitique ». Une femme, en ses reproches passionnés, écrivait un jour « hyprocrisie »; faute admirable où je reconnais à la fois l'effet de l'articulation anticipée et d'une fureur de gorge. Intempérance qu'il faut d'abord surmonter. Ainsi la discipline orthographique va plus loin qu'on ne croit. Gymnastique et Musique ensemble, seule règle du langage intérieur, peut-être.

LI

Un jeune professeur me disait hier : « Le temps me manque déjà pour enseigner à mes élèves ce qu'ils doivent savoir. Si vous nous ramenez à vingt heures d'enseignement par semaine, ce qui est ramener trois heures à deux, comment ferons-nous ? »

Je ne vois aucune difficulté réelle. Ce sont les cours qui dévorent le temps. Vous enseignez, je suppose, l'histoire; d'ici je vous entends; il faut que vous ayez raconté à vos élèves toute la suite des événements;

et vous pensez que cela suffit. Il y a un préjugé administratif qui conduit à faire travailler les professeurs; et j'avoue qu'ils travaillent beaucoup; ce sont de très bons élèves. Mais les élèves ont coutume aussi de ne rien faire; je voudrais renverser un peu ce petit monde. Que le professeur travaille à sa manière; qu'il lise les mémoires et les théories, qu'il médite selon son plaisir sur les grandes lois et sur les petites causes, je le veux. Mais les élèves doivent savoir d'abord les événements tout nus. Qu'ils apprennent donc leur leçon dans un manuel, et qu'ils la récitent; ce sera nouveau. Mais il faut du temps pour les interroger tous ? Au lieu de chercher des objections, cherchez des moyens. Je me souviens d'un temps où les répétiteurs n'étaient pas encore des professeurs adjoints. Pendant l'heure d'étude qui précédait la classe, ils appelaient auprès de leur chaire les élèves qui semblaient se soucier le moins de leur travail; l'élève récitait; ils suivaient sur le livre; il n'est pas nécessaire d'être historien de son métier pour s'assurer que l'élève ne brouille pas les dates. Ils donnaient des notes. Le professeur, qui voit d'abord ces notes, a tout le loisir de poser à son tour des questions plus choisies; et c'est alors, c'est au niveau même des réponses, et d'après des connaissances chronologiques assurées en tous, que l'homme d'expérience, l'homme d'archives, l'homme cultivé se montrera; une improvisation d'un quart d'heure peut éclairer comme il faut vingt ans d'histoire, et même un siècle entier, quand le principal est su.

Il me semble aussi qu'au lieu du cahier d'histoire couvert de notes illisibles, on pourrait exiger que chacun des élèves écrivît de sa plus belle plume, et non sans encres de couleur, s'il voulait, une belle chronologie, où le temps, divisé d'abord en espaces égaux, se remplirait peu à peu d'événements et de biographies. Travail facile à juger; travail qui appelle le travail; car les parties blanches d'un beau cahier sont bien éloquentes. Et j'ai plus d'une raison de croire que ce genre de travail, qui est une sorte de dessin à la plume, dispose mieux le corps pour la vraie attention que cette manière d'écrire, précipitée et crispée, que les cours ont mise en usage. Au reste chacun a pu remarquer qu'une bonne chronologie, dès qu'elle fait comparaître les événements, les âges et les œuvres, exprime par elle-même les plus importantes idées concernant le passé humain; les périodes les moins remplies disent encore quelque chose, par la seule suite des années; il apparaît qu'en ces temps sans gloire les hommes ont continué de vivre, d'aimer, de produire, d'échanger; et cette remarque si simple est une idée de première importance. Ce n'est pas un grand secret que je découvre là. On n'apercevra que mieux combien il est facile, en tous les genres d'enseignement, de renvoyer aux heures d'études, si bien nommées, le principal travail, le plus long, le plus utile aussi. Je sais bien qu'il y faudrait, au commencement, d'énergiques sanctions. Les élèves ont pris l'habitude de s'instruire en écoutant; du moins ils croient s'instruire; et leurs parents de même, qui croient avoir assez fait pour leur propre culture quand ils ont écouté deux ou trois fois un homme fort savant et qui peut parler pendant une heure sans chercher ses mots. Phonographe et cinématographe sont frères.

LII

« Enseigner la morale, dit le jeune professeur, ce n'est pas facile. Toute conscience tâtonne et se contredit. Les doctrines aussi s'entrebattent. Et quand des hommes qui ont réfléchi trente ans là-dessus sont encore dans le doute, comment donnerais-je à des jeunes gens quelque principe fixe et assuré ? »

« Il m'est arrivé aussi, dit le vieil instituteur, de faire des leçons en trois points. J'étais jeune alors; j'avais de la voix et du feu; les garçons avaient les bras croisés sur la table et les yeux fixés sur moi. J'étais trompé par les livres; je ne savais pas encore que ce genre d'attention rend stupide. Mais tout métier ramène. Comme la lecture et l'écriture sont bien clairement ce qui importe le plus, et qu'il y faut du temps, je vins à réduire peu à peu mes exercices oratoires; dont ma gorge et mes poumons se trouvèrent bien. Les enfants lurent l'histoire et copièrent le sermon. En ces essais j'eus l'occasion de découvrir plusieurs choses. D'abord que rien ne vaut un cahier de six francs et des titres en ronde pour donner l'amour du travail; et aussi, ce qui est sans doute plus caché, que les mouvements de l'écriture appliquée disposent à l'attention véritable, qui veut des muscles déliés, des mouvements familiers, une pensée qui revient et se recoupe, comme font les boucles de l'écriture. Au reste essayez un peu de réfléchir avec les bras croisés, c'est ce qui ne se peut point; l'homme qui pense écrit dans l'air, en quelque sorte, avec sa main; mais l'écriture réelle ramène encore mieux l'esprit; il suit alors ce geste fermé, qui ne l'égare point. »

« Il est vrai, dit le professeur, qu'en parlant on use sa pensée, au lieu qu'en écrivant on la renouvelle. »

« Et, dit l'instituteur, ce qui est bon pour l'homme est meilleur encore pour l'enfant, par la légèreté et instabilité propres à cet âge. Vous devinez comment je fus conduit à mettre ensemble la leçon de morale et la leçon d'écriture. Mais là-dessus je fis encore quelques petites découvertes, dont la principale est qu'il y a plus d'avantage à méditer sur un texte invariable qu'à suivre des commentaires sans fin. De cela je n'aperçois pas trop bien la raison, si ce n'est en remarquant que les mots soulèvent toujours un brouillard ou une poussière d'idées étrangères, ce que la considération d'une même formule finit par réduire; au lieu qu'expliquer des mots par d'autres, c'est battre d'autres tapis. Donc, la nécessité aidant, je vins à faire copier les plus belles, les plus pleines, les plus courtes maximes que je pus recueillir, et plus d'une fois, comme des modèles d'écriture. »

« On appelle de telles maximes des Pensées, dit le professeur, et peut-être n'est-ce pas parler si mal. »

« Je le crois assez, dit l'instituteur. Mais toujours est-il que, par ces expériences, je vis enfin la morale où elle est, c'est-à-dire en tous et partout. Car chacun fait la morale au voisin, sans jamais se tromper d'un cheveu. Jacques juge Pierre, et Pierre juge Jacques. Infaillibles tous deux. Comme le jaloux juge la coquette et devine toutes ses pensées rusées et troubles; et comme la coquette devine toutes les folies du jaloux et ses prétentions et son ridicule. Comme l'obligé pèse les motifs du bienfaiteur; comme le bienfaiteur essaie la reconnaissance de l'obligé. Pour se délivrer d'admirer, dites-vous. Et quand cela serait, ne voyez-vous pas qu'ils savent très bien tous ce qu'ils admireraient, ce qu'ils ne pourraient pas ne pas admirer ? Mais j'aimerais mieux dire qu'ils ont soif d'admirer, et qu'ils y sont seulement difficiles. Comme un peseur d'or, qui ne se laisse pas détourner; comme un essayeur d'alliage, qui vous dit la quantité de l'or et du cuivre, à un grain près. Ainsi tout homme et toute femme est maître et professeur de morale, depuis sa naissance jusqu'à sa mort, sans se tromper jamais. La seule découverte qu'un homme puisse faire en ce domaine, c'est s'il s'avise de redresser en lui-même ce qu'il blâme chez le voisin. Le reste n'est qu'un jeu facile, et à portée de tous. Aussi je réduirais bien mes modèles d'écriture à deux ou trois maximes dans le genre de celle-ci : Ce que tu conseilles à ton voisin, fais-le. »

LIII

« Le Pinson; joli sujet. » Ainsi parle l'Inspecteur, homme doux, qui a publié en sa jeunesse un recueil de poésies. Si c'était le Plectre d'ivoire, ou la Corde d'argent, ou la Flûte à neuf trous, personne n'en sait plus rien; mais lui ne l'a pas oublié; il sourit à ses jeunes ambitions, et sans amertume. Cependant l'instituteur est tout à son affaire. Depuis un mois les enfants observent Monsieur et Madame Pinson; ils ont tous quelque chose à dire; mais leur maître a quelques idées fermes concernant l'art d'écrire. Il craint le lieu commun; car l'enfant a de riches perceptions et un langage pauvre. Il s'agit d'écrire au tableau, et en bon ordre, les mots entre lesquels on devra choisir. Toutes les nuances de la gaîté, toutes les nuances du rose, toutes les nuances du bleu; toutes les nuances du chant, rythmé, modulé, varié, grêle, sonore; toutes les manières de marcher, comme courir, trotter, sauter, sautiller. L'inspecteur fait voir quelque impatience; ce n'est pas ainsi qu'il écrivait, en sa belle jeunesse; il s'en allait d'un mot à l'autre, à la dérive : « Il ne s'agit pas aujourd'hui, dit-il, si j'ai bien lu l'emploi du temps, d'un exercice de vocabulaire, mais d'un exercice de composition française. Ne mêlons pas les genres. »

Mais déjà tous étaient à l'œuvre. Et Monsieur Pinson fut décrit d'abord; son bec ardoisé, sa huppe bleue, sa poitrine d'un rose saumoné, et les marques blanches de ses ailes; sa démarche aussi, un peu gauche et balancée, car le pinson ne sautille pas. En revanche il vole en tourbillon, fait des crochets et des bonds dans l'air, plonge, remonte, joue, et de nouveau promène gravement sur la route son costume de cérémonie. Maintenant le voilà perché et immobile; le bec ouvert, la gorge enflée, il lance sa chanson de printemps, qui n'est ni variée ni longue; un court prélude, puis une suite de sons identiques et précipités; une courte modulation pour finir. C'est plutôt langage que musique; mais la voix est forte, éclatante, riche, pleine de vie et de gaîté. Tout cela fut scrupuleusement décrit. Ils hésitaient parfois sur le mot; mais il était clair que tous connaissaient parfaitement la chose. Tous, excepté l'inspecteur, qui avait là-dessus des idées de poète. Aussi, ne trouvant point l'occasion de dire un mot juste, il fit seulement cette remarque : « Il s'agit de composition française, et non d'un exercice d'observation. Ne mêlons point les genres. »

« Mais, dit l'instituteur, ils ne sont point d'un âge à décrire ce qu'ils n'ont point vu. Ce sont des enfants. » Cependant ils poursuivaient maintenant en leurs discours Madame Pinson, personnage peu connu des poètes. C'est une petite dame parée de modestie et de simplicité; vêtue de gris un peu fauve, avec une raie plus claire qui partage les plumes de la tête; on dirait une écolière à bandeaux plats. Plus alerte à marcher et à courir, moins vigoureuse à voler que le brillant Monsieur Pinson. Nul ne la reconnaîtrait pour Pinsonne sans les marques blanches de ses ailes. Personne ne put dire si elle chantait, ni comment.

« Certes, dit l'inspecteur, voilà une bonne leçon d'histoire naturelle; mais la composition française est tout à fait autre chose, il me semble. C'est un jeu d'imagination, plus libre, plus dépendant de la fantaisie individuelle; toutefois discipliné d'une autre manière, par l'usage et le bon goût. Le caractère de chacun doit s'y montrer, plutôt que le caractère de la chose; car c'est l'âme même de l'écrivain, c'est l'âme humaine qui s'exprime dans la composition française. Croyez-moi, nos sentiments, nos joies, nos espérances, le printemps en nous, ce que le chant d'un oiseau éveille en nous de joies et de souvenirs, c'est tout de même plus intéressant que les couleurs d'un pinson. »

Cette improvisation lui plut; il y pensait en s'en

allant. Mais le véritable discours s'éleva pourtant en cet homme, à qui son sévère métier avait appris quelques vérités amères. « Où irions-nous, se dit-il, si les pauvres gens composaient leurs discours selon la vérité, et non plus selon la politesse ? » Cependant il suivait de ses yeux myopes les mouvements d'un pinson sur la route, et des rimes oubliées lui revinrent. D'ailleurs ce pinson était un moineau. Mais qu'importe au poète ?

LIV

Il n'y a qu'une méthode pour inventer, qui est d'imiter. Il n'y a qu'une méthode pour bien penser, qui est de continuer quelque pensée ancienne et éprouvée. Cette idée est l'exemple d'elle-même, circonstance favorable à la réflexion. Car elle semble d'abord tout à fait ordinaire et assez faible; mais aussi elle n'est réellement familière qu'à celui qui a coutume de regarder souvent derrière lui; et si l'on va jusqu'à parcourir de nouveau le chemin qui va des mythes aux idées et le chemin encore plus ancien qui conduit des idoles aux mythes, c'est alors seulement que l'on comprend toute l'idée, et comment tous les hommes ont pensé successivement comme à l'intérieur d'une même pensée, jusqu'à toucher et éclairer enfin le monde insensible des pierres, des métaux et des vents.

L'idée opposée fournit naturellement la contre-épreuve, étant familière en ceux qui n'ont point reçu la culture humaine, et qui improvisent sur nouveaux faits; et cette autre idée, assez brillante au premier aspect, est faible et creuse lorsque l'on s'en approche. Je l'ai reconnue en ces sots pédagogues dont les instituteurs ne savent se délivrer. Car ils disent, entre autres choses, qui ont grandes chances d'être niaises aussi, que l'originalité de l'enfant est précieuse par-dessus tout, et qu'il faut se garder de lui dicter des pensées, mais au contraire le laisser rêver devant une page blanche, de façon que ce qu'il écrira soit spontané et de lui, non pas du maître. Or, ce qu'il écrira, laissé ainsi à lui-même, ce sera justement le lieu commun, comme cet écolier qui, ayant à décrire une tour ancienne, n'oublia point « les pierres noircies par le temps », alors qu'il pouvait voir d'un coup d'œil que la tour en question est sensiblement plus claire de couleur que les bâtiments qui l'environnent ; et cela fait voir qu'on n'observe jamais qu'à travers les idées qu'on a, ou, autrement dit, que les moyens d'expression règnent tyranniquement sur les opinions.

D'où je reviens à mon idée, c'est qu'il faut aider l'enfant, et le diriger, et le ramener, et que c'est par là que l'on fera sortir enfin sa pensée propre, chose rare, chose précieuse en ceci qu'elle vaudra pour tous, comme un vers d'Homère. Faites seulement l'essai, pour une lettre, pour un récit, pour une description, de conduire les recherches du jeune écrivain, de l'inviter à regarder plus d'une fois les choses dont il doit écrire, de lui faire lire, relire, et répéter de bons modèles sur les mêmes sujets, et de lui faire recenser, par groupes de mots, le vocabulaire dont il aura à se servir; vous verrez naître alors la remarque neuve, l'expression nuancée d'un sentiment, enfin les premières marques du style; et, plus vous l'aurez aidé, plus il inventera. L'art d'apprendre se réduit donc à imiter longtemps et à copier longtemps, comme le moindre musicien le sait, et le moindre peintre. Et l'écriture présente cette importante vérité à ceux qui savent voir; car les écritures des gens mal instruits se ressemblent, et les différences, s'il y en a, sont d'extravagance ou d'accident; en revanche l'écriture de l'homme cultivé est propre à lui d'autant plus qu'elle est mieux soumise au modèle commun.

LV

Le jeune Victor ayant montré en peu de jours de la colère, de la cruauté et de la paresse, Pécuchet, ayant à sa droite Bouvard et sous la main quelques notes, commença un cours de morale. Les amis de Flaubert iront retrouver le texte exact et passeront un bon moment. Mais je crains que la satire de Flaubert manque le but. Un Académicien disait, parlant de Bouvard et de Pécuchet : « Ces deux imbéciles ne m'intéressent pas. » Mais celui qui ne se sent pas mordu au vif n'a pas bien lu le livre. Pécuchet n'est pas un sot, remarquez-le bien. Quand il résume le système de Spinoza, ce n'est pas mal fait; et sans doute son cours de morale n'était pas très différent des autres cours de morale. Ce qui est ridicule, c'est l'idée de parler seul devant un auditoire en vue de l'instruire. Que celui qui n'a jamais fait de conférence, comme on dit, ni de leçon, se moque de Pécuchet. J'invite les autres à se moquer un peu d'eux-mêmes.

L'éloquence est destinée à réveiller des idées communes et à les élever à un degré de force, de brillant et d'efficacité où elles n'atteignent point dans la solitude. Rappeler à un auditoire ce qu'il pense, le lui mettre en forme, l'éclairer des feux de l'enthousiasme, c'est persuader, ce n'est pas instruire. Mais quand on retient vers soi trente regards d'enfants, et que l'on arrive passablement à finir ses phrases, il est dur de reconnaître que l'on perd son temps. L'attention immobile trompera toujours; elle n'est qu'attente passionnée comme devant un faiseur de tours. Le périlleux exercice qui consiste à parler sans arrêt ni accident éveille toujours l'étonnement et souvent l'admiration. Je ne crois pourtant pas que l'homme qui parle bien soit jamais capable de suivre réellement une idée en même temps qu'il parle; les petits problèmes de la syntaxe et de l'élocution l'occupent assez. Il se trouve comme appauvri et vidé de tout contenu; dans un désert de formes il s'avance. Il a grand besoin de cette attention qu'il cherche sur les visages; s'il la retient, il n'en est que plus content et ce contentement n'est pas bon. Ce n'est point un riche qui donne, c'est un pauvre qui tend la main. Un sage, et sans aucun mouvement d'envie, je crois, trouvait à dire, d'un brillant professeur, ceci : « Il parle trop bien. »

Mais je veux considérer l'élève, et former, si je puis dire, l'idée de ce vide que l'attention immobile et presque anxieuse produit aussitôt dans la pensée. Chacun a quelque souvenir de cette fausse attention, presque forcenée, et qui noue l'esprit. Cette contrainte sur soi ne vaut rien. L'homme qui serre les dents est maladroit pour agir, et déjà fatigué avant d'agir. Ainsi est le penseur noué. Il faut de la souplesse pour saisir l'idée, et ce genre d'attention qui regarde du coin de l'œil. Ruse et sourire. Déliez. Déliez.

Fort bien. Seulement si vous laissez courir l'auditoire, surtout jeune et riche de forces, il n'apprendra rien non plus. Mais j'aperçois une autre méthode de délier qui est l'action familière. Lire et relire; réciter; encore mieux écrire, non point vite, mais au contraire avec la précaution d'un graveur; tracer de belles marges sur un beau cahier; copier des formules pleines, équilibrées, belles, voilà le travail heureux, assoupli, qui fait le nid pour l'idée. Il y a une gymnastique de l'écriture, qui est visible dans la forme et le tracé, et qui est un signe de la culture; mais d'abord une condition de culture. Tant que les mots dont vous allez vous servir ne sont pas rendus familiers par la lecture d'abord, et puis par la copie, n'espérez rien de la parole. Et vous-même, beau parleur, écrivez au lieu de dire. Le tableau noir n'est pas bon seulement pour la géométrie. Rude épreuve. Mais je vous vois pressé et enchaîné; écrivez donc en majuscules, comme si vous graviez une inscription dans le marbre. Ainsi votre pensée devient objet pour vous et pour tous. Et l'attitude qu'ils prendront pour copier à leur tour les dispose justement comme il faut pour vous comprendre. En vérité un petit bonhomme qui fait des bâtons commence son œuvre d'homme.

LVI

On n'apprend point la musique au concert. Ce n'est pas que l'intérêt manque, mais l'intérêt n'est pas le tout. J'irais même jusqu'à dire que nous ne nous instruisons jamais à ce qui nous passionne. Alceste de tout son cœur voudrait comprendre Célimène; mais, soit qu'il pardonne et admire, soit qu'il s'irrite, il est toujours dans un mauvais chemin. Descartes a osé dire que l'amour du vrai est la principale cause qui fait que l'on déraisonne. L'esprit ne prend force que dès qu'il domine assez son objet pour saisir et n'être point saisi. Aussi voyons-nous que le maître de musique n'est pas plus amusant qu'un autre. On peut même dire qu'il est plus ennuyeux que tout autre, et c'est un signe, à mes yeux, que la musique est mieux enseignée que la poésie. Imaginez le maître de violon cherchant à émouvoir; il en résulterait aussitôt une prise passionnée de l'archet, et un effort sentimental de bien faire, qui se traduirait en grincements. C'est une vérité assez rude, et que les ateliers enseignent, qu'il faut se séparer d'abord de son premier amour. C'est bien lui qui nous conduit à la porte, mais il faut le laisser à la porte. En d'autres termes, il faut travailler, et conquérir par là un genre de bonheur que le désir n'apercevait point. On ne peut jouir de la géométrie avant d'être géomètre. Ainsi il y a de la vanité, au sens plein du mot, dans tous nos désirs. Nous happons d'abord la gloire, qui n'est rien de solide; et la déception est au seuil de tous nos travaux, en ce sens-là. Mais dès que nous avançons dans le désert de l'étude, aussitôt nous conquérons la puissance, qui nous met bien au-dessus de toute gloire, ce qui est la vraie gloire. Je saisis cette gloire dans un vrai violoniste, ou dans un vrai chanteur, car la moindre vanité grince ou chevrote.

Je reviens à l'orthographe, au calcul, à la lecture, car c'est là que je visais. Le problème dès le commencement est celui-ci; il faut que l'enfant arrive à s'intéresser à des objets qui, par eux-mêmes, ne l'intéressent point. Les lettres n'intéressent personne; c'est lire qui intéresse. Ajouter cinq à deux pour faire sept, cela n'intéresse personne; mais c'est compter comme Inaudi qui intéresse. D'où cet ennui du paresseux, qui attend toujours que le plaisir lui vienne comme par magie.

Faisons maintenant deux expériences, sur les lettres et sur les chiffres. Je vous donne une page imprimée où vous devez barrer tous les *a*. Vous faites aussitôt réflexion que cela ne sert à rien; mais je prends soin d'effacer cette idée de traverse, car je vous laisse soixante secondes tout juste pour faire ce travail. Soixante secondes d'attention, on ne peut refuser cela. On ne peut non plus se pardonner un genre de panique, ni la moindre erreur, en un travail si simple. D'où une heureuse humiliation; car, en même temps que vous vous en prenez à vous seul, vous apercevez aussitôt que tout dépend de vous. Ce genre de confusion est proprement viril. Nous ne nous instruisons que par des fautes inexcusables.

Les petits nombres ennuient; les grands accablent.

Voici un moyen d'intéresser aux petits nombres. On ajoute aisément cinq à sept. Je vous donne une colonne assez longue de groupes de deux chiffres; il s'agit d'écrire la somme des deux chiffres dans une autre colonne. Je vous laisse trente secondes tout juste, et j'ai choisi l'épreuve de façon que les meilleurs arrivent tout juste au bout sans faute ou presque. Chacun ici se mesurera, comme on dit si bien. Les brouillons se reconnaîtront, par la vitesse, et par les fautes; les tâtonnants, par l'inutile scrupule. Chacun se fera quelque idée d'une marche assurée et vive, d'une clairvoyance tranquille, sans timidité, sans ambition, sans prétention. Voilà l'esprit en son domaine, et aux prises avec lui-même. Je ne prétends point qu'on puisse instruire beaucoup par des pratiques aussi simples. Je veux seulement montrer que l'intérêt de vouloir est bien au-dessus de la molle et paresseuse curiosité.

LVII

On se hâte toujours de décider qu'une nature est bonne ou mauvaise, et que l'éducation n'y change rien. Je conviens que l'éducation ne rendra pas brun celui qui est rouge et n'empêchera pas ses cheveux de friser. Et je conviens que de tels signes n'annoncent pas peu. Voici un teint doré, une toison noire, des yeux jaunes, des formes gracieuses, une masse musculaire faible; toute une vie est ici écrite en un sens; toutes les actions, toutes les passions, toutes les pensées auront cette sombre couleur. Et de même l'autre sera rose, rouge et bleu en tout ce qu'il dira et pensera. Le moindre geste exprimera la nature de l'un et de l'autre. Mais c'est cela qu'il faut aimer; c'est cela, blond ou brun, sanguin ou bilieux, c'est cela qui sera humain, puissant et libre; ou qu'est-ce qui pourrait l'être ? Nul homme n'existe ou n'agit par la vertu du voisin.

C'est fiction aussi de vouloir qu'un homme naisse quelquefois coiffé de vertu, de façon qu'il n'ait qu'à se laisser vivre. Je voudrais bien qu'on me décrive un type d'homme qui, par son humeur et la couleur de ses yeux, soit assuré contre les folies de l'amour, ou contre l'envie, ou contre le désespoir. Au contraire, ceux que l'on dit bien doués vont souvent au pire, et plus vite que d'autres, s'ils ne se gouvernent point. En n'importe quel corps humain toutes les passions sont possibles, toutes les erreurs sont possibles, et se multiplieront les unes par les autres si l'ignorance, l'occasion et l'exemple y disposent; toujours, il est vrai, selon la formule de vie inimitable, unique, que chacun a pour lot. Il y a autant de manières d'être méchant et malheureux qu'il y a d'hommes sur la planète. Mais il y a un salut pour chacun aussi, et propre à lui, de la même couleur que lui, du même poil que lui. Il sera courageux, charitable, sage par ses mains à lui, par ses yeux à lui. Non pas par vos mains à vous, ni par vos yeux. Non pas parfait de votre perfection, mais de la sienne. Il n'a que faire de vos vertus; mais plutôt, de ce qui peut être vice et passion en lui, il fera vertu en lui. Et ne dit-on pas souvent d'un homme, non sans raison, que ses brillantes qualités justement l'ont perdu, par le mauvais usage qu'il en a fait ?

Spinoza est un maître difficile. Toutefois, sans le comprendre jusqu'au fond, ce à quoi il faut peut-être renoncer, on y trouvera, en termes presque violents, que la vertu est un héroïque amour de soi, entendez que nul être ne peut se sauver par la perfection d'autrui; mais c'est de sa propre erreur qu'il doit faire vérité, et de sa colère, indignation, et de son ambition, générosité. La même main qui frappe, peut aider; et le même cœur, qui hait, peut aimer. On entend souvent dire à quelque enfant rebelle : « Sois donc comme ta sœur, qui est si bonne. » On pourrait aussi bien lui conseiller d'être blonde et grasse comme sa sœur, à elle qui est brune et maigre. J'irais même jusqu'à dire que la beauté est propre à chaque être, et résulte de l'harmonie qui lui est propre; car il n'y a point une formule de beauté, et j'ai souvent remarqué que des traits, qui seraient beaux d'après la notion commune du beau, sont aisément laids par la peur, l'envie ou la méchanceté. On peut même dire que la laideur se voit mieux sur des traits qui pourraient aisément être beaux, de même que l'obstination et le préjugé choquent plus en des esprits vigoureux et qu'on dirait bien doués. Mais qu'est-ce qu'un esprit bien doué, s'il cède à la tentation de plaire ou de flatter ? Et qu'est-ce qu'un esprit mal fait, s'il est capable de comprendre la moindre chose ? Qu'il fasse ce mouvement de comprendre, et le voilà juste. Non pas pour demain; mais où est l'esprit qui soit juste aujourd'hui pour demain ? L'erreur est facile à tous; plus facile peut-être à celui qui croit savoir beaucoup. C'est par là qu'un esprit lent et obscurci de rêveries va souvent loin. Mais où qu'ils aillent, l'un et l'autre, c'est avec leurs jambes qu'ils iront, non avec celles du voisin.

LVIII

Spinoza dit que l'homme n'a nullement besoin de la perfection du cheval. Cette remarque, qui peint si bien le rude penseur, signifie à tout homme qu'il n'a nullement besoin de la perfection de son voisin. D'où chacun serait guéri d'envier, et détourné d'imiter. Et certainement le principe de la vertu est de se prendre comme on est, et de s'efforcer de persévérer dans son propre être. Si un escrimeur est de petite taille, qu'il se sauve par la vitesse et le bond. Peut-être n'est-on jamais mécontent de soi que lorsqu'on essaie d'imiter les autres. Mais c'est qu'aussi on veut exister pour les autres, et tout au moins trouver en soi des raisons d'être approuvé par les autres, si l'on en était connu. D'où on glisse à se dessiner à soi-même pour les autres, ce qui est vanité.

Cet étrange travers suppose une peur de soi, et même un dégoût de soi. A étudier l'égoïsme dans les hommes, on trouve que les hommes ne s'aiment guère. Se sacrifier, a dit un auteur, à des passions qu'on n'a point, quelle folie ! Il faut donc se chercher et se trouver. Mais la difficulté vient de ce qu'il y a de l'universel dans la pensée de soi. L'universel, c'est la pensée même. Une preuve vaut pour tous, ou bien elle ne vaut même pas pour moi. Voilà par où on prend le mauvais chemin de vouloir être comme les autres. On suit une opinion comme une mode. On se forme à juger comme le voisin; mais aussi l'humeur est redoutable en ces gens si polis; c'est que l'humeur n'est point civilisée du tout par les opinions d'emprunt. On peut remarquer qu'il y a aisément de la violence dans les passions feintes, et dans les jugements dont on n'est pas tout à fait assuré. Il faudrait être comme tout le monde en restant soi. Balzac a écrit là-dessus cette pensée étonnante : « Le génie a cela de bon qu'il ressemble à tout le monde et que personne ne lui ressemble. » Il est hors de doute que le génie fait la preuve, non pas éclairante, mais convaincante. Car ce qui me soutient et me sert, c'est l'homme qui est énergiquement soi.

Mais d'où vient la difficulté de comprendre ce que je nomme les natures crocodiliennes, si bien armées et réfugiées, comme sont Descartes, Spinoza, Gœthe, Stendhal ? Ce n'est qu'une très ancienne méprise, et proprement scolastique, qui nous fait prendre le général pour l'universel. Une science d'école voudrait saisir plusieurs choses par une même idée; ceux qui s'égarent par là n'en reviennent pas facilement. Combien croient que, lorsqu'ils ont saisi des phénomènes variés comme chaleur et travail par l'idée commune d'énergie, ils sont au bout ! En réalité ils sont au commencement. Le même Spinoza, toujours fort et énigmatique dans ses avertissements, nous dit que plus on connaît de choses particulières et mieux on connaît Dieu. Ce n'est pas grand-chose d'avoir des idées, le tout est de les appliquer, c'est-à-dire de penser par elles les dernières différences. A celui pour qui les idées ne sont ainsi que des outils ou moyens, tout est neuf, tout est beau.

Revenant par ce chemin à la pensée de soi, je dis qu'il faut se penser soi-même universellement, et non pas comme une généralité; universellement comme unique et inimitable; ce qui est proprement se sauver.

Les grands esprits ne s'occupent qu'à vaincre des difficultés qui leur sont propres, et qu'ils trouvent dans le pli de leur humeur. Et seuls, par cela même, ils sont de bon secours. J'ai à sauver une certaine manière d'aimer, de haïr, de désirer, tout à fait animale, et qui m'est aussi adhérente que la couleur de mes yeux. J'ai à la sauver, non pas à la tuer. Dans l'avarice, qui est la moins généreuse des passions, il y a l'esprit d'ordre, qui est universel; il y a le respect du travail, qui est universel; la haine des heures perdues et des folles prodigalités, qui est universelle. Ces pensées, car ce sont des pensées, sauveront très bien l'avare s'il ose seulement être lui-même, et savoir ce qu'il veut. Autant à dire de l'ambitieux, s'il est vraiment ambitieux; car il voudra une louange qui vaille, et ainsi honorera l'esprit libre, les différences, les résistances. Et l'amour ne cesse de se sauver par aimer encore mieux ce qu'il aime. D'où Descartes disait qu'il n'y a point de passions dont on ne puisse faire bon usage. J'avoue qu'il ne s'est guère expliqué là-dessus; mais que chacun applique ce robuste optimisme dans la connaissance de soi. Suivre ici Descartes, ce n'est nullement vouloir ressembler à Descartes. Non, mais je serai moi, comme il fut lui.

LIX

Il m'est arrivé plus d'une fois de laisser entendre que, dans les conditions où se trouve présentement l'enseignement primaire, il est sage de se borner à enseigner la lecture et le calcul. Une de mes raisons est que les sciences de la nature, prises par petits morceaux dans l'expérience même, n'éclairent pas plus l'esprit que ne fait l'empirisme des métiers, et qu'il faudrait donc commencer par les sciences les plus anciennement connues, où se trouve la clef de toutes les autres. Mais, pour qu'on se fasse une idée des difficultés réelles que l'on trouvera à cette méthode, peu pratiquée jusqu'ici, je veux rapporter quelques circonstances d'une expérience que j'ai réellement faite. C'était quelque temps avant la guerre; on sentait que les peuples les plus avancés disposaient d'un excédent énorme de loisir et de richesse; et c'était vrai. On pensait avoir le temps d'aménager humainement ces réserves, et d'empêcher qu'on en fît l'usage que l'on sait. Mais l'oisiveté et l'ennui, fruits de prospérité, avaient pris de l'avance.

J'ai pu, en ce temps-là, réunir une dizaine de fillettes et leur maîtresse ordinaire, et leur enseigner les premiers éléments de la mécanique et de l'astronomie, non pour qu'elles sussent répondre correctement à quelque examen, ni pour qu'elles pussent bavarder suffisamment de la comète et des étoiles doubles; j'ai laissé l'opinion à la porte, et tous les mots techniques aussi. J'ai voulu les amener à regarder intelligemment les choses du ciel; j'y suis à peu près arrivé. Mais pendant qu'elles s'instruisaient, je me suis instruit aussi, et de choses qui sont bonnes à méditer pour tout le monde.

Ce qui est à remarquer dès que l'on a délivré les langues, dès que les petites élèves ne craignent plus les invectives ou la moquerie, c'est qu'elles disent beaucoup de choses qui semblent niaises ou sottes parce qu'elles prennent un mot pour un autre. Aussi, que les notions les plus simples doivent souvent être examinées de très près, ou, en d'autres termes, que la difficulté n'est presque jamais, pour l'élève, là où le professeur la voit. J'ai pu constater qu'une de ces petites, qui donna par la suite de bonnes preuves de son attention et de ses aptitudes, voulait placer l'ombre d'un bâton du côté du soleil. Comme le soleil n'entrait point à cette heure-là dans la pièce où nous étions, il fallut fermer les volets, apporter une lampe, et instruire cette petite fille par l'expérience. Le difficile dans ce cas-là est, non pas de ne point se moquer d'elle, cela va de soi si l'on n'est pas la dernière des brutes, mais d'obtenir que ses petites camarades ne se moquent pas d'elle.

Maintenant je veux dire quelle est la principale difficulté; c'est d'éviter le tumulte et le désordre. Dès qu'un enfant comprend quelque chose, il se produit en lui un mouvement admirable. S'il est délivré de la crainte et du respect, vous le voyez se lever, dessiner l'idée à grands gestes, et soudain rire de tout son cœur, comme au plus beau des jeux. Au contraire, si l'enfant ne comprend pas, vous le voyez sérieux, immobile, triste pour tout dire, enfin donnant toutes les marques de ce que nos pédagogues appellent l'attention. Mais dès qu'il lui viendra une pensée, il faudra qu'elle sorte; l'élève la jettera à travers les phrases du maître, bousculant la pensée des autres, ramenant tout le monde en arrière, ou levant quelque nouveau gibier après lequel elles courent toutes; de sorte qu'il faut se résigner à aller du coq à l'âne. Admirable métier; merveilleuse gymnastique pour le maître aussi. Oui. Mais n'oubliez pas qu'elles étaient au plus dix, et leur maîtresse avec elles. Si elles avaient été soixante, et moi tout seul en face d'elles, avec la Terre dans une main et le Soleil dans l'autre, ne pensez-vous pas que je me serais enroué et abruti avant un quart d'heure ? De là le dogmatisme et le dressage d'esprits. Cela fait voir qu'il y a bien à changer dans nos écoles, si l'on veut qu'avec la science la République y entre.

LX

Il faut que l'esprit scientifique pénètre partout; je ne dis pas la science, mais l'esprit scientifique; car la science forme une masse qui écrase; et ses derniers travaux, sur la lumière, sur l'électricité, sur les mouvements des corpuscules, supposent à la fois des calculs compliqués et des expériences tout à fait hors de l'ordinaire; et il est assez clair que des recherches sur le radium ne sont pas encore propres à jeter un peu de lumière dans les esprits jeunes et qui n'ont que peu de temps pour étudier.

Ce qui est le meilleur dans la science, c'est ce qui est le plus ancien, le plus solidement établi, le plus familier à tous par la pratique. Une erreur de grande conséquence est de vouloir cultiver les enfants en leur résumant les plus récentes controverses des physiciens. Il y a des savants pour rejeter entièrement l'attraction newtonienne, et pour supposer à la place par exemple une compression vers un centre, les planètes étant alors poussées vers le Soleil au lieu d'être attirées par le Soleil : il me faudrait bien des lectures et de longues réflexions pour décider s'il y a là autre chose qu'une discussion sur les mots; mais ces subtilités ne sont pas bonnes pour les enfants. Je veux qu'ils apprennent d'abord à se reconnaître dans le ciel, à déterminer le lieu des principales constellations, à suivre là-dedans les voyages du Soleil, de la Lune, et des planètes les plus apparentes; après cela nous passerons des mouvements apparents aux mouvements vrais, sans entrer dans les subtilités de ceux qui se demandent en quel sens il faut dire que la Terre tourne; et ces raisons supposent à leur tour des connaissances déjà difficiles à acquérir. Il faut que l'enfant refasse ce chemin. Thalès, Pythagore, Archimède, Copernic sont des maîtres qui lui suffisent. Celui qui enseigne n'a pas à se préoccuper d'être éclairé sur les dernières découvertes; d'autant qu'il ne le sera jamais bien; il y a certainement des erreurs de fait, des erreurs de raisonnement, des erreurs de jugement dans tout ce qu'on nous raconte sur le radium ou sur les électrons. Pourquoi n'y en aurait-il pas ? A chaque époque, et chez les plus grands physiciens, on en peut trouver. Laissons faire le temps infatigable, qui passera toutes ces choses à son crible.

D'autant que les plus récentes merveilles, comme électricité, téléphone, messages sans fil, étonnent plus qu'elles n'instruisent, et sont propres à illustrer ce mot célèbre, que l'homme peut plus qu'il ne sait. C'est ainsi qu'on fait le lit d'une idée ruineuse, elle-même couchée, c'est à savoir que l'homme ne connaît rien de rien. Or, des leviers, des poulies, des corps flottants, l'homme sait tout, et presque par axiomes. Forte nourriture, celle-là, et non point boisson qui d'abord enivre, et bientôt endort. L'esprit a son hygiène aussi. Il n'est pas sain de commencer par courir à côté du champion. A chacun sa tâche. Il est bon que des aventuriers de génie aillent en avant à la découverte. Je pense surtout au gros de l'armée, qui reste en arrière et de plus en plus. Car, en vérité, un paysan de notre temps est aussi loin d'un cours de mécanique professé à la Sorbonne qu'un esclave sicilien l'était des spéculations d'Archimède sur les corps flottants. La démocratie a pour premier devoir de revenir aux traînards, qui sont multitude; car, selon l'idéal démocratique, une élite qui n'instruit pas le peuple est plus évidemment injuste qu'un riche qui touche ses loyers et ses coupons; et je croirais assez que cette injustice du savant, qui nous paie en machines au lieu de nous payer en notions, est la racine de toutes les autres. Voilà pourquoi, dans les programmes de sciences pour les enfants, je joindrais à l'astronomie l'étude des machines simples, comme levier, poulie, plan incliné, coin, clou, vis, hélice; et je dirais qu'en voilà assez pour éclairer les esprits absolument, et rompre les chaînes de consentement qui sont les vraies chaînes.

LXI

Il y a des leçons de choses pour les hommes aussi. Par exemple, dans une école où l'on voudrait enseigner réellement l'Economique et la Morale, on pourrait bien vouloir conduire les élèves dans une mine de charbon afin de les instruire mieux que par des paroles. *L'Union pour la vérité*, qui est une estimable association d'hommes libres, nous a proposé des méthodes de ce genre pour une « Ecole de commune Culture »; et, de premier mouvement, chacun approuvera. Mais ce n'est pas si simple.

J'ai assez dit qu'il y a une grande vertu, pour régler les pensées, dans une chose qu'on fait. Pourquoi ? Parce que toute action réelle veut du temps et des essais, de façon que la chose devient familière. Mais le rôle de spectateur est moins avantageux; il y faut plus de patience, et l'occasion de voir souvent. Si attentif que l'on soit, il faut voyager souvent sur une ligne de chemin de fer pour connaître les embranchements et raccordements, j'entends connaître les aiguilles et distinguer les voies principales; et c'est encore bien peu de chose. Mais le premier spectacle d'un objet nouveau ne touche que l'imagination; c'est le même étonnement sans fruit que celui que l'on donne souvent aux enfants, lorsqu'on veut les rendre attentifs comme le chien est au lièvre. C'est pourquoi je ne crois pas que les voyages donnent tant d'idées; ou bien alors il faut aller lentement, et renoncer à voir tout.

J'ai vu la Lune dans des lunettes; et ce n'était pas désagréable. Pourtant la vue de ces montagnes éclairées par le Soleil ne m'a pas instruit. Car il y a un ordre à suivre et je n'en étais point là, mais plutôt à suivre la vagabonde d'étoile en étoile, et à bien marquer son chemin. Et, malgré tant d'observations, qui me rendaient peu à peu vraiment attentif à ce qui importe, la chose ne m'est pas encore familière. Autant à dire des étoiles, du Soleil, des planètes;

je les veux loin. La curiosité animale me pousserait à les voir grossies ou rapprochées; mais la curiosité humaine veut s'en tenir longtemps encore aux premières apparences, afin que les rapports les plus simples ne soient pas troublés. Le fameux Tycho Brahé ne voulait point se servir de lunettes; il s'en tenait aux réglettes orientées et aux fils tendus. Si les bergers chaldéens avaient eu nos puissants télescopes, ils n'auraient rien appris de la science maîtresse. Il n'est pas bon que le pouvoir d'observer se développe plus vite que l'art d'interpréter. C'est ce qui arrive pour un téléphoniste, qui, par son métier, observe toutes sortes de faits, et qui n'en comprend vraiment aucun. La pratique industrielle, par des raisons d'utilité, cache profondément ce qui importe. Et, quand on me découvrirait tous les rouages, l'accessoire cachera l'essentiel.

C'est pourquoi il est sage d'étudier plutôt les leviers, les grues, et les horloges, que d'aller tout de suite aux électrons. L'expérience n'est pas une petite chose; graduer l'expérience, c'est l'art d'instruire. Enfin je n'ai pas tant de confiance dans l'expérience d'un technicien; que dire de l'expérience d'un visiteur? L'esprit se forme à deviner; l'esprit lance des ponts sur des abîmes. Une main d'ouvrier, marquée par le travail, signifie beaucoup; une mine de charbon dit trop à la fois. Un treuil est déjà important à considérer; mais la vraie réflexion, en fin de compte, reviendra toujours à la figure simplifiée, par quoi le treuil apparaît soudain comme un levier, et la poulie de même; au lieu que la machine réelle cache le mécanisme. Et c'est encore plus vrai de la machine économique, dont la magie propre est justement d'empêcher que l'on voie les rouages. Une banque est impénétrable pour qui n'est point banquier. Un problème d'escompte instruit mieux.

LXII

On me demande quelquefois : « Comment comprenez-vous les leçons de choses, qui ont pour fin de donner aux enfants une première idée de la nécessité extérieure ? » J'ai à répondre ceci, que les leçons de choses doivent être arithmétiques et géométriques. Dans le fait c'est par la géométrie que toutes les sciences ont commencé; et je comprends à peu près pourquoi. Les choses peuvent nous instruire par les circonstances de nombre et de grandeur. Dès qu'un enfant a remarqué un certain rapport entre le rayon et la circonférence d'une roue, il peut faire autant de mesures qu'il voudra, sur des cercles de diverses grandeurs, qu'il tracera lui-même soit sur la terre au moyen d'un piquet et d'un cordeau, soit sur le papier, au moyen d'un compas. Les plus profondes études sur le cercle, les angles et les cordes ne seront que la suite de cette investigation directe, et qu'un perfectionnement de cette méthode d'observation qui ne laisse rien à deviner ni à supposer. C'est ici que trouve à s'appliquer la forte maxime de Confucius : « La science a pour fin de connaître l'objet; quand l'objet est connu, la science est faite. » Et si quelqu'un doute si deux et deux font quatre, c'est qu'il ne sait pas bien ce que c'est que deux, trois et quatre. Que l'on considère des noix, des osselets, des petits cubes de bois, ou des points sur le papier, on arrivera vite à connaître le contenu de ces nombres, à les faire et à les défaire, sans qu'il y reste rien de caché. C'est pourquoi je disais que la mathématique est la meilleure école de l'observateur.

C'est même la seule. Hors des nombres et des figures, il n'y a point d'observation au monde qui ne nous trompe, et qui ne veuille être redressée. Les astres se lèvent à l'est et se couchent à l'ouest; mais leur mouvement véritable est d'ouest en est; et quand on a observé ce mouvement véritable du Soleil et de la Lune, il faut encore le considérer comme une pure apparence, et penser que ces deux astres, qui semblent suivre la même route dans le ciel, sont l'un un satellite de la Terre, et l'autre un astre central dont la Terre est le satellite. Pour les sciences plus compliquées, il est encore plus évident que les apparences ne nous apprennent rien; il faut supposer, il faut deviner, il faut vérifier les suppositions. Bref il faut vaincre partout les apparences; et l'histoire des sciences fait voir que l'on n'a pu vaincre les apparences sans avoir suivi d'abord la préparation géométrique.

Dans la géométrie et dans l'arithmétique, il n'y a point d'apparences à vaincre, ni aucun mystère. Quand j'ajoute cinq à sept pour faire douze, l'opération est entièrement transparente; il ne s'y passe rien que je ne sache. Pareillement si, faisant tourner le cordeau autour du piquet jusqu'à le ramener à la première position, j'ai produit toutes les circonstances possibles de la grandeur angulaire. Aussi voyons-nous que ces connaissances sont les premières qui se soient délivrées des génies et des dieux. Il faut donc se délivrer maintenant, car les dieux changent, de ce préjugé scolaire d'après lequel les sciences mathématiques sont les plus difficiles de toutes; car ce sont les plus faciles, au contraire, et les seules qui conviennent à l'enfance.

LXIII

Les écoliers assemblaient leurs petits cubes rouges et blancs, formant d'unités dizaines, et de dizaines centaines; dix centaines faisaient le nombre de mille et le décimètre cube en même temps; ainsi les nombres étaient des choses, et les formes vérifiaient les comptes. Mais le temps passait. L'Inspecteur, qui avait enseigné autrefois la Mathématique, trouva ensuite à dire ceci : « La méthode concrète a du bon; mais il vaudrait mieux l'employer lorsque l'on enseigne les propriétés des choses, et non pas les rapports numériques, qui sont des abstraits. Les méthodes pour compter sont des abrégés, qui nous dispensent de faire attention au détail et au groupement des unités réelles. Quand vous faites une addition, vous ne pensez pas aux dizaines, aux centaines, aux mille; tout se réduit aux plus simples opérations, pourvu que les chiffres soient bien rangés. Arrangement conventionnel, qui soulage l'esprit. Nul ne pense à mille objets quand il compte mille. De même, dans les transformations algébriques, on oublie les quantités, on ne considère que les rapports. Pour toutes ces opérations, je viserais d'abord à ceci, que l'enfant aille vite et ne se trompe jamais. »

L'Instituteur était un philosophe rustique, mûri par

la guerre. Il répondit avec tranquillité, dans le dessein d'instruire l'Inspecteur : « Si vous considérez la Mathématique comme une pratique, vous avez cent fois raison. On peut compter sans penser et manier l'algèbre sans penser. Autant que je veux mettre ces enfants en état de gagner leur vie, je les dresse comme on dresse des singes. Mais je réserve des heures aussi pour la pensée. Et, puisque le temps est court, je n'attends point d'arriver à la physique, où les idées sont difficiles à saisir; au reste, si l'on commence à penser sur la chaleur ou seulement sur les pressions, sans y être préparé par la considération des rapports plus simples, on risque de former des singes pensants; et l'on n'en voit que trop. C'est la géométrie qui sauve l'algèbre. Mais Euclide était trop lourd pour mes citoyens. Du moins, par mes cubes de bois, je les arrête un long moment à considérer les correspondances les plus simples entre les nombres et les figures. Telles sont mes leçons de choses. J'ai toujours pensé que la Mathématique ainsi prise est la meilleure école de l'observation; je ne suis pas loin maintenant de penser que c'est la seule. Car voir de l'eau qui bout ou qui se change en glace, c'est ne rien voir de distinct; ce n'est que croire, et sans bien savoir ce que l'on croit; au lieu que mes petits cubes ne trompent point celui qui les manie. Aussi voyons-nous par l'histoire des sciences que ces connaissances des nombres et des formes sont les premières qui se soient délivrées des génies et des dieux. Cela prouve assez qu'elles sont les plus faciles et qu'elles conviennent à l'enfance. Et cette précieuse touche du vrai, que l'on reçoit de ces claires expériences, voilà ce qui fait l'homme. »

Il rêva un moment, puis reprit : « Les abrégés sont trop loin des choses; ils coupent le lien entre l'esprit et les choses, et nous voyons d'étranges effets de cet esprit séparé, même chez les hommes instruits. Que le carré de deux soit quatre, que le cube de deux soit huit, on peut le penser par abrégés; mais que le carré de côté double se refuse absolument à toute autre surface qu'à la quadruple du premier, que le cube d'arête double contienne nécessairement huit cubes égaux au premier, ce sont des lois naturelles, auxquelles tous les corps sont soumis, et que physique et chimie ne peuvent rompre; ainsi est effacée cette faible idée de convention ou de commodité, refrain ordinaire des hommes qui pensent par abrégé, et qui ne sont pas bien sûrs que la raison soit aussi une puissance. Et si on vient leur dire que quelque corps nouveau est soustrait au principe de la conservation de l'énergie, vous les voyez sans résistance. Au lieu que si on disait à ces enfants qu'un métal rare, façonné en cube d'arête double, fait neuf fois le cube unité, et non pas huit fois, peut-être y en a-t-il deux ou trois qui sauraient rire du physicien. Or, il faut toujours qu'un homme, fût-il manœuvre, éprouve et conserve en lui cette force d'esprit qui juge l'expérience. Et ne pensez-vous pas que la guerre vient principalement d'une impuissance de juger et d'une pensée mécanique ? »

L'Inspecteur enfourchait déjà l'instrument mécanique : « Que diable, disait-il, en remuant les jambes selon la loi du fer, cette guerre est finie; n'en parlons plus. » Il avait exercé la fonction de censeur, et il aurait bien voulu oublier ces souvenirs sans gloire.

LXIV

Savoir ou pouvoir, il faut choisir. Ces hommes innombrables qui tendent une antenne sur leur toit, ils croient toucher à la science par là ; mais au contraire ils s'en détournent. C'est une chasse que de prendre au piège ces ondes invisibles et impalpables ; mais ce n'est qu'une chasse. Curiosité de pouvoir, non curiosité de savoir. Celui qui entend de Paris les rossignols d'Oxford n'apprend ni l'histoire naturelle ni la physique. Bien pis, il se dégoûte d'apprendre, par ce contraste entre l'extrême facilité de ce réglage qui le met en possession du concert lointain, et l'extrême difficulté de savoir ce qu'il fait quand il compose ensemble une certaine surface de condensateur et une certaine longueur de bobine. Il faudrait un long détour, si l'on voulait savoir seulement un peu ; comment ne pas choisir ce pouvoir qui coule aisément des doigts à l'oreille ? Dès que l'homme, selon un mot fameux, peut plus qu'il ne sait, il choisit le pouvoir et laisse le savoir. Depuis que l'avion s'est envolé sans la permission des théoriciens, les techniciens se moquent des théoriciens ; ce genre de sottise orgueilleuse se développe étonnamment.

Quelque sot disait l'autre jour qu'il vaut mieux ne point parler d'énergie, si l'on n'est point un profond mathématicien, attendu que l'énergie est une intégrale. Je compare le signe de l'intégrale à un serpent fascinateur. Le plaisant c'est que, si je vais trouver le mathématicien, il me conseille de ne pas vouloir comprendre par une intégrale autre chose qu'un abrégé; et en effet ce n'est qu'un abrégé. Ce qu'il y a à comprendre dans cette somme de travaux, que l'on appelle énergie, exige, tout au contraire de ce que disait notre sot, que l'on se prive d'abréger et de résoudre, et que l'on médite longtemps, à la manière de Thalès, sur les cas les plus simples, où la somme se calcule aisément par les quatre règles, comme celui d'un marteau-pilon élevé au treuil et retombant sur la tête du pieu. Celui qui saura retrouver dans le choc du marteau la somme des travaux effectués sur la manivelle, simple produit d'une force par une longueur, saura déjà quelque chose de l'énergie. Mais qu'est-ce donc que ce sot qui voudrait nous détourner de comprendre ? C'est un homme à la mode. Il parle en technicien. La chance du célèbre Bergson, qui certes n'a pensé nullement à suivre la mode, c'est qu'il s'est trouvé à la mode, et flatteur des techniciens sans l'avoir cherché.

Il ne faut point se laisser étourdir, mais au contraire penser à un autre genre de progrès dans les sciences, progrès que l'on n'a encore jamais vu, et qui serait à distribuer un peu de vraie science entre tous les hommes. Laissons aller les machines; elles vont; elles iront. Mais pour cet autre progrès, qui sauverait l'esprit du machiniste, Thalès suffit bien, par son double attribut de géomètre et d'astronome. J'attends donc qu'un électricien, bien puissant en manettes, devine à son tour, d'après les marches du Soleil et la forme de la Terre, qu'il y a des régions où le Soleil éclaire quelquefois le fond d'un puits. Thalès se mit en marche vers le sud, cherchant cet événement neuf pour lui, et qui se faisait très bien sans lui. Expérience qui ne change que l'homme. En ces recherches l'esprit se reconnaît roi dans son ordre. Et pourquoi ? Parce qu'il ne peut rien changer à l'immense objet; ainsi, ne pouvant manier et changer les solstices, il se change lui-même par meilleure contemplation; d'où, par réflexion, il vient à savoir ce que c'est que comprendre et ce que c'est que savoir. Par quoi il s'élèvera jusqu'au doute, ce que le technicien ne peut, quoiqu'il s'en vante. Le doute n'est pas au-dessous du savoir, mais au-dessus.

LXV

Il faut être plus que polytechnicien pour confondre treize avec douze plus un. Douze a son visage; un a le sien; et il est clair que treize ne ressemble ni à l'un ni à l'autre. J'ajoute un à douze, et cela fait une transformation totale, comme si cette unité de plus changeait toutes les autres. Au reste, qui ne connaît ces individus que l'on nomme trois, quatre, cinq ? C'est ainsi que, lorsque des conscrits sont alignés sur le champ de manœuvre, un homme qui ne serait qu'homme saisirait en chacun d'eux un équilibre propre, un visage inimitable, un regard qu'on ne verra qu'une fois. Mais je suppose que le polytechnicien ne voit ici que des conscrits; et encore n'en suis-je pas sûr; car le polytechnicien est lui-même un chef-d'œuvre de nature, et qui a même des pensées; seulement, dès qu'il raisonne, il se garde de penser; il forme des idées générales, comme on dit; il compte les hommes comme il compterait des boules de pain ou des obus. Il est vrai que la boule de pain est à peine un être, et que l'obus n'est pas du tout un être, sinon par la rouille et les marques de hasard, qui ne sont point de lui; semblable en cela aux mécaniques.

Les nombres sont des mécaniques en un sens. J'ajoute un, et encore un; le comptable joint et sépare comme le mécanicien joint et sépare; il forme total, produit, quotient; en quoi il ne pense point du tout; et, ce qui le prouve, c'est qu'une machine à compter formera total, produit, quotient, bien mieux que le comptable, et sans former aucun nombre véritable, ajoutant ou retranchant un et encore un par l'effet d'une roue dentée, d'un doigt de fer, d'un butoir, d'une vis. Puisqu'une machine à compter est possible, une machine à raisonner est possible. Et l'algèbre est déjà une sorte de machine à raisonner; vous tournez la manivelle, et vous obtenez sans fatigue un résultat auquel la pensée n'arriverait qu'avec des peines infinies. L'algèbre ressemble à un tunnel; vous passez sous la montagne, sans vous occuper des villages et des chemins tournants; vous êtes de l'autre côté, et vous n'avez rien vu.

La géométrie est un monde merveilleux, où l'on fait naître des idées singulières, comme sont les nombres véritables, mais un peu plus près de la nature que ne sont les nombres. Et de même que treize n'est pas douze plus un, de même, et encore plus évidemment, une surface n'est pas une somme de lignes, et un volume est encore un autre être. Un hexagone n'est nullement un pentagone avec un côté de plus; ceux qui ont construit le pentagone régulier et l'hexagone régulier savent bien que ce sont deux êtres, qui ont chacun leur visage. Les solides réguliers, qui sont comme des cristaux sans matière, représentent les montagnes et les précipices dans ce voyage du géomètre. Et voilà comment l'homme pense, rassemblant l'expérience, l'imagination, et le raisonnement en chacune de ses démarches.

Mais l'algèbre a passé là-dessus comme un vent du désert; et la machine à penser fabrique aisément et en série toutes ces choses. Ce qui va fort bien pour l'usage, mais ce qui entraîne la pensée en d'étranges aventures; comme si l'on fabrique des solides à quatre dimensions; algébriquement cela va tout seul; mais géométriquement non; l'expérience manque. Ou encore si l'on dit que le temps est la quatrième dimension de l'espace; algébriquement cela va tout seul; mais ici l'expérience dit non.

LXVI

Tous les moyens de l'esprit sont enfermés dans le langage; et qui n'a point réfléchi sur le langage n'a point réfléchi du tout. En suivant cette idée, on comprend aisément que l'esprit n'apparaîtra point à celui qui ne sait qu'une langue; d'où il suit que la version et le thème sont des exercices scolaires que rien ne peut remplacer. Là-dessus on demande pourquoi l'enseignement des langues vivantes n'arrive point à égaler la rhétorique latine. Immense question, à laquelle je ne puis répondre. Mais on peut faire à ce sujet plus d'une remarque facile.

Un jeune homme de grande culture, et ami des poètes anglais, qui sont, dit-il, les seuls vrais poètes, se crut capable de surmonter les épreuves du plus haut examen, en vue d'enseigner à des Français la rhétorique anglaise. Les compositions écrites le mirent en bon rang. Quand il se montra, l'accueil fut favorable; mais dès qu'il ouvrit la bouche pour moduler le *th* et le *w*, il se vit méprisé. Ses juges, étonnés d'abord, bientôt attristés par les aveux qu'il fit de n'avoir jamais passé la Manche, lui conseillèrent de fréquenter quelque temps les cochers de Londres. Ce genre de singerie ne lui plut point; il laissa la place aux grimaciers.

J'ai ouï conter qu'un inspecteur des études anglaises dans nos lycées tirait de sa poche une petite glace et un crayon, au moyen de quoi il donnait aux élèves et en même temps aux maîtres une leçon de grimaces anglaises. Il leur montrait par l'expérience qu'en repliant leur langue au moyen du crayon, devant la petite glace, ils arrivaient à disposer leur appareil parleur de façon à produire au mieux le redoutable *th*. Et il se peut que, par des moyens de ce genre, et par les soins aussi d'un tailleur anglais, on arrive à se donner l'air d'un Anglais et même d'une certaine manière l'esprit d'un Anglais. Mais ce n'est que copier l'animal. Ce genre de succès rend étranger à soi, étranger absolument. Comme un homme qui arrive à imiter parfaitement le ramage des salons; il n'en peut plus sortir. Cette grimace est sa pensée. D'où, de ces produits anglais que nous appelons maîtres d'anglais, une méthode de traduction dont j'ai observé plus d'une fois les ridicules effets, mais péremptoire, mais arrogante, mais méprisante; ils changent le pli de la bouche. Ce genre de travail est étranger à l'esprit; mais comment le mépriser assez ? La crainte du ridicule est trop forte; elle occupe tout l'esprit.

Supposez que Cicéron plaide maintenant à Rome. Quelle figure ferait notre maître de latin, nourri de syntaxe, devant le voyageur qui rapporterait de Rome une imitation admirable du nasillement cicéronien ? Il est rigoureusement vrai de dire que l'on a compris un homme lorsque l'on arrive à nasiller comme lui. Chacun connaît cette méthode du diplomate, qui s'applique à imiter un homme en vue de deviner ses plus secrètes pensées. Plus d'une fois, par cette méthode de singe, j'ai pu faire résonner en moi-même la timidité de l'autre, ou bien son désir, ou bien sa fatigue, ou bien une indulgence secrète, quoique habilement cachés. Et cela n'importe pas peu dans la pratique des affaires. Mais ce n'est que ruse d'animal. Si je plaidais contre Cicéron, j'aurais avantage à deviner ce qu'il garde pour lui, d'après le ton et le geste. Mais est-ce comprendre ? Est-ce nourrir son esprit ? Est-ce recueillir ce qu'il a pensé de mieux, et même l'achever ? Est-ce y trouver l'homme ? Heureusement il n'y a point de portier d'hôtel qui parle latin. Ainsi il n'y a point de crayon ni de petite glace qui nous dispense ici de penser.

LXVII

Les Humanités tiennent en des livres qui ne sont pas innombrables, et qui n'occuperaient même pas plus, à ce que je crois, que les quatre murs d'une salle de classe. Je supprimerais, il est vrai, des milliers de volumes qui ne sont que commentaires; mais il est clair que, si l'on connaît bien les livres importants, on peut se passer des commentaires. Les œuvres éternelles étant donc réunies aux murs de cette salle, chacune dans sa meilleure édition, je donnerais comme fin à la culture classique de savoir ce qu'il y a en chacun de ces livres. Je n'entends point par là que l'on sache les résumer, car c'est tout perdre, mais que l'on soit capable de tomber tout droit sur tel passage de Platon, de Montaigne, ou de Saint-Simon, dont on sait qu'il définit, ou éclaire, ou présente en un exemple, une idée dont on se trouve occupé. Car je hais qu'on dise à peu près et en mauvais langage ce qu'un auteur a dit si bien. J'exerçais là-dessus les jeunes gens, et moi-même aussi, demandant par exemple : « Un roman est un miroir que l'on promène sur le chemin; qui donc a dit cela, et où ? » Ou bien : « Trouvez-moi le sac de Platon, avec le sage, le lion et l'hydre. » « Trouvez-moi ce qu'Aristote dit de la femme et de la nécessité d'obéir. » « Trouvez-moi l'accident de Montaigne. » Il s'agirait de bondir, d'ouvrir le livre sans hésiter, et de mettre le doigt sur la chose. Des notes, des fiches, des répertoires, je n'en voudrais point; car il faut lire et relire, enfin être en familiarité avec les pages illustres.

Le pire que j'aperçois dans cette culture sans latin, c'est que l'on ne saura point lire. La version et le thème ont ce pouvoir de nous tenir devant un rectangle imprimé, comme sont les amateurs devant une belle gravure. Car l'amateur ne dit point : « Je la connais »; il la voudra voir et revoir. Une belle page aussi veut être étudiée en son ensemble, en ses rapports, en ses lumières et ombres, tantôt par le détail, et tantôt d'ensemble par recul; mais il faut apprendre à regarder. Ici rien ne remplace la version et le thème et rien ne remplace le latin.

L'on voudrait s'en passer, et l'on ne peut s'en passer. Essayons pourtant; mais alors faisons bien l'essai, en pensant à ceci que la culture a pour ennemie principale cette lecture qui va courant et ne revient jamais, et ne s'arrête jamais. Tous ces livres majeurs dont je parlais pourraient bien être en français, et l'on pourrait encore en tirer beaucoup. Mais comment exercer l'attention ? Il faudrait relire, réciter, copier et recopier. Je ne décide point si les textes anglais, allemands, italiens peuvent donner cette attention à la lettre que le latin donne si bien. Il faudrait d'abord que l'on se détournât de vouloir comprendre à l'oreille et prononcer aussi bien que les gens du pays. Malheureusement ce genre d'utilité est ce à quoi on regarde, et cela, remarquez-le, revient à former un autre genre d'attention, que je crois ruineux pour l'esprit. Cette dextérité qui consiste à saisir le sens d'après le mouvement des lèvres en quelque sorte, est tout à fait opposée à ce lent regard, circonspect, revenant, plein de précaution et de doute, que l'on donne à un texte d'Horace ou de Tacite. Ces visages sont immobiles à jamais. Je conviens que Shakespeare les vaut bien; mais qui empêchera qu'on le veuille comprendre comme un Anglais le comprend au théâtre ? On en reviendra toujours à vouloir comprendre ce qui sort de ces dents serrées. Nous voilà en Singerie.

LXVIII

Il n'y a point d'Humanités modernes, par la même raison qui fait que coopération n'est pas société. Il faut que le passé éclaire le présent, sans quoi nos contemporains sont à nos yeux des animaux énigmatiques. Ils le sont pour nous, si nous manquons d'études; ils le sont en eux-mêmes, s'ils manquent d'études. L'homme qui invente le téléphone sans fil n'est qu'un animal ingénieux; ce qu'il peut montrer d'esprit vient d'autre source.

J'ai observé un certain genre d'incrédulité qui ne suffit à rien. Les dogmes de l'Eglise sont à première vue indémontrables et même absurdes. Soit donc, et laissons-les. Mais celui qui regarde dans les perspectives du temps aperçoit beaucoup d'autres dieux, d'autres cérémonies, et des temples qui parlent humainement. Chaîne d'énigmes qui détourne de s'ébahir parce qu'un polytechnicien va à la messe. Les hommes ont suivi bien d'autres messes. Mais il faut s'approcher; il faut connaître un peu plus intimement le peuple du Droit, qui est le romain, et le peuple sophiste, qui est le grec; sans négliger le peuple adorant, qui est le juif. Ici un sublime sauvage et impossible; ici, par une crainte sans mesure, les superstitions de la main et du pied, du couteau de table et du pot à beurre. Dans les deux autres peuples, si proches de nous aussi, mais par d'autres côtés, des dieux en tout bois et sur toute colline, des oracles, des augures et des haruspices. L'Egypte et l'Assyrie, incompréhensibles, forment le fond lointain. L'Orient rêve encore derrière, et le Polynésien danse. On ignorerait tout de l'homme si l'on n'avait, par bonheur, familiarité avec les Juifs, avec les Grecs, avec les Romains, qui ont tant avancé en diverses parties de la sagesse, gardant avec cela d'étonnantes erreurs. Celui qui ignore cela est sauvage encore, par une incrédulité mal assise; dont Montaigne nous peut guérir; mais il nous renvoie aux anciens; il y faut aller. Ou bien considérer Pascal comme une sorte de fou, et même Descartes, qui pèlerina à Lorette. Ainsi le moderne, j'entends sans culture rétrospective, ne voit que fous; mais je l'attends au spiritisme, à la théosophie, à tous ces fruits de l'étonnement; car ce sont des moments dépassés; mais il faut les avoir dépassés et surmontés, par une sorte de jeu. Les études classiques assurent le pied sur cette planète; l'homme s'y étudie à croire sans se jeter. Nos folles guerres viennent certainement de trop croire, comme il arrive à ceux qui n'ont rien vu.

Polynésien téléphonant, cela ne fait pas un homme. D'où ces autels sanglants, et sans dieu. Mais tous les autels furent sanglants et sans dieu. On ne remarque pas assez que l'humaniste, déjà avec *rosa* la rose, se lave les mains de ce sang mêlé à l'eau de la source bandusienne. Les Bacchantes retournent à la frise de marbre. Poésie guérit de frénésie. Les surprises du cœur sont disciplinées; un dieu balance l'autre. Le galop des Centaures ne jette plus dans la charge panique. Déjà Socrate et Phèdre, leurs pieds nus dans l'eau, s'amusaient à l'entendre. Ce sont nos travaux d'Hercule, et nos voyages d'esprit, par quoi nous effaçons sur la médaille humaine ce pli de fanatisme bas. D'où mûrira l'enthousiasme qui ne tue point. Jaurès modèle. Modèle de tous, et du forgeron encore mieux; car toute force est redoutable, et à elle-même aussi. Les belles-lettres donc pour tous ? Et pourquoi non ? Regardons cette idée en face.

LXIX

« D'abord le grec »; telle est la réponse que je fais, toutes les fois que l'on me demande conseil au sujet de la préparation intellectuelle, quel qu'en soit l'objet. Que vous visiez la mathématique ou la physique, l'histoire ou la morale, la politique ou l'économique, ou simplement le bonheur de penser, je commence par vous dire : « d'abord le grec ». Certes je me nourris aussi des modernes, mais c'est toujours dans Homère et Platon que j'ai retrouvé et que je retrouve le commencement de tout, le pur commencement. On me dit que le latin, l'allemand, l'anglais peuvent porter une culture, un style, une recherche. Je le veux bien. Il y a plus d'un chemin, plus d'une beauté, et même plus d'une clarté. Je suis moi-même assez cimmérien et j'aime nos brouillards et nos pluies. Mais je trouve souvent une sorte d'épaisseur barbare dans les pensées que le grec n'a point nettoyées; et chez les purs Latins, j'entends de culture, une autre épaisseur, juridique.

La Grèce antique fut l'île d'incrédulité. Avant les célèbres sages je ne vois que croyance aveugle; après eux le fanatisme, les fleurs de la foi, les saints. De tout cela notre étoffe est faite. Elle me plaît, et je n'ai pas le choix. Mais je trouve dans les anciens Grecs un modèle de paix avec soi, que la statuaire de ce temps-là nous représente. Encore mieux dans Platon, et encore mieux dans Homère, nous voyons courir l'athlète, homme ou dieu, on ne sait. Le merveilleux de cet art, et de cette pensée, et de ce style, c'est que l'homme accepte pleinement et joyeusement sa situation d'homme, et que, cherchant la perfection au-dessus de sa tête, c'est encore l'homme qu'il trouve, et une sorte d'athlète immortel. Cela signifie la réconciliation de l'âme et du corps, comme Hegel l'a dit.

Je ne vois après cela qu'un bel effort de l'homme, mais vain, pour sauter par-dessus son ombre, une ambition d'âme qui, sous couleur de mépriser les passions, nous livre à l'humeur. C'est changer les pensées de muscles pour des pensées d'estomac. L'humanité, en cette pointe d'Europe, a passé du beau au sublime. Dans le sublime, il y a une teinte de malheur. Les anciens Grecs étaient malheureux par leurs crimes; ce n'est que justice. Les modernes ont inventé d'être malheureux par leurs vertus. L'éternel Ulysse se sauve de cette aventure, comme de tant d'autres. Mais on comprend pourquoi je dis à celui qui se lance dans le dangereux métier de penser : « Reprends tout élan; retourne au commencement de notre esprit. Chausse la sandale grecque. »

L'incrédulité est un beau moment. Sans l'incrédulité, la foi ne serait pas connue. Il faut refaire ce chemin, non pas une fois, mais mille fois. Une pensée est comme une civilisation. Il faut partir de la stupide croyance; il faut se sauver de là, et toujours, car l'homme est toujours bâti de même, ventre, cœur et tête. Il y a un moment égyptien de toutes nos pensées, comme je vois le visage égyptien à cet homme qui est attaqué par une pensée. Le visage grec doit suivre, par une nudité admirable qui ressemble à la géométrie de Thalès. Ensuite le Saint de vitrail. Seulement, mon merveilleux ami (ainsi parlait Socrate), fais bien attention de sauver, en même temps que ton âme, cet esprit tout nu dont tu as besoin pour courir aussi vite que l'histoire. Car tout n'est pas dit, ou mieux, ce qui est dit ne compte plus. Tout est neuf. Regarde comme ces esprits bien habillés se perdent dans leur physique, dans leur politique, dans leur économique, dans leur morale. Thalès, Solon, Platon y verraient pourtant, s'ils revenaient, toujours les mêmes problèmes, et toujours la même sibylle mugissante. Penseurs enchaînés et convulsifs. L'Olympe grec a vaincu les dieux animaux. Beau symbole. Mais c'est toujours à recommencer. Ne jette pas ta grammaire grecque.

LXX

Quand je lis Homère, je fais société avec le poète, société avec Ulysse et avec Achille, société aussi avec la foule de ceux qui ont lu ces poèmes, avec la foule encore de ceux qui ont seulement entendu le nom du poète. En eux tous et en moi je fais sonner l'humain, j'entends le pas de l'homme. Le commun langage désigne par le beau nom d'Humanités cette quête de l'homme, cette recherche et cette contemplation des signes de l'homme. Devant ces signes, poèmes, musiques, peintures, monuments, la réconciliation n'est pas à faire, elle est faite. Cependant on feint de croire que la société humaine est bien loin d'être un fait; la France, l'Angleterre, l'Allemagne, voilà des faits.

Occupez déjà cette position; fortifiez-la. Si vous rencontrez quelque colonel de pensée, demandez-lui s'il est d'usage d'adorer ou seulement de respecter les faits. Non. Les faits, il faut en tenir compte; il faut même y faire grande attention. Et, au contraire, le respect et le culte vont, comme d'eux-mêmes, à des idées qui n'existent peut-être point, mais qui devraient exister, comme le courage, la justice, la tempérance, la sagesse, et si nous laissons ces colonels d'opinion nous faire paraître leurs tristes nécessités de police comme des articles de morale, c'est que nous sommes bien peu attentifs à nos propres pensées. Je dirais même que nous sommes trop peu attentifs aux pensées de notre contradicteur; car tout homme, à toute minute, se règle sur ce qui devrait être, et n'accorde valeur à rien d'autre.

Mais il y a mieux à dire. L'humanité existe; l'humanité est un fait. Comte, considérant les choses en naturaliste, a enfin aperçu ce grand être, trop grand même pour nos vues; et il nous jette au visage cette étonnante découverte, disant que l'humanité est le plus réel, le plus vivant des êtres connus. Ces paroles éveilleraient de grands échos; mais quelle secrète police a capitonné les murs ? Il ne manque pas de sociologues, et qui se disent les disciples de Comte. Je n'en connais pas un qui expose seulement cette grande idée; tous l'écartent, tous la balaient d'un geste. L'étudiant qui la voudrait ressusciter apercevrait aussitôt, sur le visage de son maître à penser, les signes de l'impatience, et bientôt de la colère. Laissez-moi admirer cette noble espèce, qui ne se pardonne pas d'avoir trahi.

Voici la doctrine en raccourci. Comte a aperçu d'abord que la coopération dans le présent ne suffit point à définir une société. C'est le lien du passé au présent qui fait une société. Mais non pas encore le lien de fait, le lien animal; ce n'est pas parce que l'homme hérite de l'homme qu'il fait société avec l'homme; c'est parce qu'il commémore l'homme. Commémorer c'est faire revivre ce qu'il y a de grand dans les morts, et les plus grands morts. C'est se conformer autant que l'on peut à ces images purifiées. C'est adorer ce que les morts auraient voulu être, ce qu'ils ont été à de rares moments. Les grandes œuvres, poèmes, monuments, statues, sont les objets de ce culte. L'hymne aux grands morts ne cesse point. Il n'est pas d'écrivain ni d'orateur qui ne cherche abri sous ces grandes ombres; à chaque ligne il les évoque, et même sans le vouloir, par ces marques du génie humain qui sont imprimées dans toutes les langues. Et c'est par ce culte que l'homme est l'homme. Supposez qu'il oublie ces grands souvenirs, ces poèmes, cette langue ornée; supposez qu'il se borne à sa propre garde, et à la garde du camp, aux cris d'alarme et de colère, à ce que le corps produit sous la pression des choses qui l'entourent, le voilà animal, cherchant pâtée, et bourdonnant à l'obstacle, comme font les mouches.

L'homme pense l'humanité, ou bien il ne pense rien. « Le poids croissant des morts, dit à peu près Comte, ne cesse de régler de mieux en mieux notre instable existence. » Entendez-le bien. Notre pensée n'est qu'une continuelle commémoration. Esope, Socrate, Jésus sont dans toutes nos pensées; d'autres montent peu à peu dans le ciel des hommes. Le moindre débris de pensée est mis sur l'autel. Poèmes, paraboles, images, fragments d'images, griffes de l'homme, toutes ces énigmes sont l'objet de nos pensées. Il n'y a point de pensée nationale; nous pensons en plus grande compagnie. Directement ou indirectement nous ne cessons point de nous entretenir avec les ombres éminentes, dont les œuvres, comme dit le poète, sont plus résistantes que l'airain. Cette société n'est point à faire; elle se fait; elle accroît le trésor de sagesse. Et les empires passent.

LXXI

Longtemps j'estimai le grec par-dessus tout, à cause de Platon, qui n'a pas d'égal. Maintenant j'incline à penser que le latin est peut-être meilleur encore pour l'esprit. Il nous est plus près; c'est notre langue elle-même en son premier état; la forme seule des mots nous en avertit. Mais, par cela même, le latin nous fait violence plus intimement, et nous ramène mieux; non par les idées, mais par la forme, qui est directement relative à notre vie; car le geste, l'attitude, les passions, et enfin toute notre gymnastique musculaire sont immédiatement liés au langage; ainsi ces fortes ellipses, ces ponts d'un mot à l'autre, ces énigmes virgiliennes terminent nos pensées à la manière du geste, comme fait notre langage paysan. Chacun sait par expérience que ses vraies pensées ont d'abord l'accent de sa province; pour mon compte je médite en paysan de Normandie, non en citadin. Mais le latin est plus profondément rustique. Ces pensées sont de pleine terre, et ont de l'espérance. Ainsi que je l'ai remarqué souvent, le grec instruit davantage, mais le latin prépare mieux.

Je sais assez de latin pour respecter un bon latiniste, et même pour le définir. C'est un homme qui n'use point de son intelligence autant qu'on pourrait le croire, ou tout au moins qui n'en use point prématurément; et j'admire comme il va au sens d'après les règles de la grammaire et la propre signification des mots. C'est une rude leçon lorsque l'intelligence, ingénieuse et ambitieuse toujours assez, est rabattue sur quelque nœud de syntaxe; ainsi nous sommes rappelés au devoir de penser humainement, j'entends sur les signes humains et consacrés, et non point selon notre fantaisie. Et c'est ce qu'oublieront toujours nos penseurs abstraits, parce qu'ils n'ont point de lettres. Ce ne sont point des idées que nous avons à comprendre, mais bien des objets et des signes; et les signes sont des objets humains. Et je dirais même que les objets, comme soleil, lune, fleuve ou roses de juin, nous laissent encore trop libres parce qu'ils signifient trop; d'où une rêverie errante, ou bien d'abstraites pensées; au lieu que le signe humain est sacré; il me réduit à sa forme, par la magie qui lui est propre; familier et étranger; comme je veux, et cela je le sens bien, mais non pas comme je sais. L'étranger ne sera jamais compris, parce qu'il s'explique hélas ! et ainsi se perd lui-même pour lui-même et pour moi. Heureusement Tacite est signe immuable, et seulement signe. Toute œuvre d'art arrête et fixe l'esprit par ce signe impérieux qu'elle fait ; mais, parmi les choses écrites, le latin a ce privilège, pour un Français, de nous retenir par la première ressemblance, qui exige d'être niée d'abord, et puis retrouvée.

D'après ces remarques, on peut comprendre ce que l'expérience a fait voir, et qui est d'abord scandaleux, c'est que la version anglaise ou allemande ne remplace nullement la version latine. Je regarderais d'abord à ceci que l'usage vulgaire est ce qui nous donne la clef des auteurs modernes, ce qui ne nous laisse guère à chercher quant au sens littéral ; d'où il suit que nous battons les buissons, jeu qui n'est bon pour personne. Je dirais aussi que les pensées modernes n'ont point tant d'espoir que les anciennes ; on les réfute plus aisément qu'on ne les continue ; de là vient qu'il y a une tristesse à lire Shakespeare ou Gœthe, j'entends quelque chose de terminé pour nous, au point où nous en sommes. Le monde moderne, à partir d'eux, ne s'ouvre pas assez loin.

LXXII

La famille, dit le physiologiste, est une société, je le veux bien, mais qui refuse les lois de société, comme sont justice, droit, égalité, et autres corps étrangers. La famille est biologique, et nul n'y changera rien. Les lois peuvent beaucoup, mais non décider que le cœur se portera à droite.

– N'empêche, dit le sociologue, que la famille a évolué, comme nous aimons à dire. Le pouvoir paternel n'est pas chez nous ce qu'il était à Rome. Et l'on retrouve les traces d'un régime familial bien plus étrange, où le père était ignoré, où les mères donnaient leur nom aux enfants, où le frère de la mère était le chef mâle, ce qu'est le père aujourd'hui. Et n'allez pas croire que ce régime était sans vertus; l'amour entre le chef mâle et la mère était un grand crime.

– Je vois où vous allez, dit le liseur. Cette variété des mœurs, ces étranges différences que l'on développe complaisamment entre les primitifs et les civilisés, tout cela rompt l'humanité. Permettez que je salue pour la centième fois une vieille connaissance, le sauvage qui mange son père. Et vous jetez ces morceaux d'homme aux élèves des écoles normales; à eux de recoudre, s'ils peuvent.

– Le vrai, dit le sociologue, n'est pas ce qui plaît, et je n'y peux rien. C'est un peu sot aussi de croire, comme Arlequin, que c'est partout comme ici. La vérité des comètes a dissous des idées que l'on jugeait éternelles. De même la sociologie positive ouvrira un vaste champ de possibles. Einstein, déjà, nous rend l'usage d'articulations nouvelles, j'entends de l'esprit, que nous ne savions pas avoir. Dénouons, assouplissons.

– Très joli, dit le physiologiste, mais je crains les métaphores; une articulation de plus à la jambe, quoi de plus simple à concevoir pour le pur littérateur ? Mais c'est ce que nous ne verrons point. Un organisme est un merveilleux succès de conditions liées et équilibrées. Les variations possibles y sont fort petites à ce que je crois. Et, pour ce qui est d'Einstein, mon opinion est qu'il n'a rien changé du tout. Bouasse demande s'il doit refaire ses traités d'optique ; et personne ne lui a répondu. Beaucoup de statique, mes amis ; et la dynamique en corollaire.

– Vous me rappelez, dit le liseur, qu'un certain Auguste Comte a écrit de sociologie. Il a même amplement expliqué que cette science dépendait de toutes les sciences précédentes, et les supposait. Mais on comprend aisément que les historiens, espèce étrange de savants qui ignorent ingénument mathématiques, mécanique, physique, chimie, biologie, aient repris la sociologie pour eux, au moins pour un temps, ce qui fera rire. Et le même Comte a pris soin de dire que les formes avortées de la famille sont explicables, de même que les monstres, seulement par le type vrai, qu'il a déduit des conditions biologiques en sa *Statique sociale*, qu'il me semble qu'on ne lit guère. Au reste, tout le monde devrait savoir que c'est la déduction, commandée par une science plus abstraite et plus avancée, qui, dans toute recherche, donne la clef de l'expérience. Mais vos sociologues sont joyeusement ignorants, quand ce n'est pas arrogamment. Ainsi, vous, mon cher sociologue, qui appartenez par chance à la variété joyeuse, vous ne m'écoutez point ; vous tirez votre montre ; c'est l'heure, je le vois bien, où vous allez faire une leçon de plus sur la famille, le bâtiment, le costume, l'agriculture, ou n'importe quoi à travers les âges. Un conseil encore, avant que la porte soit fermée. La dynamique toute seule est d'abord facile, mais aussitôt impossible. Commencez par la statique. »

L'éclair d'une porte vitrée lui répondit. Sourire de marchand.

LXXIII

Mauvais écolier je suis, et je resterai. Combien de fois me suis-je trouvé pris entre deux inquisiteurs de philosophie, coiffés de leur bonnet pointu, avec une petite sonnette d'avertissement tout en haut. Dès que j'ouvrais la bouche, c'était hérésie, c'était matière nouvelle et inconnue; dont mes docteurs n'avaient rien à dire, et n'auraient, en tout cas, rien dit, car ils sont fort polis; mais les sonnettes tintaient en avertissement, par l'impatience des bonnets pointus. Un troisième bonnet à sonnette était devant moi, et à moi promis, sous la condition d'être sage. Vainement. Aujourd'hui, quand je rencontre quelque marchand de bonnets à sonnette, il ne me fait plus d'offres, et je vois du sérieux et un peu d'ennui sur son visage d'étalagiste; c'est l'expression connue du marchand qui met ses volets.

Mais que disaient les deux docteurs, quand ils parlaient à leur tour ? Et qu'aurait-il fallu dire ? Peu de chose. L'un disait : « Inconscient. » L'autre disait : « Association d'idées. » Comme saigner et purger en Molière, cela guérit de tous maux, ainsi il n'est point de question qui ne soit aussitôt éclairée si l'on fait paraître à point l'inconscient ou l'association. Ou cet homme, ou cette femme. J'ai toujours aimé le mot de Joseph de Maistre : « La nature ? Quelle est cette femme ? » Je vois son mouvement de tête. S'il avait été coiffé d'un bonnet à sonnettes, il n'aurait point fait ce mouvement-là.

Mes docteurs, donc, récitaient leur leçon. L'un disant que nos pensées sont l'œuvre d'un compagnon invisible, et que, quand on sait ce qu'on pense, tout est déjà fait, depuis plusieurs générations, par un autre moi, que je ne connais pas et qui est plus moi que moi; et qui a peut-être conscience aussi, pour lui, non pour moi. « Mais, disait l'autre, qu'est-ce qu'une opinion, si ce n'est deux idées accrochées ? Comprenez bien; elles se promenaient dans l'esprit, lorsque soudain, par le plus petit événement, les crochets de l'une ont saisi les boucles de l'autre. Et votre fille est muette depuis ce temps-là justement. » Ce que j'admirais le plus dans ces discours étonnants, c'est que mes docteurs les conduisaient d'un bout à l'autre sans faire remuer leur sonnette, comme une femme au bal, qui ne pense qu'à ses cheveux. Et ce regard tourné vers le haut leur donnait cet air de méditation que j'admire encore quand je le vois. Formant donc une troisième pensée, comme Pantagruel reçu en Sorbonne, je disais à moi, en secouant librement la tête : « Non, ce n'est point l'inconscient qui explique vos pensées, ni aucune idée à crochets et à boucles, mais c'est une sonnette suspendue à votre bonnet pointu. »

Cette idée n'était pas sans valeur. Je n'y ai jamais réfléchi sans apercevoir d'immenses perspectives. Car une pensée qui agite un bonnet est fausse, de par tous les diables fausse, et premièrement mal payée, et à très juste titre. On se fait quelque imagination de ce tintamarre qu'il y aurait, si les sonnettes faisaient du bruit à tous les bonnets. De philosophes, de ministres, et même de militaires. Et plus le bonnet est haut, plus le risque est grand de faire sonner l'incorruptible sonnette. Quand la sonnette tinte, les chiens aboient; et l'imprudent docteur connaît par les effets quel mal l'idée pourrait faire, si elle sortait; mais elle rentre aux échos de la sonnette. Souvent j'ai écouté de ces parleurs prudents; souvent ils tournaient court; et j'admirais comme ils apercevaient de loin les détours d'une idée dangereuse, où ils n'étaient pas encore entrés. Mais jugez mieux de leur prudence; ils pensent à leur sonnette. Cérémonie fait orthodoxie. Je dois dire, pour être juste, que cette idée me vint, comme beaucoup d'autres, comme je passais pardessus la barrière, un pied ici et l'autre là, ce qui justifie amplement l'institution du bonnet à sonnettes.

LXXIV

Psychologie et sociologie s'abattent ensemble sur l'enseignement primaire. Sociologie, c'est bien. L'histoire manquait d'air et de perspective; l'anecdote recouvrait les institutions; il s'agit de restaurer dans les esprits la notion de l'histoire universelle; l'humanité va paraître aux yeux des enfants. Nos sociologues officiels ne l'entendent peut-être pas tout à fait ainsi; mais cela n'importe guère. L'immense idée de la sociologie positive est dans Comte; c'est là que nos instituteurs vont la retrouver; elle vaincra par sa force.

La psychologie est une science mal assise. Elle est mise en pièces par les discoureurs et par les médecins, qui tirent chacun de leur côté. Ici, sans craindre de me tromper, je puis dire aux instituteurs de ne pas se fatiguer à ces vaines et confuses recherches; ils n'en tireront rien. Puisque, par la puissance de l'idée sociologique, ils vont revenir à Comte, qu'ils suivent aussi ce scrupuleux penseur dans le jugement qu'il porte sur la psychologie; ne craignez pas, cette forte tête sait très bien où elle vous conduit. Parmi les découvertes, nouvelles encore aujourd'hui, du fondateur de la philosophie positive, il faut compter celle-ci que les lois de l'esprit sont invisibles dans l'individu, et visibles seulement dans l'espèce. Il faudrait donc, si l'on tient aux mots, dire que la psychologie positive sera sociologique ou ne sera point. Mais je veux expliquer par un exemple ces vues supérieures, d'après lesquelles toute notre bibliothèque psychologique est bonne pour le pilon.

Tous les psychologues sont amenés à réfléchir sur l'origine des idées; il y a là-dessus d'immenses polémiques et un entassement d'observations ambiguës. Mauvais chemin. Si ces observateurs avaient lu seulement avec attention l'immortel chapitre de la *Statique sociale* qui a pour titre : « Théorie positive du langage humain », ils comprendraient sans doute que l'enfant apprend à parler avant d'apprendre à penser, ou, si l'on veut, qu'il apprend à penser en apprenant à parler; d'où il suit qu'il pense d'abord les idées les plus abstraites et les plus difficiles, non pas du tout d'après sa courte expérience de physicien, mais d'après une expérience politique, qui éclaire les mots par le spectacle humain seulement. Lorsque l'enfant aborde, par les yeux et les mains, l'étude des choses matérielles, sans cet écran de la mère et de la nourrice, si longtemps placé entre les choses et lui, il est déjà métaphysicien, théologien, poète et mage. A quoi nous ne pouvons rien; et c'est heureux, puisque la longue enfance de l'espèce est ainsi promptement digérée.

Maintenant quelles furent les premières idées de l'espèce ? Non point tirées d'expériences simples et concordantes; folles idées au contraire, tirées de l'expérience politique, toujours ambiguë, et aussitôt intrépidement étendues jusqu'aux étoiles, aussitôt célébrées, chantées, adorées, contre les leçons de l'expérience. Les contes et les mythologies nous donnent une faible idée de ces improvisations hardies qui furent les pensées de l'enfance humaine. Mais les sociologues de ce temps, d'après l'impulsion de Comte, ont poussé fort loin l'étude du fétichisme tout nu; il est vrai que, détournés de l'esprit d'ensemble, si admirable chez le maître, ils n'ont point reconnu leur propre pensée en ces pensées de sauvages. C'est pourquoi je dis à ceux qui veulent s'instruire : « Tenez-vous-en à Auguste Comte comme à une Bible, pendant dix ans, et moquez-vous des Sorbonnagres. »

LXXV

L'enseignement primaire est livré aux médecins aliénistes. On sait comment ils se trompèrent en reconstruisant l'homme raisonnable d'après le fou. Il est vrai que selon la mécanique il y a peu de différence entre une harpe fausse et une harpe bien accordée.

Mais tout se passe dans l'homme sain comme si la harpe s'accordait elle-même continuellement; ainsi l'homme moyen surmonte les puissances mécaniques et se trouve aisément et joyeusement au niveau des œuvres d'hommes, au lieu que le fou roule sur la pente et, par une faible différence, se trouve bien plus loin de raison qu'on ne croit; car ses paroles ont encore quelque sens pour nous, mais non pour lui. Il y a donc une coupure que le médecin aliéniste ne voit pas s'il n'est supérieur. Or, un médecin supérieur est encore plus rare, peut-être, qu'un grand musicien.

Il y a des enfants anormaux que l'on veut appeler arriérés; cette manière de dire n'est pas bonne. Il s'y cache une idée de belle apparence, mais qui ne suffit point, c'est que l'enfant arriéré est comparable à un enfant plus jeune, et se trouve, vers les sept ans, dans l'état du marmot qui tète. Mais ce n'est pas si simple. L'enfant normal fait des bonds étonnants, et conquiert le monde en souverain, pendant que nous cherchons quelque moyen de lui enseigner les couleurs. Et l'éducateur fait encore l'enfant quand le petit d'homme déjà le méprise, et daigne faire aussi l'enfant pour lui plaire. Cependant, le médecin réunit les enfants arriérés et s'efforce de leur apprendre quelque chose, ce qui est beau. Mais, quand il est parvenu à ouvrir ces mémoires rebelles et à éduquer ces attentions instables, il croit avoir trouvé le secret d'instruire, et nous l'apporte. Et tout ce que fait le maître d'école lui paraît hors de propos, ou prématuré. D'où ces ridicules congrès, où les instituteurs sont réduits à faire aussi les enfants, et à épeler par *b a ba*.

Exemple. Il est de première importance de classer

les arriérés, afin de savoir exactement où ils en sont. On distingue celui qui pense à la chose quand il entend le mot, celui qui pense à la chose quand il voit le geste ou l'action, celui qui pense à la chose quand il en voit une autre ordinairement voisine de celle-là (celui qui pense au bois quand il voit la scie) et celui qui ne pense à la chose que lorsqu'il la voit; celui qui imite sans continuer, et celui qui continue, et ainsi du reste. L'un saura seulement s'asseoir sur une chaise, l'autre la relèvera si elle est renversée... De là ces « tests » ou épreuves qui indiquent comment il faut traiter ces larves humaines. Mais l'écolier rira du médecin.

On colporte dans nos écoles des inventions étonnantes, étonnantes par l'appui qu'elles trouvent, étonnantes par le crédit. L'un imagine un bonhomme de carton articulé, qui par ses diverses positions figure les lettres et les chiffres, d'ailleurs assez mal. L'autre veut que l'on joigne à l'articulation des consonnes quelque geste qui y a rapport, comme de se pincer le nez pour l'*n*, et de se frapper la poitrine pour l'*m*. Je vous renvoie à *Bouvard et Pécuchet* pour plus de détails; les deux bonshommes s'exercent à retenir le nom de Chilpéric par la friture qui fait ric, ric. Ces inventeurs se trouvent alliés aux médecins. Les enfants ne s'en trouvent pas plus mal; ils digèrent aussi ces méthodes-là. J'y vois pourtant un inconvénient, hors du temps perdu par les maîtres qui ont déjà assez à faire, c'est que les enfants ainsi entrepris travaillent presque toujours au-dessous de leur force, et prennent, contre leur attente, et j'ose dire, contre leur plus belle espérance, l'idée qu'il n'est pas difficile de s'instruire et que les travaux de l'école ne sont qu'un jeu réglé; ce qui produirait un genre d'inattention méthodique et une sorte de sénilité cérémonieuse; dont j'ai surpris plus d'un signe dans les trop célèbres jardins d'enfants. Mais le sérieux de l'enfant vaincra, qui vise heureusement plus haut que ne vise l'homme.

LXXVI

L'instituteur feuilletait un manuel de sociologie, rédigé spécialement pour son usage, à ce que je vis. Je remarquai que le livre portait les marques d'une lecture assidue. Je connaissais l'homme comme incrédule, enthousiaste, obstiné, rigoureux; j'apercevais sur son visage comme une vapeur d'incertitude; puis il s'éclaira tout, et vint tout droit à la question, comme il a coutume : « Si vous aviez, me dit-il, à donner des leçons de sociologie à des instituteurs, que feriez-vous ? »

– Nul embarras, lui dis-je; nulle difficulté. Je relirais encore une fois les quatre volumes de la *Politique positive* de Comte; pour les six volumes de la *Philosophie positive*, il me suffirait du souvenir très présent que j'en ai. De cette immense construction, je prendrais d'abord une vue préliminaire sur la suite des sciences et sur leur histoire, qui serait en même temps une histoire des religions. J'appuierais sur ceci que toutes les conceptions humaines concernant l'homme et le monde sont d'abord théologiques, l'enfance ou l'imagination allant toujours devant. D'autant qu'il est très important que l'enfant comprenne comment l'idée la plus fausse est celle qui se présente la première, ce qui met la religion au nombre des choses naturelles. Ayant montré par cet exemple comment la sociologie diffère de l'histoire, j'arriverais à cette idée que la sociologie, étant de toutes les sciences la plus complexe, et dépendant de toutes les autres, est aussi la dernière qui se soit délivrée de la théologie. Et cette vue même sur l'ensemble des connaissances et leur lent développement me serait un exemple de la recherche sociologique; car ce développement des sciences est lié à un progrès politique et moral, qui va de la théocratie initiale à la civilisation militaire, et enfin à la civilisation industrielle, qui est le point où nous en sommes.

« Cela réglé en trois ou quatre leçons, car je me soumettrais à l'esprit d'ensemble, j'exposerais successivement, d'après le Maître, trois théories capitales. D'abord une théorie de la famille, comme cellule de toute société, montrant à cette occasion comment sociologie dépend de biologie. D'après ce fil conducteur, je décrirais l'amour maternel comme la première école de société. D'où je passerais à la théorie de la patrie; et, sur ce sujet plein d'embûches, je m'en tiendrais plus strictement que jamais à mon auteur, selon lequel la patrie est ce moment de la civilisation qui tire l'homme au-delà de la famille, et lui communique des sentiments bien plus étendus et presque aussi forts que les sentiments biologiques, ce qui le prépare à saisir et à aimer l'humanité tout entière. Conduit ainsi au principal de mon sujet, j'expliquerais, d'après les préparations de ma leçon préliminaire, que l'humanité est un seul être et une seule société, et que c'est la connaissance et le culte de l'humanité, notamment en ses grands hommes, qui achèvent la morale. Je n'aurais après cela qu'à dicter le Calendrier positiviste, en le simplifiant un peu, afin de donner à mes auditeurs comme un plan des commémorations annuelles par lesquelles l'école participerait à l'humanité réelle, en soumettant tous ses travaux sans exception, lecture, écriture, calcul, histoire, géographie, morale, à cette succession des vrais instituteurs.

– Fort bien, dit-il, cela me plaît. Mais dans ce manuel je ne trouve pas un mot de ce que vous venez de dire. Il m'est permis de m'en étonner.

– C'est que, lui dis-je, il y a deux sociologies, la grande et la petite. Et la petite est premièrement muette sur l'ordre des sciences par une ignorance admirable des premières et des plus faciles. Deuxièmement, sur la famille, la petite sociologie s'en tient aux mœurs des sauvages, se plaisant à s'étonner et à étonner. Troisièmement, sur la patrie, la petite sociologie retrouve à peu près la doctrine d'état-major, d'après laquelle la société est un dieu pour l'homme, et toute la morale consiste à sentir et adorer le lien social. En ce sens, la sociologie serait une doctrine de gouvernement, et à juste titre subventionnée. Quant à l'humanité, la petite sociologie l'ignore, ou pour mieux dire l'ajourne à des temps meilleurs, où la masse des faits aura été filtrée et mise en fiches; car l'esprit d'ensemble est sévèrement proscrit par cette méthode historienne.

– Exactement cela, s'écria-t-il. Voilà mon manuel en raccourci. »

LXXVII

L'instituteur me demanda : « Qu'est-ce enfin que cette sociologie ? Quel est ce grand et dernier secret, et tel que, si on l'ignore, on ne sait rien de rien ? Ce ne sont pas quelques remarques sur les étranges opinions des sauvages qui peuvent porter cette ambition despotique. Où vont-ils ? A changer la politique ? Mais dans quel sens ? A quelles fins ? Ou bien est-ce une mode qui passera ? »

Je lui répondis : « La sociologie est présentement un fanatisme. Comte a mis en place une grande idée, certes, qui est comme la physique de nos sentiments et de nos pensées, c'est que l'homme n'est homme que par la société des hommes, laquelle est autant naturelle et inévitable que le système solaire, avec lequel il nous faut bien tourner. Ces grandes vues accablent, si l'on n'est pas armé de science vraie. Comme on a adoré longtemps le Soleil et la Lune, on risque aussi, par premier mouvement, d'adorer la Société. Il ne faut pas moins que l'esprit positif, progressivement formé par la série des sciences, astronomie, physique, biologie, pour dominer cette nécessité sociologique, si proche de nous, si intime, si émouvante. Par exemple, il ne manque pas d'esprits qui ont été écrasés par l'hérédité biologique. C'est qu'ils ne la connaissent pas bien. La physique et la chimie, en apparence, nous enseignent l'esclavage par une vue sommaire de ces grands tourbillons d'atomes qui nous emportent; en réalité ces sciences nous enseignent la puissance; et, comme dit Bacon, l'homme triomphe de la nature en lui obéissant. Mais il faut savoir bien, et correctement, et beaucoup, pour ne point tomber dans un désespoir physico-chimique. De même, et à plus forte raison, les études biologiques exigent un esprit fort, et déjà préparé. Celui qui sait réellement soigne et guérit. Celui qui ne sait qu'un peu s'épouvante, imagine qu'il a toutes les maladies, et voit des microbes partout. Encore bien mieux l'apprenti de sociologie prend peur de ce grand organisme, dont il n'est qu'une pauvre cellule. Au lieu d'essayer de comprendre, il prêche et déclame; c'est un prophète; c'est un vrai croyant. »

« Ce qu'on lit de Durkheim, me dit l'instituteur, s'accorde assez bien à cette idée. Mais Comte lui-même n'était-il pas une sorte de mystique ou d'illuminé ? »

« Sur Comte, lui répondis-je, il ne faut croire que Comte. Cela ne fait que dix volumes à lire, où tout est mis en place, et même la mystique vraie, par la vertu d'un savoir encyclopédique. Mais Comte lui-même a très clairement prévu ce que pouvait devenir la science nouvelle, si elle était livrée à de purs littérateurs. Qui n'est pas astronome, physicien et biologiste, ne le croyez jamais quand il traite de sociologie. Sombre fatalisme; sombre fanatisme... »

« Qui répond merveilleusement, si je ne me trompe, dit l'instituteur, à la tragique expérience de la Grande Guerre. Car les hommes y étaient aisément illuminés et désespérés, non sans un bonheur farouche et inhumain, surtout ceux qui, au lieu de faire, n'avaient qu'à penser et sentir. Et vous me faites penser que les sauvages, indigeste nourriture de nos sociologues, sont des fanatiques de ce genre-là, fous de tradition, de rumeur, d'imitation, d'opinion, et cela faute d'un savoir réel de toutes ces choses. »

« Nous y voilà, lui dis-je. Il faut ici des yeux secs, un régime positif de l'esprit, et ne point du tout prêcher, ni se croire. Car s'il est dangereux de sentir les microbes et l'hérédité en son propre corps, il est plus dangereux encore de reconnaître, en son propre fanatisme, la présence et la puissance du monstre société. L'incrédulité est l'outil de toute science. Mais que peuvent ici nos sociologues mal préparés, qui croient l'astronomie et ne la savent point, qui croient la physique et ne la savent point ? »

« Me voilà, dit-il, en défiance. Mais enfin si j'étais mis en demeure de dessiner une esquisse de la sociologie positive, n'y a-t-il point quelques autres règles de prudence ? »

« Il y en a, lui répondis-je. Comte avait aperçu que l'esprit sociologique n'était autre que l'esprit d'ensemble; et cela revient à soutenir, contre toutes les tentations de l'étude spécialisée, qu'il n'y a qu'une société. L'objet propre du vrai sociologue, et ce qui donne un sens aux parties, aux détails, aux moments, c'est l'humanité même. Il est positif que notre science ne serait point ce qu'elle est sans Thalès, Ptolémée, Hipparque; que nos mœurs seraient autres sans la fameuse révolution qui partit de Judée et de Grèce; que nos lois seraient autres si Rome n'avait conquis la Gaule; ainsi nous ne sommes point fils seulement de cette terre-ci. Mais lisez Comte; vous verrez comme il écrit l'histoire. Et, quant aux sauvages, l'idée même du fétichisme, telle que le penseur positif l'a formée, et toujours selon la méthode comparative, éclairerait comme il faut leurs naïves croyances. Mais, hors de quelques fidèles qui n'ont point accès à nos chaires publiques, Comte est oublié et renié. Il faut croire que l'esprit positif est encore le meilleur guide de l'humaine reconnaissance. »

LXXVIII

Les examens sont des exercices de volonté. En cela ils sont tous beaux et bons. Ceux qui s'excusent de ce qu'ils sont timides, troublés, vidés par l'angoisse s'excusent très mal; ces fautes, de trop espérer, de trop craindre, enfin de ne point se gouverner virilement, sont les plus grandes fautes et peut-être les seules fautes. Je passerais encore sur l'ignorance, ou, mieux, je chercherais ce que le candidat sait, et je le pousserais là-dessus. Mais devant un garçon ou une fille qui sait, qui dirait bien, et qui se trouve paralysé par une grande peur, quelle opinion voulez-vous que j'aie ? Il est trop facile de raisonner bien quand on n'a rien à gagner ni à perdre. Que l'on commence par là, c'est très bien. L'école est belle à voir parce que les fautes n'y ont point de grandes conséquences; ce n'est qu'un peu de papier perdu. Mais qu'un garçon qui a fait cent problèmes de mélanges, et qui n'y trouve plus de difficultés, soit capable, au jour de l'examen, de déraisonner en ces mêmes problèmes, ou que, trouvant d'abord la solution correcte, il soit pris soudain comme de vertige, et gâte tout, voilà d'humiliantes expériences. De même un tireur qui s'est exercé très bien sur des sangliers de carton, le jour où il doit sauver sa vie, c'est ce jour-là qu'il tire à côté. Savoir, et ne point faire usage de ce qu'on sait, c'est pire qu'ignorer. L'ignorance n'est rien; elle ne fait connaître aucun vice de l'esprit; au contraire la faute par émotion fait paraître un esprit inculte, et je dirai même un esprit injuste.

Qu'est-ce qu'un esprit juste ? Pesez cette forte expression, et si naturelle. Elle veut dire ceci, c'est que, quand un homme se trompe sur ce qu'il sait, c'est qu'un grand orgueil l'irrite, c'est qu'il se sent atteint en sa majesté, comme ces enfants tyranniques qui ne savent pas attendre. Le langage commun dit aussi qu'un homme se trompe, et cette expression est belle. C'est qu'alors il se jette de tout son poids sur ses délicates et fragiles pensées. Or, si j'attaque selon cette fureur une serrure difficile, la serrure se défend assez bien et règle mes mouvements malgré moi; au lieu que mes pensées ne se tiennent pas seules; elles n'ont que moi pour les porter; elles ne naissent, elles ne se conservent que par une attention bien gouvernée; on peut même dire qu'elles périssent par le seul désir; et c'est la loi humaine la plus sévère peut-être, et la moins connue, que la moindre trace d'orgueil ou d'ambition nous fait sots.

L'esprit de famille est profondément barbare. C'est l'effet de passions fortes, et qui croient naturellement que tout leur est dû. Lorsque l'enfant vit principalement selon cette politique du cœur, il compte toujours dans la suite sur l'amitié; il en cherche les signes. Tout seul alors dans la salle d'examen, loin de cette chaude faveur à laquelle il est accoutumé, il est comme un solliciteur dans l'antichambre. Il contemple, si l'on peut dire, sa propre impuissance, ce qui n'est pas bon; pis encore, il s'indigne de n'être pas aimé. Il attend l'heure de l'ambitieux, l'heure où il plaira sans mériter. Or, il l'attendra longtemps, il l'attendra toujours; car le monde humain trompe par un commerce de grimaces, mais il attend des services, et une valeur de gouvernement. C'est pourquoi l'épreuve de l'examen est utile et juste; et en dépit de faciles déclamations, celui qui ne l'a point surmontée n'en surmontera aucune autre; non point tant par la paresse et l'ignorance que par un genre d'infatuation, et par cet infatigable cri : « Moi ! Moi ! » Or, ce cri émeut un père, une mère, quelquefois même le professeur ordinaire, et n'importe qui un petit moment; mais le problème est sourd et muet.

LXXIX

Je ne suis point l'ennemi du Concours général. C'est un jeu réglé, comme le jeu du ballon ou le jeu de la raquette. Et comme on voit que les moins habiles à lancer le ballon ou à renvoyer la balle font justement le meilleur public, discutent sur les coups, et acclament les champions de tout leur cœur sans aucun mélange d'envie, ainsi la masse des écoliers fait comme un cercle d'amateurs, pour la géométrie, la version latine ou le discours français; et sachez bien qu'un petit bonhomme, qui ne travaille guère et qui réussit mal, a presque toujours une opinion sur les plus forts, et se trouve disposé à faire des pronostics, et même à parier pour l'un ou pour l'autre. Il faut compter aussi le bonheur d'admirer, si puissant sur les jeunes et sur tous; mais il faut qu'on soit entraîné d'abord à l'éprouver; à quoi contribue la solennité, en réveillant l'esprit de corps. Ce sentiment est tout proche de l'animalité; il va par lui-même à la sottise, à l'injustice, à la violence; mais il est fort; il délivre l'individu de sa misère propre, de l'humiliation, de l'envie et de l'ennui. Et, selon mon opinion, c'est ici la générosité qui cherche passage; cette vertu aveugle fait presque tous les maux humains.

Que les jeux athlétiques purifient déjà l'ambition de toutes les manières, par la sévérité et la sincérité des épreuves, c'est ce qui est évident. Mais soutenir que l'homme moyen ne s'intéresse qu'aux coups de poing et aux coups de pied, c'est une thèse de misanthrope, sans consistance, et même sans aucune vraisemblance. Aucun homme ne méprise son propre jugement, les discussions le font assez voir; et je crois même que l'homme le plus ordinaire se sent plus près d'un beau poète ou d'un puissant orateur que d'un boxeur invincible; car on ne pourrait point dire, pour la boxe, qu'admirer ce soit égaler; mais pour les choses de l'esprit, on a osé le dire, et ces paroles sonnent bien. Ce ne sera donc pas un petit avantage si l'on donne aux jeux de la rivalité, de l'imitation et de l'admiration, l'objet le plus haut, le plus estimé et le plus proche. Toute pensée est toujours sur le point de comprendre; et le premier sentiment enferme toutes les pensées possibles. Ce que l'homme de génie fixe en ses paroles, c'est justement ce que chacun voulait dire et allait dire.

Ce qui est nuisible, dans les classements scolaires, c'est la mauvaise place, non la bonne. La mauvaise place qualifie et pèse le médiocre, et le scelle sur lui-même. J'aime mieux la couronne qui en distingue un ou deux, et égalise tout pour les autres, qui font comme une cohorte serrée et indistincte, tout admise à l'honneur d'admirer. Sentiment que j'ai observé bien des fois, et que les années n'effacent point; chacun se vante d'avoir étudié sur les mêmes bancs qu'un élève qui emportait toutes les couronnes; et ce sentiment est bien ridicule si on le prend par le côté négatif; ce ne serait que vanité, et puérilité. Mais il est pourtant vrai que l'élève médiocre a participé d'une certaine manière, et même de très près, à ces travaux dont il voit le fruit. Ce sont les mêmes auteurs, les mêmes livres, les mêmes paroles; toutes les tentatives prennent corps, en ce succès éclatant; les idées les plus brumeuses s'éclairent et s'ordonnent. Comme le vrai sens d'une phrase obscure ou le vrai développement d'une idée difficile éclaire aussitôt l'intime pensée de ceux qui sont restés en chemin. Modèle plus lointain dans l'écrivain; tout familier et proche dans le condisciple, par cette ignorance encore toute fraîche, par ces fautes d'écolier, d'abord communes à tous, par cette simplicité de l'existence en commun, qui efface tout à fait l'idée d'un miracle et d'une grâce de nature. Et ce jugement écolier, qui rapproche, ne rabaisse point le lauréat, mais au contraire il élève les autres au-dessus de la résignation triste qui est le pire mal à cet âge. Seulement il faut reconnaître que ce sentiment éminent, qui est d'admiration apprivoisée, serait par lui-même faible s'il n'était porté par l'esprit de corps, l'acclamation, la cérémonie, qui sauvent d'abord de la tristesse, de l'humiliation et de l'amertume par des moyens extérieurs et d'une énergie incomparable. Ainsi sera-t-on préparé à acclamer sa propre pensée en un autre homme, ce qui est savoir lire.

LXXX

Par ces temps d'examens, vieillesse est assise d'un côté de la table, et jeunesse de l'autre. Les hommes d'âge sont au moins deux contre un. Attention; cela est bien clair. Aussi jeunesse se fait vieille, imitant par l'attention les rides de l'âge. Vieillesse, en retour, a quelquefois des mouvements vifs, et des soubresauts étonnants de substance minérale; c'est pour faire peur, et jeunesse feint d'avoir peur, profitant de l'ambiguïté que l'on voit souvent entre les signes de la peur surmontée et ceux de la colère rentrée. Tout cela fait à peu près un ordre social, où les plus faibles règlent tout, par des ruses très anciennes. On conte de certains sauvages qu'ils ordonnent aux vieilles gens de se pendre aux branches par les mains, et qu'ils secouent afin de reconnaître ceux qui ont encore permission de vivre. Mais ce n'est que symbole, sans aucune réalité. En toute société, vieillesse est assise dans l'arbre, et il est défendu de secouer.

Socrate était par terre, et content là; mais quelquefois, de son bras d'homme de troupe, il secouait pour s'amuser, faisant tomber, parmi les vieux pontifes, quelques jeunes aussi qui se hissaient déjà; les jeunes, heureux de ce beau jeu; les autres moins. Cela finit par la ciguë, qui est une potion calmante. Et qui ne voit qu'au lieu de l'administrer en dose massive, et à cet homme d'âge, ce qui fit une mort scandaleuse, il serait plus décent d'en faire boire un peu de temps en temps, et dès le berceau, à tous ceux qui s'agitent indiscrètement ? Les examens n'ont pas d'autre fin que de faire connaître si le jeune Socrate, qui ne se lasse pas de naître, a bien pris régulièrement sa ciguë à dose infinitésimale.

Comment savoir ? Il ne s'agit que de proposer à ces jeunes de ces questions qui ont plus d'une fois ébranlé le monde, et secoué l'arbre sur lequel les possesseurs de fromages se trouvent perchés. Religion, justice, échelle des valeurs, civilisation, destinée de l'homme, ce sont des problèmes à ne pas poser; et justement on les pose. C'est inviter à secouer l'arbre. Et l'on connaît par là que ceux qui secouent l'arbre, ou qui seulement le font remuer en y grimpant, ont encore besoin de la ciguë infinitésimale.

Jeunesse donc s'étudie à parler de ce qu'elle ignore, car cela est sans risques, et à résumer des livres qu'elle n'a point lus. Car les grands auteurs, comme on sait, sont fort dangereux pour les petits; et si l'on voyait Platon déchaîné, ou même Descartes, ou même Kant, si on les voyait tels qu'ils furent, et secouant comme de grands vents toutes sortes d'arbres, cela ferait un grand scandale, et une chute de fruits pierreux. Mais il existe des résumés, tout imprégnés de ciguë infinitésimale; et de cette nourriture, qui sans danger vieillit l'homme, on ne peut rien produire qui ne soit convenable.

Passe encore pour les statues; mais supposez que ces hommes nus se mettent à revivre, ce ne seraient point des penseurs; non, mais plutôt des bûcherons. Car comment nommer autrement ceux qui méprisent l'ordre tel quel, et le subordonnent de loin à la perfection de l'homme libre, ami seulement du libre ? D'où je comprends cette sociologie en poudre impalpable, ciguë synthétique comme disent les chimistes, dont on voudrait bien arroser toutes les pensées, si naturellement subversives. Dès que l'on prend l'homme comme fin, rien ne va, dit le Vieux; mais dès que l'on prend la société comme fin, alors tout va.

LXXXI

La Grande Guerre racontée aux enfants, voilà un beau titre. Mais qu'y aura-t-il sous ce titre ? Un pieux mensonge ou bien la vérité nue ? Ici je vois nos politiques bourdonner comme des guêpes. J'en connais, et, bien mieux, qui se disent historiens, et qui se demandent toujours avant d'écrire une ligne sur ce redoutable sujet : « Il ne s'agit pas de savoir si c'est vrai; il s'agit de savoir si notre pays s'en trouvera mieux. » C'est par ce raisonnement que l'on condamnait Dreyfus. Et heureusement les mêmes hommes, quand il est question de choses qu'ils ont vues, baissent la tête comme des béliers, disant : « Je ne changerai pas un mot; et, si cela ne plaît pas à nos aveugles volontaires, tant pis ! » Telles sont les vues contraires, et souvent dans le même homme, d'après lesquelles un instituteur composera son récit. Et l'éternel Pilate demandera une fois de plus : « Qu'est-ce que la vérité ? » Le scepticisme est un élégant moyen de trahir; oui, neuf fois sur dix, disais-je autrefois; mais maintenant, mieux instruit des ruses de l'esprit, si habile à servir, je dirai dix fois sur dix.

Il est entendu que nul n'est en mesure de retracer la guerre en ses détails en disant : « Ce fut ainsi. » N'aurons-nous donc que des pamphlets, pour la guerre ou contre, pour la politique traditionnelle ou contre ? Un pamphlet ! Et à ces enfants qui seront juges d'opinion dans ce grand procès. Comment faire ? Or, l'instituteur doit savoir qu'il tirera de grandes lumières de ce livre de Norton Cru, intitulé *Témoins*, et qui commence à faire du bruit dans le monde. Je ne vais pas tenter de juger en quelques lignes cet ouvrage massif, quoique je l'aie lu avec grande attention. On y a relevé des erreurs; et chacun y peut remarquer un fort préjugé contre la guerre, et un parti pris d'écarter toutes les couleurs qui la feraient belle par moments, ou seulement supportable. Ici le fantassin se fait juge des états-majors; mes propres passions trouvent en ces pages un aliment de choix. Mais je retiens ici pour mon usage un conseil que j'ai souvent donné à d'autres : « Exercez-vous à soutenir au mieux la thèse de l'adversaire. » C'est une puissante méthode, que j'ai trouvée dans Socrate. Il faut ici corriger les souvenirs de fantassins, comme Pézard ou Delvert, par le G.Q.G. de Pierrefeu, qui vous dessine la pensée et les passions du centre directeur. On ne s'étonnera plus alors que des chefs, qui ignorent la boue, la fatigue et l'état réel des choses, téléphonent froidement : « Reprendre le terrain perdu coûte que coûte. » Au contraire, on s'efforcera de comprendre un autre genre de courage, qui est contre la pitié; et l'on se demandera : « Pouvait-il en être autrement ? » Car il est clair que l'exécutant n'est pas juge de ce qu'il peut tenter. Enfin ce terrible jeu a des règles. Aussi est-il très important de contempler dans son ensemble, et comme on ferait d'une machine, ce système de fer, si évidemment insoucieux de la chair humaine, qu'il écrase et déchire à la pointe agissante, comme matière fournie pour cet usage.

Par ces moyens, qui nous approcheront de dessiner le vrai visage de la guerre, assurerons-nous la paix ? Je n'en sais rien. L'homme est un animal irascible, et qui se jette aisément dans le pire malheur, quelquefois même pour se délivrer de l'attente. Mais je dis seulement qu'il faut savoir ce que l'on veut. Au temps du fameux Frédéric, on étourdissait un bel homme par des récits de gloire facile, à quoi on ajoutait une bouteille de vin. Il signait, et certes il ne savait pas à quoi il s'engageait. Candide a fait, de bout en bout, cette amère expérience. Je ne crois pas que la méthode du recruteur ait beaucoup changé. Chacun doit seulement se demander s'il accepte de faire le recruteur, et littéralement d'enivrer la jeunesse, si facile à tromper, en vue de la préparer à la terrible aventure. Quoi ? Si j'avais pu tenir Candide avant qu'il eût commencé de boire, n'aurais-je pas dû lui dépeindre crûment les marches, la faim, la boue, l'assaut, les verges ? Ou bien faut-il dresser les hommes comme des chevaux, à qui on bouche la vue pour les guérir d'avoir peur ? Enseigner le courage, est-ce cela ? Instruire, est-ce tromper ? Ceux qui le croient n'osent toujours pas le dire. Ce qu'ils font, alors, ils ne peuvent l'avouer.

Peuvent-ils se l'avouer à eux-mêmes ? Or, cette timidité des pouvoirs, qui ne me trompe point, c'est notre seule arme. Qui sait bien cela, il a rompu un maillon de la chaîne; tout se desserre aussitôt; il n'y faut plus qu'un peu de patience.

LXXXII

Les leçons de morale civique sont hérissées d'épines. Je ne parle pas des dangers, mais seulement des difficultés inhérentes au sujet. Tel est l'inconvénient de ces programmes ambitieux; on veut tout enseigner à un enfant, même ce qu'un homme a grand-peine à comprendre. Au reste il est clair que les pouvoirs n'ont jamais cessé de vouloir que l'on enseigne au peuple ce qui s'accorde avec leur politique. Fanatisme si on obéit, fanatisme si on résiste. Contre passion il n'y a peut-être que passion. Toutefois on peut dire en conscience qu'aucun fanatisme n'est bon pour l'enfance.

Comte est sur ce sujet-ci excellent par le positif et la raison. On peut le suivre; on peut ramener ses idées au niveau de l'enfant. Enfin, évitant les récifs, qui sont ici les passions des autres et les miennes, voici comment je gouvernerais ma barque. Chacun méprise l'égoïste, qui ne pense qu'à son propre avantage et à sa propre sûreté. Un enfant montre quelquefois de la générosité et même une sorte d'héroïsme, par un esprit de corps, qui le soumet aux règles de la camaraderie. Par exemple il se laissera blâmer et punir plutôt que de dénoncer au maître un écolier coupable. Dans cet exemple, qui est familier à tous, on montrera aisément une sorte de fanatisme volontairement aveugle; car le maître agit dans l'intérêt des enfants, et les enfants le savent bien. Mais il faut aussi y discerner un vrai courage, et un serment sacré, quoique non formulé, auquel l'enfant ne manque point. Par ce sentiment social, qui le lie aux autres écoliers, et où jouent déjà tout l'honneur et toute la honte, l'enfant est élevé au-dessus de l'égoïsme animal; il vit et agit pour les autres et développe des vertus réelles.

On comparera utilement ce fanatisme, qui est loin d'être tout mauvais, au fanatisme familial, bien plus naturel, bien plus fort, et universellement honoré. Quelle que soit l'évidence, on ne juge point son père ni sa mère; on fait serment de les aimer malgré tout; on se bouche les yeux. On ne les dénoncera pas; on ne prendra point parti contre eux. Ici le sentiment social est plus fort et plus naturel que dans l'autre exemple. Ici, encore bien plus évidemment, l'égoïsme initial est surmonté; ici l'on se surmonte soi-même; ici l'on se dévoue. On aperçoit même, dans ce cas remarquable, comment l'égoïsme se trouve étroitement mêlé à l'altruisme, et lui communique sa force caractéristique, proprement vitale. C'est une grande pensée de Comte que celle-ci : nos sentiments les plus éminents sont aussi naturellement les plus faibles. L'homme doit apprendre à aimer.

De la même manière, et toujours en suivant Comte, on doit considérer l'amour de la patrie comme propre à tirer nos sentiments altruistes de cet état de léthargie où ils sont plongés par le souci des travaux et des affaires, qui nous ramènent toujours à nous et à nos proches. Et c'est ainsi qu'il faut peindre avec des couleurs vraies cet enthousiasme contagieux, si aisément développé par les discours publics, les cérémonies, les commémorations, et qui transforme comme par miracle la grande peur en une grande amitié. Alors on ne veut plus juger, on se bouche les yeux; on oublie la justice; on se livre avec délices, au moins pour un moment, à d'autres vertus, courage, patience, dévouement; on les trouve plus fortes en soi que l'on n'aurait cru; on se sent meilleur. Les pouvoirs osent tout, presque sans risque. Ce fanatisme doit être jugé comme tous les fanatismes, et comme l'esprit de parti lui-même. L'aveuglement volontaire n'y est pas niable; mais il faut y reconnaître aussi de grandes vertus, et des moments d'oubli de soi qui civilisent l'homme. Si l'on veut faire le vrai portrait de l'homme, on dressera ici quelques figures de héros, en prenant soin de ne pas confondre les pouvoirs, alors aisément enivrés d'eux-mêmes, avec l'humble exécutant qui se hausse, par l'obéissance à tous risques, jusqu'au sentiment sublime de vivre et mourir pour d'autres. Ce n'est pas encore la justice; c'en est du moins l'instrument.

Toutes les vérités préparatoires étant ainsi rassemblées, il faut juger les valeurs, et prononcer, en accord avec le sentiment universel, que la patrie n'est pas la plus haute valeur. C'est ce que le catholicisme n'a pas méconnu; c'est ce qu'il ne peut méconnaître sans oublier jusqu'à son nom. Mais le bon sens suffit à reconnaître que la patrie fait souvent oublier la justice, que les pouvoirs se trompent, disons presque toujours, par cette idée évidemment immorale que la force passe avant la justice. D'où tant d'empires et tant de conquêtes, où, comme l'histoire le montre, un peu de bien est mêlé à beaucoup de mal. D'où l'on conclura, toujours en accord avec le sentiment universel, que tout homme digne du nom d'homme doit sauver en lui-même une partie de jugement libre et invincible, qui pèsera, comme on dit, les rois dans sa balance incorruptible, et enfin reconnaîtra la plus haute valeur dans le héros de justice, quelle que soit sa race et quel que soit son pays. L'humanité sera dans son cœur; il souhaitera, il voudra la faire dans le monde.

Tel est l'ensemble des idées, tout à fait communes, qui seront ici le texte de l'enseignement. Par une naturelle précaution de ne pas communiquer à l'enfant ses propres passions, on se gardera, il me semble, de dire plus. Assurément on ne peut dire moins.

LXXXIII

J'enseigne l'obéissance. Le lecteur rugueux va me dire que je suis payé pour cela. Il est vrai. Mais si nos Grands Messieurs m'entendaient sur l'obéissance, ils jugeraient qu'ils placent bien mal leur argent; cette espèce est insatiable; ne veulent-ils pas, avec l'obéissance, le respect et même l'amour ? Eh bien, lecteur rugueux, faisons nos comptes, entre eux et moi, entre toi et moi.

Tout pouvoir est absolu. La guerre fait comprendre ces choses-là. Une action ne peut réussir que par l'accord des exécutants; et, quand ils auraient la meilleure volonté du monde, ils ne s'accorderont pourtant que par la prompte exécution des ordres, sans qu'aucun des subordonnés s'amuse à juger et à discuter. Qu'est-ce à dire, sinon que, devant le refus ou seulement l'hésitation, le chef doit forcer l'obéissance ? Cela conduit aussitôt à la dernière menace, et, l'instant d'après, à la suprême punition, sans quoi la menace serait ridicule. J'admire que des gens, qui reçoivent aisément la guerre parmi les choses possibles, invoquent pourtant ici l'humanité et la justice, comme si l'on avait le loisir d'être humain et juste quand l'ennemi pousse. Il faut savoir ce que l'on veut.

Il n'y a point de paix, car il y a plus d'un ennemi. C'est pourquoi tout pouvoir est militaire. Feu ou eau. La rue est barrée. Vous demandez pourquoi; mais le gardien ne sait pas pourquoi. Alors, invoquant les droits du citoyen, vous voulez passer. Le gardien s'y oppose militairement; il appelle ses réserves; si vous faites le méchant, vous êtes un peu assommé; si vous montrez des armes, le gardien prend les devants et vous tue. Quand le pouvoir n'est pas résolu à forcer l'obéissance, il n'y a plus de pouvoir. Si le citoyen ne comprend pas et n'approuve pas ce puissant mécanisme bien avant de le craindre, il n'y a plus d'ordre; la guerre est à tous les coins de rue, le spectateur reçoit des coups et la justice périt.

Très bien. Et voilà ce que le Fascisme enferme de vrai; voilà ce que beaucoup d'hommes sentent vivement. Mais il faut comprendre; il faut circonscrire; il faut limiter, contrôler, surveiller, juger ces terribles pouvoirs. Car il n'est point d'homme qui, pouvant tout et sans contrôle, ne sacrifie la justice à ses passions; et de bonne foi; car l'homme puissant se croit lui-même. C'est pourquoi cette obéissance des civilisés serait pour effrayer, s'ils ne se juraient à eux-mêmes de résister continuellement et obstinément aux pouvoirs. Mais comment ?

Que leur reste-t-il puisqu'ils obéissent ? Il leur reste l'opinion.

L'esprit ne doit jamais obéissance. Une preuve de géométrie suffit à le montrer; car si vous la croyez sur parole, vous êtes un sot; vous trahissez l'esprit. Ce jugement intérieur, dernier refuge, et suffisant refuge, il faut le garder; il ne faut jamais le donner. Suffisant refuge ? Ce qui me le fait croire, c'est que ce qui subsiste d'esclavage vient bien clairement de ce que le citoyen jette aux pieds du chef son jugement aussi. Il admire; c'est son bonheur; et pourtant il sait ce que cela lui coûte. Pour moi, je n'arrive pas à comprendre que le citoyen chasseur à pied, j'appelle ainsi le bon citoyen, l'ami de l'ordre, l'exécutant fidèle jusqu'à la mort, se permette encore de donner quelque chose de plus, j'entends d'acclamer, d'approuver, d'aimer le chef impitoyable. Mais plutôt je voudrais que le citoyen restât inflexible de son côté, inflexible d'esprit, armé de défiance, et toujours se tenant dans le doute quant aux projets et aux raisons du chef. Cela revient à se priver du bonheur de l'union sacrée, en vue d'éviter de plus grands maux. Par exemple, ne point croire, par un abus d'obéissance, qu'une guerre est ou était inévitable; ne point croire que les impôts sont calculés au plus juste, et les dépenses de même; et ainsi du reste.

Exercer donc un contrôle clairvoyant, résolu, sans cœur, sur les actions et encore plus sur les discours du chef. Communiquer à ses représentants le même esprit de résistance et de critique, de façon que le pouvoir se sache jugé. Car, si le respect, l'amitié, les égards se glissent par là, la justice et la liberté sont perdues, et la sécurité elle-même est perdue. Songez à l'affaire Dreyfus, qui, fort à propos, reparaît en bonne lumière. Je sais bien que vous, bon citoyen, qui n'avez pas vu ces choses, vous n'arrivez pas à les croire. C'est qu'il faudrait comprendre que des abus aussi énormes, et tranquillement avoués, sont le fruit inévitable du pouvoir sans contrôle. Il n'y a aucune raison pour que l'homme qui s'élève gagne les vertus qui le préserveront de trop se croire ; il y a beaucoup de raisons pour qu'en s'élevant il perde ces vertus, même s'il les a. Ces réflexions amères, mais utiles, donnent une idée de l'esprit radical, très bien nommé, mais encore mal compris par ces âmes faibles qui ne savent pas obéir sans aimer. Es-tu content, lecteur rugueux ? Non, peut-être. Je ne demande pas si le pouvoir est content. Il n'est jamais content ; il veut tout.

LXXXIV

L'union fait la force. Oui, mais la force de qui ? Le Léviathan populaire emportera tout si une seule et même idée habite toutes les têtes. Et ensuite ? J'aperçois les fruits éternels de l'union ; un pouvoir fort; des dogmes; les dissidents poursuivis, excommuniés, exilés, tués. L'union est un être puissant, qui se veut lui-même, qui ne veut rien d'autre. Le raisonnement militaire montre ici toute sa force : « Je ne puis rien faire de subordonnés qui toujours critiquent; je veux qu'on m'approuve; je veux qu'on m'aime. » Et c'est quelque chose de faire à dix mille un seul être; cela écrase tout. L'imagination s'enivre de cet accord, sensible même dans le bruit des pas. Chacun attend de merveilleux effets. Or, les soldats de Bonaparte virent le sacre et tout l'ancien ordre revenu; ils ne virent rien d'autre. L'union s'affirme et se célèbre elle-même; elle s'étend; elle conquiert. On attend vainement quelque autre pensée.

Il n'y a de pensée que dans un homme libre; dans un homme qui n'a rien promis, qui se retire, qui se fait solitaire, qui ne s'occupe point de plaire ni de déplaire. L'exécutant n'est point libre; le chef n'est point libre. Cette folle entreprise de l'union les occupe tous deux. Laisser ce qui divise, choisir ce qui rassemble, ce n'est point penser. Ou plutôt c'est penser à s'unir et à rester unis; c'est ne rien penser d'autre. La loi de la puissance est une loi de fer. Toute délibération de puissance est sur la puissance, non sur ce qu'on en fera. Ce qu'on en fera ? Cela est ajourné, parce que cela diviserait. La puissance, sur le seul pressentiment d'une pensée, frémit toute et se sent défaite. Les pensées des autres, quelles qu'elles soient, voilà les ennemis du chef; mais ses propres pensées ne lui sont pas moins ennemies. Dès qu'il pense, il se divise; il se fait juge de lui-même. Penser, même tout seul, c'est donner audience, et c'est même donner force, aux pensées de n'importe qui. Lèse-majesté. Toute vie politique va à devenir une vie militaire, si on la laisse aller.

Petit parti ou grand parti, petit journal ou grand journal, ligue ou nation, église ou association, tous ces êtres collectifs perdent l'esprit pour chercher l'union. Un corps fait d'une multitude d'hommes n'a jamais qu'une toute petite tête, assez occupée d'être la tête. Un orateur quelquefois s'offre aux contradicteurs; mais c'est qu'alors il croit qu'il triomphera. L'idée qu'il pourrait être battu, et, encore mieux, content d'être battu, ne lui viendra jamais.

Socrate allait et venait, écoutait, interrogeait, cherchant toujours la pensée de l'autre; ne visant point à l'affaiblir, mais au contraire à lui donner toute la force possible. Dont l'autre souvent s'irritait; car notre pensée, mise au clair, n'est pas toujours ce que nous voudrions; il s'en faut bien. Seul avec soi et libre de tout; seul avec l'autre, et tous deux libres de tout. Il n'y a point de lueur pour l'esprit hors de ce chemin-là; il n'y a point d'éducation réelle hors de ce chemin-là. L'homme parle ici à son semblable, qu'il veut son égal. La moindre preuve de géomètre rétablit ce royaume invisible des esprits. La moindre expérience aussi; car si l'on ne discute librement, il n'y a plus aucun genre de preuve. Et il ne s'agit pas de savoir beaucoup.

C'est pourtant ainsi qu'on s'instruit; il n'y a point d'autre moyen. Ceux qui auront la curiosité de lire Platon, ce qui est suivre Socrate en ses tours et détours, seront étonnés d'abord de ces grands chemins qui ne mènent à rien. Mais aussi il n'est pas dit qu'un esprit libre sera assuré de beaucoup de choses; encore moins qu'il s'accordera aisément avec beaucoup d'hommes.

Un joueur de ballon en un sens ne gagne rien non plus; mais quand il perdrait la partie, il a gagné de bonnes jambes et de bons bras. Ainsi Socrate gagnait de se sentir fort contre les discours de belle apparence. En ce petit pays de Grèce, en ce temps heureux, on vit paraître un commencement de liberté. Nous vivons encore sur cette monnaie précieuse. En notre pâte d'hommes, épaisse, dogmatique, il reste heureusement un peu de ce levain. Ainsi la formation impériale, qui toujours renaît en toute nation comme en tout parti, et fût-ce entre deux hommes, ne réussit jamais tout à fait. Il reste une petite lueur d'incrédulité. O vigiles de la flamme, n'allez pas vous endormir !

LXXXV

Un groupe de prolétaires a pris pour devise ce beau mot : « Savoir. » Aussitôt d'agréables souvenirs s'éveillent en moi. Je pense à cette opinion soudain éveillée et rassemblée, qui, par la seule puissance du regard, fit tomber ensemble les mensonges militaires et les mensonges politiques. Exemple unique dans le monde d'une révolution sans aucune violence. La menace d'une guerre étrangère était oubliée en même temps que la peur. Les droits de l'homme étaient élevés pour la première fois au-dessus de la patrie; tout fléchissait devant la revendication de l'innocent injustement condamné. Le peuple, tranquille et assuré de sa force, comme assemblé en un amphithéâtre immense, écoutait avec mépris les meilleurs tragédiens de la politique. Le monde entier contemplait avec admiration ces assises de la paix. Ce fut le temps où la bourgeoisie et le prolétariat se mêlaient ; les plus instruits apportaient leur science au trésor commun et s'en retournaient plus riches. Il est clair que, dans ces Universités populaires, le commerce fut d'amitié plutôt que de science. Et certes il n'était pas besoin de lumières supérieures pour comprendre le jeu des tyrans, et pour rire quand ils voulaient nous faire trembler. Il en fallait encore moins, dix ans plus tard, pour juger cette loi de trois ans qui ne nous donnait ni un homme de plus ni une heure d'avance, et qui n'était qu'un cri de guerre à la Russie alliée et à l'Allemagne ennemie. Je compris alors que j'avais trop méprisé l'adversaire. Le prolétariat isolé dans ses rêveries, la bourgeoisie fermée, les fonctionnaires prudents, la jeunesse résolue et muette, voilà ce qu'on vit. L'art de gouverner est plein de ressources, et nous nous trouvâmes ramenés soudain à l'enfance. Au fond il était plus difficile d'intéresser les jeunes à leur propre sort que de les appeler au secours d'un seul innocent ; et cela est beau à dire. Mais la générosité sera dupe encore plus d'une fois. La voilà maintenant massacrée ; la médiocrité a du champ devant elle.

Cherchant donc comment nous pourrions tenir éveillée et défiante la jeunesse qui grandit maintenant, je voudrais tirer le meilleur fruit d'une expérience mémorable. Il y eut une sorte de conflit, en ce temps-là, entre les doctrinaires politiques et les instituteurs du peuple. Car la grande affaire, pour nous autres, était de secouer toutes les croyances sans aucune précaution, et de tirer tous les dieux par la barbe. Mais tout parti a ses dogmes et ses dieux. Le difficile était d'amener nos amis à pratiquer cette libre gymnastique de l'esprit, où l'on ne considère point le plus proche et le plus pressant besoin comme étant, par cela seul, le plus utile à examiner. Nous apportions la culture, qui veut loisir, à des hommes sans loisir, et qui méprisaient souvent nos jeux de pensée. L'astronomie et la physique, en leurs détails, fatiguaient l'attention; l'histoire faisait rire; le robuste auditoire ne pouvait croire que les peuples eussent jamais été assez sots pour suivre les politiques. C'est ainsi que l'homme se moque des passions de l'amour, tant qu'il n'en éprouve point les effets. Mais celui qui riait est le premier pris. Il faudrait, après une rude épreuve, sortir maintenant de naïveté, et s'exercer à éprouver, par entraînement poétique, ces redoutables passions auxquelles on ne croit point assez. J'entends que ce qui manque le plus à nos amis les prolétaires, c'est moins la science des choses, assez facile pour l'essentiel, que cette antique science de la nature humaine, dispersée dans les grands livres qu'il faut lire vingt et trente fois; et si la trentième lecture est agréable, la première est ingrate et difficile.

LXXXVI

Je revois par le souvenir ce bourg breton avec des vitraux plombés aux fenêtres et tous les signes de l'immobile antiquité. C'était au temps des Universités populaires, et notre équipe s'était transportée toute, sur l'appel de l'instituteur, dans ce creux de campagne. Un peuple était assemblé sous l'immense toiture du marché. Je leur parlais comme à des amis. Et de quoi ? Simplement de ceci que le diable n'existe pas. Je le leur prouvais par le raisonnement et par l'expérience. Par le raisonnement ; car, supposez que Dieu existe, qui par définition est tout bon, va-t-il permettre à une sorte de malin génie, qui serait comme le dieu du mal, de tendre mille pièges aux pauvres hommes ? Comme si les hommes n'avaient pas assez de peine déjà à se délivrer des erreurs et des passions ! Non, le mal n'est que dans notre imagination, si naturellement folle, et portée à croire tout ce qui fait peur. Cela m'amenait à l'expérience, et j'expliquais que c'est très mal constater que de s'enfuir, ou de se cacher sous les draps, et qu'il n'y a point de mystère dans ce monde qui ne s'éclaircisse si l'on s'en approche et si l'on en fait le tour. Après cela, un autre de l'équipe fit quelques tours de cartes, et l'on vit la dame de pique danser au son du cornet à pistons ; l'invisible fil fut montré, et je conclus, encore une fois, qu'il fallait regarder de près ce qui étonne. Il n'y eut point de déclamation ; la bonne humeur fut avec nous, et nous vîmes de belles danses.

J'avais à mes côtés, comme renfort, le plus tranquille garçon du monde, qui est maintenant un de nos plus célèbres physiciens. Il se levait de temps en temps pour confirmer mes paroles en trois mots, à la manière lacédémonienne. Un peu plus tard, il remporta une victoire admirable sur les esprits malfaisants. Comme nous dînions un soir dans notre cabaret ordinaire, on vint le chercher du faubourg, où il y avait une maison hantée. Remarquez que ces Bretons ne se fièrent pas au philosophe ; simplement ils demandèrent où était le physicien, et s'il voulait bien venir tout de suite. Le physicien posa sa serviette et s'en alla. Il purifia la maison ; je suppose que sa présence fit beaucoup et presque tout ; car en ces choses il n'y a jamais que peur, et un homme qui n'a pas peur est justement ce qu'il faut.

Je laisse les grandes questions ; on a bien le temps d'y penser ; elles ne sont redoutables que par la peur. Les prêtres qui m'ont instruit jusqu'à douze ans étaient des ignorants, et cela se voyait ; mais c'étaient surtout des peureux qui arrivaient à me faire peur. De même j'eus longtemps peur du tonnerre parce que ma grand-mère en pensait mourir. La peur se prend comme une maladie. Plus tard la compagnie d'hommes sans peur m'a guéri de la peur, sans aucun discours.

Les choses sont plus simples qu'on ne croit. Les prêtres ont peur et font peur ; et souvent l'empreinte reste. J'ai connu un incrédule qui avait peur de l'enfer. Ce que l'enfant trouve à l'école laïque, c'est une vue du monde sans tragédie, et tout au contraire un esprit d'audace, de prudence et d'industrie devant les choses, les choses qui ne pensent rien, qui ne veulent rien, qui ne sont ni bonnes ni méchantes. Ce premier sentiment de curiosité sans aucune peur, c'est le dessous de l'esprit humain. Purifié de superstition, c'est-à-dire de la peur aux yeux fermés, l'esprit pensera bien sur tout, l'esprit saura ignorer, douter, conjecturer, inventer, juger ; qu'il aille plus ou moins loin ce sera toujours l'esprit ; et l'esprit, comme le commun langage le fait entendre, c'est toujours la partie de l'homme qui sait rire, la partie qui n'a pas peur. Il s'est fait un grand changement, par l'école laïque, si grand que nous en pouvons juger à peine. Un peuple qu'on ne mène plus par la peur c'est quelque chose de tellement neuf dans l'histoire que les politiques en sont effrayés ; mais patience ; je vois paraître une génération de politiques qui n'auront pas peur de ne plus faire peur ; et l'on verra une autre métaphysique, sans peur, toute poétique et toute bonne.

LXXXVII

On dit que les nouvelles générations seront difficiles à gouverner. Je l'espère bien. Toutefois l'on n'en voit pas encore les signes dans la politique, si ce n'est par une extrême prudence des pouvoirs, très attentifs présentement à l'opinion. Mais ce qui m'intéresse, c'est le mouvement de l'intelligence, car l'avenir en dépend. Si l'on veut n'être pas esclave, il faut d'abord n'être pas dupe, et résister en détail. Refuser de croire est le tout; et ce refus définit assez l'intelligence.

Il y a un mouvement catholique. C'est même tout le mouvement, si l'on entend catholique en son plein sens, qui est universel. Et l'universel, de quelque façon qu'on l'honore, c'est le plus haut de l'homme, ce qui refuse. Nul ne peut faire que l'action de prier ne soit un immense refus, un refus d'adorer richesse, puissance, force; oui, un souci de mesurer ces choses, de les prendre pour ce qu'elles sont. Il n'y a pas d'homme qui n'adore rien. L'intelligence ne s'éveille qu'en immolant d'abord les dieux inférieurs; mais elle ne s'éveille aussi que par une très haute idée de son pouvoir et de sa destination. L'idée qu'il faut penser, et que cela dépend de chacun, c'est l'idée même que chacun doit sauver son âme.

Sauver son âme ? Vous voulez dire qu'il y a plus d'une manière de l'entendre. Mais les différences ne mènent pas loin. Si vous me trouvez un théologien qui enseigne ouvertement qu'on sauve son âme en flattant les puissants, en s'occupant d'abord de parvenir, en répétant ce qui plaît sans se soucier du vrai, je vous donne gagné. Mais vous n'en trouverez point. La principale idée de toute religion, c'est que tout pesé et compté, famille, ambition, pouvoir, ordre public, patrie, tout mesuré et même convenablement traité, il y a autre chose. En ce sens, il faut que toute Eglise soit dépassée et niée; l'Eglise n'est pas Dieu; il y a autre chose. Dieu même n'est pas Dieu; il y a autre chose. Le libre penseur continue le mouvement du moine théologien. Ce monastère qui refuse tout n'est encore qu'une image. Toute pensée est un monastère d'un petit moment.

Or, il me semble que l'actuelle jeunesse dit non aux puissances, et même très fort, et dit oui à elle-même pensante. On pourrait bien dire que c'est parce que quelques-uns de ses anciens la dirigent par là. Mais le mouvement vient plutôt du plus profond de chacun. Quand la jeunesse ne voit point de maîtres, elle se moque, elle se détourne; elle va chercher de ces livres qui n'espéraient pas être lus. Que ce soit science, ou poésie, ou philosophie, le succès va à ce qui est solitaire et difficile.

Pourquoi ? La vague vient de loin. Nous n'avons pas mesuré la liberté; nul ne la mesure. A force de s'entendre appeler, elle se lève. L'atroce guerre ne l'a point tuée. Les peuples en armes ont beaucoup pensé. Ce monastère par force a dirigé les pensées vers ce qui importe. Cela ne fut pas réservé à un petit nombre. Presque tous ont pensé que cette fois ils tuaient la guerre. Cette idée-là on ne l'a point enterrée. Thème commun, thème profondément religieux. Ce n'est pas moins que la révision des valeurs, qui est toujours à refaire devant l'arrogance de ceux qui ont gagné. Nous avons fait la guerre, mais il y a autre chose. Nous sommes vainqueurs, mais il y a autre chose. La guerre a réveillé l'esprit tout à fait. Toute pensée a des suites, qui sont des pensées; et cela suffit. Autant que les hommes affirment qu'il y a autre chose qui compte que ce qui compte, la tyrannie est morte.

Autre changement encore. La femme se mêle de penser. Ce mouvement fut hésitant, contrarié, détourné. Des femmes furent avocats et médecins; cela ne changeait pas grand-chose. Puis vint le bataillon des bachelières; plus de paille que de grain, voulait-on croire. Mais la moindre pensée se continue. Les femmes s'élevaient, dans le silence, jusqu'au grand refus, jusqu'à ce terrible examen que l'élève fait subir au maître. Le sentiment ne fausse point l'idée, comme on croit trop vite, mais plutôt il la nourrit de sincérité. Et il arrivera que l'homme rougira d'avoir eu peur, en sa force, de tant d'ombres inconsistantes. D'où nous aurons, non point du tout quelque instable révolution, mais plutôt un changement petit et suffisant, par une liberté et une résistance diffuses, dont l'exemple ne s'est pas vu encore.

Pédagogie enfantine

Avertissement

En 1924, Mme Salomon, directrice du Collège Sévigné, demanda à Alain un cours complet de Pédagogie enfantine. Alain rédigea alors les trente et une leçons qui en composent le cycle du 20 octobre 1924 au 5 juin 1925. Les préparations en furent intégralement conservées et tel est le texte qu'a reproduit la publication originale de 1963, qui se trouve ici revue et corrigée.

Le public était celui des « jardinières d'enfants », encore innocent et neuf à la philosophie. En ces leçons de Sévigné, Alain était attentif à l'auditoire et scrupuleux sur le programme. Ainsi tenu par des conditions de métier, comme il aimait, c'est toute la philosophie qu'il fallait apporter et retrouver. On lira ce jugement dans Histoire de mes pensées. *« J'avais plus pitié des filles du Collège Sévigné, qui, elles, n'étaient pas nourries, et cela se voyait bien. En outre elles ne savaient rien. Et le programme ordonnait au lieu de conseiller. Il fallait se jeter au centre et ranger les idées autour du centre par rhétorique. » Au centre donc, dès les premiers mots (« J'appelle enfant... »). De même, la trajectoire et l'ordre des leçons sont d'abord fixés, qui assignent deux parties au cours : une psychologie de l'enfant, sentiments, idées, action, et une sociologie, famille, école, société, humanité ; tout cet ordre d'idées pour délier l'expérience, et deux fois, par une connaissance de l'être réel de l'enfant et de ses conditions d'existence, par une réflexion sur la formation et le développement de cet être, qui est l'unique fin.*

Le lecteur des Propos sur l'Education *ne retrouvera pas ici le même ton, ni peut-être la même manière de lire. Chaque propos se suffit parce que l'idée s'y fait objet ; la réflexion s'y meut dans le réel et s'y achève autant que, par impérieuse description, elle donne forme. Ainsi l'assemblage du recueil tient sans aucune articulation par constance et convergence. La doctrine est une sans que l'unité se montre. Faire paraître cette unité dans l'ordre et le développement des idées, selon le travail propre à la pensée, voilà ce qui appartient au cours. Il se dispose lui-même selon le projet d'instruire dans le sérieux et l'austérité de la classe. Il livre le détour par la construction des notions, il explicite les divisions systématiques et les séries ; bref il exhibe tout cet appareil d'idées qui soutient nécessairement quelque analyse que ce soit. C'est pourquoi toute la philosophie doit être à nouveau rassemblée et présente, là où la pédagogie cesse enfin d'être un empirisme aveugle ou une autocritique forcenée.*

Robert BOURGNE.

Première Leçon

J'appelle enfant l'être humain en pleine croissance, avant la formation, avant les passions (altruisme) qui s'y rattachent, avant qu'il ait le souci de gagner sa vie, ou ce qui est la même chose, avant qu'il puisse s'instruire par directe expérience, donc nourri, gouverné, et protégé par la famille. Ces caractères suffisent, mais aussi il ne faut jamais les oublier quand on parle de l'enfant.

Une remarque peut nous éclairer sur la principale division de notre sujet. Le premier caractère (croissance-enfance du cœur), est purement biologique. L'autre (protégé etc.) est sociologique. La famille, l'école, le métier, la nation sont des objets de sociologie. Un enfant peut être précoce, et en quelque sorte prématurément vieux *biologiquement*, c'est-à-dire par une croissance arrêtée ou une formation très prompte. Un enfant peut être précoce aussi s'il se trouve abandonné de la famille et même de la société, contraint à des ruses et à des travaux d'homme. Ce n'est plus un enfant. Il faut considérer l'enfant normal.

Il est clair que toute pédagogie suppose une psychologie. Sentiments, notions, aptitudes, le tout en développement, voilà ce qu'il faut ne point perdre de vue. Mais la Psychologie elle-même, rapportée au système des Sciences positives

1. Mathématique
2. Astronomie
3. Physique
4. Chimie
5. Biologie
6. Sociologie,

se trouve en l'air. D'après la méthode suivie depuis 50 ans elle se rattacherait directement à la Biologie, et développerait le riche thème de l'union du Physique et du Moral (1).

Mais les vues d'A. Comte à ce sujet commencent à se développer. On peut poser la question : Est-ce que la psychologie peut se développer beaucoup, peut-elle même commencer, sans s'appuyer sur la Sociologie ? La biologie ne donne qu'un terme, le Physique. Sur la constitution de l'Être moral ou de l'esprit ou du Cœur (Intelligence-Sensibilité-Volonté) tout est laissé au bon sens, et à l'expérience intime de chacun. Mais le bon sens est un bien commun et social, et l'expérience intime est profondément modifiée par les conditions sociales. Deux exemples suffiront. 1° L'idée des sciences et des méthodes n'est pas individuelle. L'idée de la science est portée par une puissante organisation (Museum. Instruments.

(1) Développer un peu :

Sensibilité	Constitutions. Tempérament. Aptitudes. Bilieux sanguin.	Maladie. Folies. Paresse.
Intelligence	Villey.	Lésions du cerveau. Anémie cérébrale.
Volonté	Hercule.	Faiblesse. Aboulie.

Laboratoires. Bibliothèques, lycées, collèges. Universités) qui à la fois découvre, invente et enseigne. La science de chacun, petite ou grande, est prise du bien commun. Non seulement il y a en chacun ce qu'il sait bien sans l'avoir vérifié, et ce qu'il sait encore autrement, pour l'appliquer tous les jours (Le postier : encore une organisation), mais il y a pour tous les livres de fond, les livres de vulgarisation, la presse ; c'est comme un ouï-dire, une *rumeur*, mais fixée. Par exemple la comète de Halley. Une éclipse. Un avion. La T.S.F. D'où un savoir imparfait et très indirect, mais très puissant, très important pour l'assiette de l'esprit, pour la paix intérieure et publique. Les peuples ne s'émeuvent plus pour une comète (Le physicien à Lorient). Donc un homme ne trouvera pas en lui-même le secret de ses connaissances, il faut qu'il regarde autour. Mais suivons l'idée. Ces connaissances publiques qui sont de notre temps ne sont pas l'œuvre seulement des hommes que nous avons pu connaître. Ils ont reçu un héritage humain (international), ils l'administrent, l'ordonnent et l'augmentent. Il y a fallu du temps, et souvent des détours. (Galilée, Descartes). Comme la science d'aujourd'hui n'est pas séparable d'un état de civilisation (Politique, Mœurs, Religion = Civilisation), elle n'est pas non plus séparable de l'histoire humaine. Et comme dit Comte « C'est dans l'espèce seulement que l'on peut découvrir les véritables démarches de l'Esprit ».

Autre exemple. L'amour. Invention du XIIe. Certainement ce sentiment s'est développé et même codifié, par le changement des mœurs, de la politique, de la religion (La femme relevée. Les cours d'Amour. Les romans. Le théâtre). Il n'est donc pas vrai que l'amour soit un sentiment individuel, ne relevant que de la biologie et de la psychologie biologique. Il en relève certes, comme la sociologie dépend de la biologie, mais il faut quelque chose de plus. Le psychologue qui s'observe lui-même doit beaucoup à son temps, et aussi à la culture, c'est-à-dire aux modèles de tous les temps. D'où la position fausse de la psychologie que l'on appelle introspective. (Par exemple l'expérience religieuse de W. James relève de l'histoire sociologique des religions).

Je me borne à ce développement. Nous ferons de cette idée une application spéciale.

Deuxième Leçon

LES ÉMOTIONS

Il n'y a aucun inconvénient à adopter la division classique Sensibilité, Intelligence, Activité. Ni à distinguer trois étages dans la sensibilité enfantine :

Émotion
Passion
Sentiment ;

chacun de ces mots est défini par la composition et le commun usage. *Émotion* exprime le mouvement dans le corps, mouvement dépendant principalement de la structure et des actions environnantes. L'Émotion étant seulement compliquée par ceci que l'être humain en a conscience et souvent en cherche les causes. Exemple *Insomnie* (l'émotion pure). Peur. Colère.

La passion exprime un état de dépendance qui est déjà implicitement dans l'émotion. J'y vois ceci de plus que la conscience y est fort éveillée, que l'émotion s'y complique non seulement d'action délibérée, mais encore d'un jugement réfléchi, d'où l'émotion est redoublée, provoquée, parée de moyens expressifs, enfin étendue sur le passé et sur l'avenir et rapportée à des objets déterminés. Exemple un désespoir d'enfant (je suis méchant, ou menteur. Méprisé. Je le serai toujours). L'idée de Fatalité se montre ici au lieu que les émotions sont bientôt oubliées.

Le sentiment suppose à la fois des émotions et des passions, mais approuvées par le sujet, et en même temps disciplinées, cultivées d'après des opinions fermes et réfléchies. Par exemple l'enfant aime ses parents, admire son père. Blâme un brutal, s'indigne etc.

D'après ces notions même exposées sommairement, il est clair que la vie sensible (le cœur) de l'enfant commence par l'émotion ; et que l'état d'enfance est toujours caractérisé par ceci que l'émotion l'emporte.

L'émotion est un événement spontané du corps humain (c'est-à-dire involontaire) dépendant de la structure et se terminant à une agitation générale dont les signes les plus connus sont les pleurs et le rire. D'ordinaire la surveillance de soi, l'imitation des autres, la honte, sans compter l'activité, modifient profondément les émotions. Mais il est clair que dans le petit enfant elles sont à l'état de pureté ou si l'on veut d'ingénuité. Une excitation subite produit des crispations qui courent d'un membre à l'autre, et sont sensibles sur la face où l'on remarque deux espèces d'effets :

1° Contractions musculaires
2° Rougeur et larmes.

Quelquefois tout se résout dans le rire. Quel est ce mécanisme ? Irradiation de mouvements ou bien *irritation.* Toute excitation produit un mouvement qu'on appelle réflexe et qui souvent est limité. Le bâillement est un réflexe d'origine interne (Excitation du corps par lui-même). La toux est un réflexe d'origine externe en un sens. Le battement des paupières (et la pupille) sont des réflexes qui répondent à une excitation externe.

Un muscle de grenouille réagit à l'excitation électrique. Mais dans un vivant les réflexes sont plus composés. Le mécanisme comprend l'excitation d'une terminaison nerveuse, le cheminement jusqu'à un centre, le retour de ce centre aux muscles moteurs. Par exemple la pupille et le bâillement, la déglutition intéressent évidemment des systèmes plus composés. Une excitation forte ou prolongée ne se borne jamais à exciter un réflexe déterminé. Exemple la lueur de magnésium. Un coup de pistolet. Tout le corps est remué, et chaque partie motrice s'agite à sa manière. Les yeux clignent, les dents se serrent ou la bouche s'ouvre. Les membres s'agitent. La respiration est modifiée. Les mouvements de la gorge et de la bouche produisent des cris (Le cri de poulet). Effets indirects ; le sang est chassé ici et là, le cœur bat vite et irrégulièrement. On appelle émotion-choc cette émotion pure qui par elle-même est indéterminée. (Non encore plaisir ni douleur. Ni peur ni colère).

Deux solutions. L'une momentanée : les larmes. (Ce qui fait qu'à tort on considère les larmes ou bien comme un signe de la douleur, ou bien comme propres aux émotions pénibles).

L'autre, définitive, qui est le rire. Le rire est à proprement parler un déliement ou *dénouement*. Tout se délivre, mouvements souples, délivrance du thorax, large issue à la respiration. Cela fait voir la vraie nature de l'émotion-choc, qui est contracture et étranglement. Le rire est le salut. Et le salut est lui-même convulsif parce que l'émotion se ranime.

L'esquisse du rire est le soupir, qui est aussi une détente, c'est-à-dire un signe indirect de l'émotion. Sans doute n'y a-t-il d'autre plaisir *parmi les émotions* que ce genre de soulagement, après la peur, l'anxiété ou la surprise (La joie fait peur).

Est favorable à la solution, c'est-à-dire à la joie tout ce qui rétablit la circulation libre, ce qui détend les muscles, non point des raisonnements. Lavage, massage, friction, changement d'attitude, excitation modérée et variable. A quoi il faut joindre la position couchée, l'obscurité, le silence. Ce que les nourrices savent.

A l'opposé de l'émotion choc il faut placer la somnolence, ou l'heureux sentiment de la vie équilibrée, sans trace d'inquiétude. Cette émotion, si l'on peut ainsi dire, est passagère par nature. Surtout dans l'enfant elle va aussitôt au sommeil. Dans l'adulte, et même dans l'enfant (presque au terme de la croissance) cette émotion peut être la base d'un riche développement (Rêverie. Distraction. Indolence. *Paresse*). Mais il s'y joint alors des opinions. Nous entrons dans le domaine des passions et des sentiments.

A l'état de pureté l'émotion se développe depuis la somnolence, par la peur premier effet de l'irradiation. Tumulte anarchique (surprise). Puis par la colère qui est physiologiquement la suite de la peur. L'agitation musculaire se traduit en actions. Mordre, frapper, se débattre. Le départ est incertain entre les deux. Mais il se mêle bien vite à la peur une impatience de la peur, élément de l'ordre moral. Nous entrons dans les passions.

La solution se fait par les larmes ou le rire. La fatigue ramène enfin à la somnolence, et telle est l'histoire physiologique de tous nos sentiments sans exception. Mais avec une prodigieuse parure d'opinions et de moyens expressifs.

Règle. Puisque les émotions dominent dans l'enfance, il est sage de ne pas les interpréter ni d'après des opinions supposées (l'enfant n'aime pas son frère, etc.) ni surtout d'après des sentiments durables (cet enfant est irritable). Remarquez le double sens du mot irritation. Il faut *chercher l'épingle* et n'en pas penser plus long, analyser. (Comme de croire qu'un enfant se moque parce qu'il rit).

Un mot ici sur l'imitation des émotions qui est un cas de l'imitation des mouvements, suite naturelle d'une ressemblance de forme et aussi des mouvements de perception. Mais sans doute n'est-ce plus l'émotion pure. Il s'y mêle aussitôt des opinions. Toutefois le bâillement, la panique, le fou rire indiquent que la contagion des émotions a sa racine au-dessous des opinions, dans la structure biologique elle-même.

Sagesse : ne pas faire des passions avec des émotions (aussi bien en soi), comme antipathie, etc. Ne pas transformer témérairement les émotions en passions.

Troisième Leçon

LES PASSIONS

D'abord les Passions humaines.

Elles correspondent au premier rapport qui s'établit entre les émotions comme telles (mécanisme) et le jugement (ou la conscience) qui les observe, les rappelle et les annonce. La crainte est déjà une passion. La colère aussi. La joie aussi. La légèreté aussi. Il n'y a presque point d'émotions qui ne participent à la passion par ceci tout au moins qu'on a honte ou peur de les éprouver sans les pouvoir dominer.

Mais la passion dans le sens plein fait voir les caractères suivants :

1° Des pensées, c'est-à-dire des perceptions, des souvenirs, des anticipations soit d'événements soit d'objets, soit de *personnes* auxquels sont rapportées les émotions dominantes. Particulièrement toutes les passions sont redoublées par la considération de l'avenir (incertain) et ainsi se compliquent d'*espérance* et de *crainte.* (Ce sont, comme la joie et la tristesse, des passions générales). Ici se place l'aveuglement. La passion fait preuve, pour et contre soi. (L'imagination).

2° Un jugement moral, toujours contraire aux passions et toujours impuissant « c'est plus fort que moi ». Il faut l'interpréter exactement. On peut mépriser les lois les mœurs et le jugement d'autrui. Il reste que tout homme voudrait se conduire (d'où cette fureur contre soi qui redouble par exemple la timidité) et se sent esclave (La conscience infaillible) et en ce sens, déchu à ses propres yeux. Je suis ainsi. La passion est toujours éclairée, et même chez l'enfant, par l'idée de fatalité. Cela est très sensible dans l'amour. Dans l'ambition (je devrais... je suis bien sot. Que me fait l'opinion). Dans l'avarice même « Ma mère était chien et je suis encore plus chien qu'elle ». Mais il est bon de dire que l'avarice est une des passions qui se justifie le mieux devant elle-même et même devant le juge impartial.

3° Des objets, un savoir, des habitudes, des coutumes et des superstitions. (L'action). Le passionné s'entoure d'objets, aime les actions régulières et même rituelles (Le jeu, l'avarice) recherche ceux qui ont les mêmes passions, les livres qui les représentent (le théâtre) et enfin y rapporte tous ses mouvements comme toutes ses perceptions (Stendhal).

Les passions principales dérivent des régimes principaux (Émotions)

Allégresse	— Ivresse (jeu). Frivolité. Amour
Peur	— Avarice. Timidité
Colère	— Ambition. Férocité. Sévérité
Somnolence	— Paresse

L'amour, l'ambition, l'avarice se succèdent comme les âges.

Maintenant les passions enfantines.

L'allégresse. — Passion du jeu. Frivolité où je vois une part d'émotion qui est celle de la nature mobile active dévoratrice insatiable (croissance).

Mais aussi un jugement sur soi (fatalité) et une sorte de culte. (Les jeux de saison. La mode. Les jouets. Les fêtes etc...) Indiscipline, révolte. Désordre.

La peur. — L'avarice est rare. Mais la timidité est l'état ordinaire. La sauvagerie en est une nuance, aussi un genre de crédulité et de docilité. (L'imitation, la honte, la pudeur qui sont déjà des sentiments).

La vanité (Comte). La vanité mêlée d'allégresse explique un genre de coquetterie (Flatterie. Câlinerie. Affection expansive) comme aussi un genre de jalousie. Ces sentiments passionnés, de même que l'envie, se rapportent plutôt à la vie familiale et sociale de l'enfant qu'à la vie scolaire.

Enfin la peur proprement dite, si naturelle chez l'enfant, et aisément systématique (La nuit. Les fantômes. Les voleurs. La peur de la peur).

La colère (Emportement). — La colère va souvent à la convulsion chez le très jeune enfant. Mais aussi de très bonne heure elle se complique d'une opinion sur soi, d'une farouche résignation à soi. D'où l'on comprendra :

L'enfant boudeur (sentiment d'un mécanisme qu'on ne sait pas vaincre).

L'enfant obstiné. C'est une colère immobile. C'est le boudeur encore mieux fixé à lui-même, enchaîné par lui-même.

Le désespoir enfantin. Est au fond de toute colère dès qu'elle est passion. Il s'y mêle de la honte, des sentiments offensés (amour respect) par-dessus tout l'idée d'une condamnation irrévocable et tout intérieure. Ce sentiment est très vif chez l'enfant, souvent en raison de son intelligence et de ses sentiments moraux. Il est naturel que la première rencontre du mécanisme et de la pensée fasse scandale.

La somnolence. — Cet état heureux est au niveau de l'émotion. Mais la paresse est proprement une passion. Souvent mêlée à la passion du jeu. (Moquerie. Frivolité.) Où l'on saisit très bien un jugement systématique sur les choses et sur soi. C'est presque l'*ironie*. L'idée de fatalité y est.

Elle domine dans la paresse qui est une pensée souvent très bien affermie. (Par les jugements d'autrui. Par l'opinion). L'écolier s'établit et se fortifie dans sa paresse (part de frivolité). Non seulement il ne peut s'intéresser à rien de sérieux, mais encore il est assuré qu'il ne le peut, et très soucieux de le prouver. (Ce qu'on appelle Mauvaise Volonté vient de la certitude que tout effort sera vain).

Avec un mélange de colère (bouderie, brusquerie. Force physique) la paresse forme une sorte de grossièreté impénétrable, qui n'est pas sans orgueil.

Quatrième Leçon

LES SENTIMENTS

La nature humaine est indivisible. Il n'y a point de sentiment pur (qui se rapporte seulement à l'âme) mais la passion et l'émotion (machine corporelle et machine mentale) sont la matière de tous les sentiments même les plus sublimes. Le geste, la marche, la parole, l'esquisse même du mouvement de renverser les idoles tout cela est en Polyeucte ; regardons de plus près. Un amour surmonté, mais conservé et de proche en proche une colère relevée au niveau de l'indignation et du mépris, enfin une peur surmontée, l'horreur de souffrir et de mourir, surmontée, sans quoi il ne serait pas un homme, il ne serait pas un héros. Le sentiment de l'honneur dans Rodrigue, de même. (Il s'y mêle encore un emportement, mais surmonté, un désespoir, mais surmonté). Voir les *stances* de Polyeucte et de Rodrigue. Le chant lyrique est le signe qu'un ordre supérieur est imposé aux forces animales ; mais si elles n'étaient point conservées, où serait la poésie ?

Ces remarques détournent de tracer une théorie des sentiments dans le vide. Le sentiment est total, et enferme la vie ; toutes ces forces désordonnées décrites jusqu'ici sous le nom d'émotions et de passions font le corps du sentiment ; leur force disciplinée est ce qui fait la grandeur du sentiment. Ce que le mot Cœur en sa commune et triple acception (Amour. Courage. Viscère) exprime à merveille. O tremblant cœur humain !

Il faut donc définir le sentiment par l'émotion et la passion, mais dominées d'après l'idée (qui est proprement sublime) qu'il faut les vaincre, que l'on n'est homme qu'à ce prix. L'expression *Sauver son âme* prend ici tout son sens. Le sentiment est donc approuvé et voulu, AIMÉ, cultivé avec joie.

Analysons un exemple plus près de nous. Le soldat de 1914 a des émotions (des transes disait un fantassin) mais il les surmonte, ou plutôt, car c'est le principal, il veut agir et penser comme si les émotions (peur, anxiété, frisson, tremblement) étaient étrangères, appartenaient au monde physique. Par là il vient à ne les pas grandir, ni imaginer, ni remâcher (les transes).

Le soldat a des passions. Privations, discipline injustice sont pensées fortement, d'où la révolte, toujours s'élevant, mais finalement transformée. (Passage de la colère à l'indignation, à l'enthousiasme, c'est ce qui fait le héros.) Le sentiment sublime qui le porte à mourir (les premières lignes en Champagne en Juillet 1918) est fait de toutes ces émotions et de toutes ces passions ; en quoi il est humain et héroïque.

De même le mystique (une Carmélite) est continuellement en lutte et redescend et remonte ; ces mouvements de l'âme. (Voir aussi l'analyse de Jean Valjean vers la fin : la furieuse jalousie, la haine, la colère, la violence reviennent. La victoire est sublime.) J'insiste parce que la faute commune ici est de décrire des sentiments trop tranquilles, trop purifiés. Il n'y en a point.

Le sentiment du beau dans l'artiste, s'il était seul, serait sans puissance. Mais il faut compter les déceptions, l'impatience, la paresse, l'intrigue, le découragement, l'envie, le mépris ; tout ce tumulte doit être discipliné (voir le Michel-Ange et le Beethoven de Romain Rolland). Au reste la musique (principalement d'orchestre) exprime le sublime de très près, par le tumulte, le bruit, le laid, toujours menaçant et toujours surmonté. L'orchestre est naturellement un tumulte, tout son est grincement, tout chant est cri (la IXe Symphonie). C'est ce qui fait le *corps* de la musique d'où sort l'hymne à la joie (volonté sereine) mais non sans lutte dans les voix. C'est une émeute. Ces remarques suffisent. Il faut en venir à notre sujet.

Les enfants connaissent le sentiment. Ils en sont séparés souvent et presque à chaque instant par cette force de vie en croissance qui les jette au rire aux larmes à la colère, à la frivolité, au désespoir. Mais d'un autre côté ils sont portés au sentiment par cet esprit neuf, non usé par l'expérience, qui se fait naturellement une haute idée de la nature humaine, et tend à admirer les héros, et même à les grandir, enfin à les imiter. Il suffit de lire aux enfants des récits d'actions héroïques pour en être assuré. Et ce sont souvent les natures les plus épaisses, les plus violentes, je dirais même les plus grossières, qui se jettent le mieux à l'enthousiasme. Il n'est point d'enfant qui n'admire les grands hommes, ses parents, le maître, et qui ne rêve de se dévouer pour eux. La force de croissance redouble ces sentiments parce qu'elle les porte à grandir jusqu'à l'état d'homme et à former d'immenses espérances. D'où aussi de profonds chagrins par l'expérience de l'instabilité, de la faiblesse, surtout devant les reproches sans mesure, devant le mépris, devant la moquerie ; d'où ils retombent aisément aux passions, et surtout à ce désespoir accablé des enfants. Et enfin au sommeil, aux jeux, à la frivolité et à l'agitation, par leur force de vie (Jean-Christophe enfant). C'est pourquoi il est difficile de comprendre l'enfant.

Cette difficulté vient toujours d'une conception abstraite du sentiment, qui est elle-même puérile. Il faut rappeler sans cesse à soi cette idée que le sentiment est toujours en mouvement et changement, en chutes, rechutes et victoires (Turenne : tu trembles carcasse). On a assez dit que le *corps* de l'amour est impatience, fureur, violence, et cela se voit. On ne dit pas assez que l'amour le plus sublime consiste en ceci que ces retours de la passion (jalousie, reproches) et même de l'émotion (humeur agressive) sont continuellement surmontés par le sentiment supérieur à la fois de la faiblesse de la nature et de la force du vouloir (serment).

Tableau des sentiments enfantins.

1° Les sentiments familiaux. Profonds, naturels (la mère et l'enfant) mais non sans luttes, regrets, promesses, remords. Il ne faut pas s'y tromper. Les parents eux-mêmes s'y trompent souvent. La plupart des drames familiaux (ce sont les plus violents) viennent de ce que l'on ne sait pas concilier les mouvements de l'humeur et même les passions avec les sentiments profonds.

2° Les sentiments sociaux. Par la situation même de l'enfant, ils sont limités à la vie scolaire. Ils ne sont ni moins grands ni moins vifs.

C'est un sentiment d'admiration pour ce qui est proprement humain. Qui va aisément à l'enthousiasme ou à la vénération. Redoublés par l'imitation. Contrariés par la légèreté. Ici est le problème de la discipline, à examiner plus tard.

3° Les sentiments personnels, où je vois à noter :

L'espérance (ambition enfantine) qui est immense et

fragile. Ce qui est à surmonter ici c'est le désespoir et l'envie qui sont des passions.

Le repentir. Bonne volonté fragile aussi, par la rechute, par le sentiment de la faiblesse. L'enfant retombe souvent au remords qui est un regret et même un désespoir, avec l'idée qu'on est condamné, qu'on ne pourra... Au lieu que le repentir est ce désespoir surmonté par la ferme et confiante résolution de se corriger.

Disons sommairement en attendant d'y revenir qu'il faut secours à l'enfant pour qu'il s'élève du remords au repentir.

Cinquième Leçon

L'ÉDUCATION DES SENTIMENTS

Il faut l'entendre en deux sens. Il y a une éducation des sentiments qui résulte à la fois du changement biologique et des conditions sociales. *(Amour. Famille. Métier. Amitié. Patrie.)* Problème sociologique, réservé, d'autant qu'il n'est pas directement de notre sujet.

Par là on aperçoit les limites de notre problème. Le grand moteur et inspirateur de tous les sentiments, le rénovateur et récréateur, manque dans l'enfance. Pouvoir merveilleux de préférer la joie d'autrui à la sienne propre. D'être double. Amour. Maternité. Nous n'avons point ce puissant ressort. Mais seulement les riches, vigoureux, violents mouvements d'une nature en croissance, donc avide, despotique, dévoratrice. Pour soi, et c'est légitime, et d'ailleurs ingénument, sans réflexion. Le régime naturel est l'émotion, qui dépend d'aliment, de sommeil, de fatigue, et varie comme l'état du ciel. D'autant plus difficile de la régler, c'est-à-dire de l'élever par les passions jusqu'au sentiment. Je ne vois ici d'autre police que modération par le dehors. 3 moyens, en allant du dehors au dedans

Discipline	de Dionysos à Apollon
Gymnastique	
Musique (Muses)	(Nietzsche)

Discipline

La discipline est la condition première des deux autres. Et, chose remarquable, presque impossible dans la famille (l'enfant participe aux situations et les amplifie. Il crie si l'on se querelle) ni avec l'enfant isolé *(L'Émile)*. Les échecs de Rousseau, de Bossuet, tant d'enfants indomptables, viennent sans doute de l'éducation par précepteur. Au rebours le grand ressort de la discipline c'est l'imitation. J'y reviendrai. Je me borne à signaler d'une part l'indiscipline par imitation qui vient toujours *de ce qu'on juge de la faute par l'intention* ; et au rebours la puissance d'une classe disciplinée sur le nouveau, si indiscipliné qu'il soit. Supposant donc résolue cette question, essentiellement sociologique, je viens à :

Gymnastique

Analyse de la violence extérieure toujours liée à la violence intérieure. (Le geste brusque). Ce n'est que maladresse à l'égard de soi, d'où une humeur aisément terrible, et qui peut durer toute la vie (Desmarets, Gal Duchêne, en Saint-Simon, en Pierrefeu).

Le vrai remède est d'abord Gymnastique. Dénouer le paquet de muscles. Apprendre à faire un mouvement sans contracture inutile. Habitude, Habileté, c'est presque le même mot. Moyen : décomposer, exercer la volonté sur de petits problèmes, où l'enfant peut réussir. Telle est la première gymnastique (Exemple l'écriture).

2° *Les Jeux.* — Gymnastique libre (on y reviendra). Surtout les jeux esthétiques, ce qui nous conduit à la musique. Ici encore l'ordre est d'abord la danse ensuite le *chant.*

3° *La Politesse.* — Avant d'en venir à la musique notons que la politesse appartient à la gymnastique et qu'il y faut moins considérer l'intention (sur laquelle l'impoli s'excuse : je ne savais pas, je ne croyais pas, je ne l'ai pas fait exprès) que la manière souple et aisée d'agir selon une règle (Effet profond de l'habitude). La danse et la politesse : lien profond.

La politesse est donc un effet de gymnastique et de musique.

Musique

Au sens étroit d'abord. Le rythme discipline par la prévision le recommencement la contagion (confiance). La voix chantante discipline plus profondément puisqu'elle régit l'existence viscérale. La colère l'impatience la précipitation la peur l'ivresse sont la négation du chant. Puissance du chant en commun. Bouche fermée. Chant grave et harmonieux d'où l'on viendra peu à peu aux rythmes vifs. Cette partie de l'éducation est encore bien imparfaite (avantages du prêtre).

Au sens large. Les Muses. Tous les arts disciplinent le sentiment. Voici l'ordre.

Le corps humain. Purgation des passions. *Culture.*	La Poésie.	Lecture et récitation. Se préparer à éprouver des sentiments humains.
	La Tragédie.	
	La Comédie.	Apprendre à sentir en apprenant à exprimer.
	La construction (apprentissage de la peinture) modération dans les mouvements.	
	Le Dessin (L'écriture).	
	Le Modelage (où le placer ?).	
	La Peinture (Précaution. L'art décoratif).	

Ce développement est anticipé (L'action) mais il le fallait.

Sixième Leçon

L'INTELLIGENCE

L'origine des idées

L'enfant se forme dans le tissu humain ; mais il y reste pendant toute l'enfance ; et même cet état se prolonge pour beaucoup. D'où une double conséquence qu'on oublie trop souvent :

1° Les premières expériences de l'enfant, d'où il tire ses premières idées, n'ont point pour objet choses ni ordre extérieur, mais l'ordre humain d'où il reçoit, tire, obtient (cf. *Riquet* et *M. Bergeret*). Par quels procédés ? Quelle est cette industrie ?

Par *des signes*. Les cris, les pleurs, le rire. La mère, le père, la nourrice. Plaire ou déplaire selon les cas. (Remarquez que l'enfant signifie avant de vouloir et de savoir). Mais son expérience porte d'abord et longtemps sur un signe et l'effet du signe. Désir, prière. Genre de travail singulier. On appelle magie la doctrine des peuples enfants d'après laquelle tout ce que l'on obtient des choses dépend des signes (gestes, paroles). Et toutes les religions ont gardé trace de magie (les rogations). Légendes : incantations. (Grimoire. Faust). Or, la magie n'est plus dans nos mœurs. Nous distinguons le placier (magicien) et le fabricant.

Mais l'enfant ne peut pas d'abord distinguer deux ordres parce qu'il n'en connaît qu'un. Les choses qu'il obtient lui sont d'abord *données*, comme les choses qu'il connaît lui sont d'abord montrées. Il est d'abord porté. L'obstacle c'est une puissance, une volonté, et non pas une chose. Ainsi tout est miracle. L'idée du travail et de la production lui est étrangère. Ainsi se forment ses premières idées qui ressemblent aux idées des peuples primitifs. D'où nous expliquerons les contes.

2° Autre caractère bien plus paradoxal. L'enfant apprend d'abord sa langue telle qu'elle est. Il est ainsi jeté d'abord dans la plus haute abstraction. Erreur sans mesure de croire que l'enfant forme d'abord des connaissances particulières et s'élève ensuite aux idées abstraites et générales. S'il était seul et s'il s'instruisait par action sur les choses... Mais utopie. La condition de l'enfant c'est qu'il apprend les mots avant d'en savoir le sens. Et à parler rigoureusement, il se fait comprendre avant de se comprendre lui-même. [De] cette double condition (1° il ignore les liaisons vraies. Tout est possible. 2° le mot n'est pas d'abord lié à l'objet), il résulte que l'enfant se porte de lui-même à un haut degré d'abstraction et d'arbitraire (Soleil. Lélé. Lolo.), ne cherche pas d'abord à exprimer la variété des choses, mais seulement à être compris.

D'où résultent d'innombrables conséquences.

L'enfant cherche longtemps la réponse convenable et non la réponse qui est *vraie*.

L'imagination de l'enfant est surtout verbale. (Récit. Dialogue imaginé).

Le témoignage d'un enfant est toujours suspect.

Le mensonge d'un enfant n'est rien.

Les choses sont vues à travers les mots et jouent longtemps un rôle subalterne.

Enfin la langue étant fort difficile, la première formation de l'enfant doit toujours avoir pour objet de rectifier son langage. Lecture. Écriture. Vocabulaire. Syntaxe. C'est toujours là qu'il faut revenir. C'est certainement par là qu'il faut commencer. Les leçons sont d'abord de correction (politesse) ensuite de vérité. Quand on oublie cela, c'est qu'on se représente l'enfant comme un petit physicien, non comme un petit magicien. On le ramène au concret comme si le concret lui était plus familier et facile. Mais la loi est autre.

Les idées de l'enfant vont tout ensemble :

De l'abstrait au concret
De la magie à la science
ou De l'ordre humain à l'ordre extérieur.

On pourrait appeler éducation cette partie mimique ou gymnastique qui donne d'abord l'expression (ordre humain), l'instruction étant la connaissance de l'ordre extérieur.

Septième Leçon

PASSAGE DE L'IMAGINATION A L'ENTENDEMENT

L'enfant est d'abord tout imagination, c'est-à-dire qu'il juge des choses et des hommes d'après ses propres affections, ou d'après les mouvements de son propre corps. Tout est caprice, et n'importe quoi est lié à n'importe quoi. Par exemple une grande peur rend redoutable un certain lieu (la porte de la cave). Tout est également possible et impossible (accordé ou refusé). Ce qui manque, c'est par-dessus tout l'idée de la nécessité extérieure, c'est-à-dire d'un ordre des choses, tout à fait indifférent à nos désirs, mais qui, en revanche, par la loi purement mécanique, donne une prise au travail. Et ce qui manque aussi par suite c'est l'idée d'un ordre humain, sans doute flexible aux affections, mais régi pourtant par la loi du travail de façon qu'en définitive on ne peut vivre selon les affections, mais qu'il faut se rendre *utile*. L'enfant ne sait d'abord que se rendre agréable (ou désagréable).

Les *Contes*, qui sont la philosophie des peuples enfants, nous donnent une exacte idée des opinions enfantines. L'ordre extérieur n'y a aucune importance. (Le tapis magique. L'hippogriffe dans *l'Arioste*). Toutes les actions dépendent de génies favorables ou contraires ; il s'agit donc de vivre politiquement, c'est-à-dire de connaître les signes. D'où les objets magiques, lampes, anneaux, qui sont des signes par procuration. (Quand je montre l'anneau, je fais un signe au nom d'un autre). Ces objets sont la plus ancienne *écriture* (le cachet). Chose remarquable, ce qui paraît de raisonnable, de constant dans ces fictions, c'est l'ordre même des affections et cela est même sans nuances, d'après les empreintes de l'imagination (Sympathie. Antipathie) qui divise naturellement les êtres en *bons* et *méchants* (Psychologie de la « Bibliothèque Rose »). Évidemment l'enfant (ou le peuple enfant) est conduit ici par des sentiments immuables qui tiennent à la nature (la mère) et à la vie familiale (le père). Les sœurs de Cendrillon restent mauvaises. En revanche ce qui est bon est toujours bon. Le prince charmant est fidèle ; les enchantements trouvent ici leurs limites. Ainsi la *Loi* morale sans nuances (Le Serment. La Fidélité. Le Devoir. L'Épreuve) est la première forme de l'idée de loi, comme le mot lui-même l'indique. Remarquez comment l'enfant admet aisément la loi, la règle. Cela sera à retenir, en vue de traiter de la discipline. L'étude des primitifs (sociologues) vérifie très bien ces conceptions concernant l'enfance. Car d'un côté ils n'ont point l'idée de nécessité extérieure, mais de l'autre ils vivent d'après des notions absolues sur le Permis et le Défendu (Tabou). Tel est donc ce chaos d'où l'intelligence doit sortir. Il faut essayer ici de suivre la nature. Comment un enfant très mal instruit arrivera-t-il à l'état d'homme ? Par une expérience qui d'abord le conduira à comprendre la loi du travail d'où une appréciation plus nuancée des caractères et des véritables lois de la nature humaine (les ressorts de l'intérêt et le poids de la nécessité). C'est l'idée d'une autre justice (les services). (L'enfant gâté croit longtemps qu'il s'agit de plaire, d'où l'envie). Après cela, et surtout par le métier manuel, l'idée de la nature indifférente (non nisi parendo). Et autour, par ouï-dire, l'idée de l'ordre naturel (Astronomie, sciences mécaniques, physiques, chimiques et même biologiques : médecine. Les lois sociologiques sont les dernières à se montrer).

Il s'agit de l'amener au même point, mais plus vite.

La condition préalable est la connaissance du langage et surtout de la lecture, qui est la partie de bien loin la plus difficile. (L'orthographe en dépend ; elle est le signe de la véritable lecture).

La loi familiale est que le langage y est abrégé, conventionnel, capricieux. Abréviations, surnom. Bredouillement. Cri. Accent. Déformation. Le tout est d'être compris. Et l'enfant est d'abord aidé par la mère par la nourrice, par tous. D'où une corruption continuelle du langage parlé, qui se continue dans les jeux, dans le commerce dans les métiers (l'argot. La vulgarité voulue. Le langage secret, fermé, de caste, de métier, de profession. L'ouvrier, le boursier, le militaire).

Il est clair que c'est l'écriture qui sauve le langage et encore mieux l'imprimé, qui, par l'orthographe, maintient ou tend à maintenir la prononciation. C'est par la lecture que l'enfant se soumet à l'ordre humain et prend connaissance de la nature humaine. Il faut qu'il s'y plie de bonne heure, sans complaisance à lui-même, et jusqu'à une parfaite familiarité. Cela n'est pas si commun qu'on le croit. (L'illettré qui lit. La mère Plutarque). La lecture doit donc être courante, mais toujours réglée. Un double résultat : prononciation correcte, même un peu emphatique (récitation) mais aussi lecture *à vue*, c'est-à-dire muette. La poésie convient pour le premier point, la prose pour le second. C'est un problème qui n'est pas résolu. Voici les difficultés.

La coutume d'apprendre les lettres, d'assembler, d'épeler est bonne (du simple au complexe). Le jeu de lettres. Mais elle n'est pas sans inconvénient. Il y a une autre méthode, naturelle (reconnaître le mot) qu'il faudrait aussi pratiquer d'après la méthode de brèves apparitions par exemple. Et aussi la phrase d'un seul coup. Je recommande la lecture répétée d'un même passage.

La grammaire se présente de même. Il y a l'analyse logique et *l'usage* (par les auteurs) c'est-à-dire un mélange d'instruction et d'éducation.

La composition ou rédaction se règle aussi de deux manières. Par imitation ou par description. Par imitation ; on a égard à l'ordre humain, représenté par les bons auteurs (le *commun* usage). Exemple. Mettre des vers en prose. Un récit d'après un auteur. Récit d'après une pièce de théâtre. Passer du style direct au style indirect, ou inversement. C'est la part de l'éducation. L'ordre humain.

Description d'une chose vue et encore mieux d'une chose présente. (Intermédiaire : d'une chose montrée et retirée. Par exemple une fleur, un insecte, un tableau, une statue, une machine, un meuble, un outil. Il faudrait graduer). Cet exercice devrait être précédé ou accompagné d'un tableau de vocabulaire et de syntaxe. L'ordre extérieur.

Important. La correction au tableau. Le texte irréprochable, *relu*, *recopié*, *appris*. Ici on n'ira jamais assez lentement. La faute commune est d'admirer trop les grâces de l'enfance et d'oublier la *forme écrite*, digne d'être imprimée.

Un mot ici sur les langues étrangères, les langues anciennes, l'explication, le thème, la version. Avantages et inconvénients de chacun.

Pour le thème : bien lire et bien comprendre. Mais langage plat.

Pour la version : Passer par l'idée ou l'objet. Mais deviner.

Pour l'explication : Tantôt trop vite, tantôt trop lentement.

L'explication française. Problème : remplacer les trois. Écueil : tomber dans les rapprochements, ne pas serrer le texte.

Remarque d'ensemble. L'élève doit autant que possible écrire, toujours agir.

Le maître doit peu PARLER.

Huitième Leçon

PASSAGE DE L'IMAGINATION A L'ENTENDEMENT *(suite)*

La Culture et le Savoir

Le langage par lui-même civilise l'individu, puisqu'il règle à la fois le geste et la voix, et réclame attention comme étant loi humaine ou loi commune. Il est clair que l'étude des langues anciennes ou modernes va à la même fin. De là on est conduit aux historiens, aux conteurs, aux poètes, c'est-à-dire à ce que l'on appelle la culture littéraire. Mais aujourd'hui deux ordres d'études se disputent l'écolier. On ne discute plus sur ceci que l'individu doit avoir quelque familiarité avec les deux (les Lettres et les Sciences). Mais il s'agit de savoir si l'une de ces disciplines doit naturellement précéder l'autre, et laquelle.

Il est de consentement que l'étude des langues doit être commencée le plus tôt possible (comment Montaigne apprit le latin) ; il y a ici, comme dans toute la culture littéraire, une part de singerie, disons de politesse, qui s'accorde avec le génie d'imitation de l'enfance. D'un autre côté je n'ai jamais entendu dire que les sciences doivent être abordées de bonne heure. (Je ne compte pas le calcul, surtout mental, et même écrit, qui appartient au langage, et s'apprend machinalement). On convient que les notions de science, telles qu'on essaie quelquefois de les répandre dans les journaux et par des conférences, ne forment pas réellement l'esprit ; ainsi sera la science pour enfants. La science doit être d'entendement, ou bien elle n'est rien. D'où l'on pourrait soupçonner que les Études Littéraires doivent précéder les Études Scientifiques. J'ai connu des jeunes gens qui après le détour littéraire ont brillé dans les sciences ; j'en ai entendu citer beaucoup d'autres. Je me suis dit qu'il était bon d'assurer l'esprit et de l'assouplir par les exercices de la rhétorique, et que c'était ainsi qu'on l'amenait à maturité, par des exercices gradués de l'attention. L'agrément, le sentiment, la beauté poétique étant ici des secours naturels, et l'attention nue, aux idées proprement dites, ne pouvant venir qu'ensuite. Sans compter qu'une connaissance approfondie du langage est nécessaire à la réflexion et au sévère travail de l'analyse (Il manque de rhétorique). Bref si l'on a à chercher à la fois la pensée correcte et l'expression correcte, c'est une surcharge où souvent l'esprit succombe.

Ces remarques ne font pas une doctrine. Mais la doctrine existe, et ces remarques nous préparent à en saisir l'importance. Il s'agit de Comte, la plus forte tête sans doute du XIXe siècle. On lui doit d'abord une claire notion de la culture littéraire et de la formation scientifique, d'après la distinction aujourd'hui classique de l'ordre humain et de l'ordre extérieur. Les Lettres nous font connaître l'ordre humain, c'est-à-dire en même temps que les moyens d'expression, tout l'univers moral et politique, les mœurs, les coutumes, les divers peuples,

les grands hommes, les actions illustres, les passions, les sentiments, les vertus et les vices, immense paysage qui explique le milieu familial, les amis, les voisins ; ici se développe l'esprit de finesse, c'est-à-dire un art d'observer, de deviner, de prévoir, d'interpréter, de juger, qui n'est pas d'abord par règles et qui peut-être ne peut se réduire en règle. C'est comme un voyage et une suite de conversations avec les grands esprits (et encore étudiées, comme remarque Descartes) qui au-delà de la famille et du pays, nous découvre l'humanité tout entière (Les Humanités) c'est-à-dire en même temps ce qui change, et corrélativement le fond humain invariable. Disons encore mieux, un modèle (par l'expression réglée) des sentiments, et une purification et purgation des passions (Aristote). C'est comme une politesse agrandie, et une société avec ce que l'Humanité a produit de meilleur. Sans compter qu'on y apprend à agir au milieu des hommes et sur les hommes, ce qui est souvent le principal de notre activité. Il y a des métiers qui ont pour matière l'homme (Carrières libérales. Bourgeoisie. Un prêtre, un préfet, un professeur, un commerçant, un juge, un militaire). On dit souvent d'un homme qu'il manque de psychologie ; il faut entendre les études littéraires comme un art psychologique que la psychologie ne fait que compléter (sans cet art, elle serait sans matière).

L'ordre extérieur est tout autre, étranger, indifférent, aveugle et sourd ; en revanche réglé et mesuré, au fond mécanique. Ici la finesse n'est plus à sa place. Il faut connaître, se soumettre, si on veut régner. Ici les études scientifiques. Le même Comte a cherché et trouvé l'ordre de développement historique, qui est aussi l'ordre de dépendance, *qui est aussi l'ordre pédagogique.*

1. Mathématique
2. Astronomie
3. Physique
4. Chimie
5. Biologie
6. Sociologie

Ordre de l'abstrait au concret, du simple au complexe, du facile au difficile. D'où une conception de la formation scientifique à laquelle on se soumet de plus en plus. Il n'y a que la médecine qui prétend se passer encore (mais P.C.N.) des préliminaires mathématiques. Toute formation scientifique (Polytechnique. Centrale. Agro.) suppose d'abord la mathématique. Ceux qui réfléchissent sur l'instruction des jeunes enfants n'y pensent pas toujours assez. Je me borne à indiquer cet immense sujet ; par exemple il paraîtra de plus en plus impossible, malgré l'apparence, d'aborder utilement la mécanique, la physique, la chimie sans une préparation mathématique. Et de même la biologie sans la préparation physico-chimique. Pour la sociologie (Droit. Politique. Économique) cela est encore trop méconnu.

Revenons à l'ensemble et décidons, d'après ces notions, s'il faut commencer par les Lettres ou par les Sciences. L'ordre humain, nous l'avons dit, est le premier connu, le plus familier, celui qui intéresse d'abord. L'enfant est premièrement un politique. Comte fut formé de bonne heure aux sciences. Mais instruit par ses erreurs, il sut reconnaître que la culture était aussi précieuse que le savoir, et dans ses travaux, à la fin de sa vie, il donna toujours une grande part à la lecture des poètes et à l'*Imitation des grands Hommes*. D'où il vint à décider que l'éducation comprenait deux parties, l'une privée, donnée surtout par la mère, c'est-à-dire les langues, les poètes, les orateurs, les conteurs. L'autre publique et comprenant, à partir de la 11e année environ, l'encyclopédie des sciences dans l'ordre plus haut cité (aussi bien pour les filles). Après quoi viendrait l'acquisition des connaissances spéciales au métier. Ce qui n'est autre chose que suivre la nature. Car l'enfant laissé à lui-même étudiera d'abord l'ordre humain, puis par le métier l'ordre extérieur, d'où il reviendra à une meilleure connaissance de l'ordre humain. Dans l'éducation méthodique et développée, ce retour à l'homme commence par la biologie et s'achève par la sociologie.

Neuvième Leçon

PASSAGE DE L'IMAGINATION A L'ENTENDEMENT *(fin)*

La Science

Dans le fait, l'Enseignement Public et par suite privé n'en est pas encore au système de Comte. Les Lettres et les Sciences vont de pair. Il ne peut pas être nuisible de préparer ou d'initier l'enfant à ce que c'est que la recherche d'entendement. La seule précaution à prendre ici (puisqu'il s'agit d'instruction et non d'éducation), c'est de se prémunir contre l'imitation et contre la mémoire, qui, au contraire, dans l'éducation, sont les plus puissants moyens. Il s'agit de former le jugement, ce qui enferme deux conditions. D'un côté il faut faire paraître l'ordre extérieur avec ses lois propres et son caractère mécanique ; ce qui détournera de menacer et de prier, et conduira à travailler.

D'un autre côté il faut que l'enfant prenne conscience de ceci que l'erreur est une chose commune et naturelle, que la première apparence est trompeuse en tout, enfin que la loi des choses n'apparaît jamais aux regards paresseux, mais qu'elle est au contraire cachée. En vue de quoi il faut bien distinguer ce qui est éducation et ce qui est instruction.

Éducation. Comme l'enfant doit connaître l'histoire humaine, et principalement les Prédécesseurs et Bienfaiteurs, il faut lui raconter par le livre l'image et au besoin par le jouet scientifique, les grandes découvertes. Et cette partie de l'Histoire qui est évidemment de grand intérêt et de haute importance, ne peut point viser à la dernière exactitude. Les conceptions d'un Newton, d'un Descartes, d'un Galilée, d'un Copernic et même d'un Archimède, ne peuvent pas être exposées à la rigueur ; il y a dans tous ces esprits une profonde géométrie (même dans Pasteur) qui est la clef de tout, dont l'adolescent, et encore bien doué, pourra seul se rendre maître. C'est pourquoi l'on devra insister ici (ce que font assez bien les livres de vulgarisation) sur les applications (par exemple la T.S.F.). Il s'agit bien d'éducation ; il faut que l'enfant soit de son temps et comprenne le langage de son temps. Il est bon qu'il sache aussi que ce que l'on sait et l'on peut maintenant, l'homme ne l'a pas toujours su ni pu. Mais encore une fois ce n'est qu'une partie de l'Histoire ; comme l'enfant ne peut saisir les difficultés d'exécution dans la marche d'un Alexandre ou d'un Hannibal, de même pour les découvertes de Newton ou de Leverrier. (Par le calcul ! et c'est tout. Halley de même.) Mais nous cherchons ici les éléments d'une première discipline de l'entendement, autrement dit d'une première notion du possible, du nécessaire, de l'impossible. Ici encore revenons au tableau encyclopédique de Comte, d'où il apparaît que le possible et l'impossible dans l'ordre social sont encore fort mal connus ; dans le psychologique et biologique de même ; dans la chimie ; profondément cachés dans la physique, visibles seulement au mathématicien et dans l'astronomie de même. D'où il faut se rendre familière cette idée que la mathématique (Arithmétique. Géométrie. Mécanique.) est réellement, au regard de l'entendement, la science la plus facile, la science élémentaire. Toute préparation et initiation de l'entendement doit donc viser là. Et il est clair que toute expérience n'y est pas bonne. En général constater est autre chose que comprendre. (Par exemple observer une éclipse, une comète. Essayer un récepteur de téléphone sans fil). Les expériences propres à éveiller l'entendement concernent d'abord les nombres, les longueurs surfaces et volumes, les machines simples (où il n'y a que du mouvement, sans déformation ni échauffement : levier, balance, poulie, treuil). Les expériences sur les nombres (au boulier, parce qu'il conserve l'ordre ; puis avec des billes, des cailloux, des allumettes, des monnaies, des haricots) sont des expériences telles qu'à mesure que l'on perçoit mieux l'objet, on arrive à comprendre la raison, c'est-à-dire la nécessité, le possible et l'impossible. 3 fois 4 = 12 voilà une formule polie et convenable (récompensée). Le mécanisme mental du calcul appartient à l'éducation (bien parler). Mais on peut *former* le produit en comptant 4 objets, trois fois ; la *constance* du résultat est déjà une connaissance ; mais l'opération porte en elle-même sa raison. Qui considère ce que c'est que quatre ajouté à quatre sait que c'est toujours un même nombre, figuré par une disposition sans aucune obscurité

o o o o
o o o o

Seize sera même plus clair, plus aisément connu que douze. On peut toujours saisir la nécessité par l'analyse

Cartésienne. Par exemple de 3 fois 8 = 24 on tirera 3 fois 9 = 27, car il y a *un* de plus trois fois répété. Il y a en ce genre mille remarques à faire et concordantes.

Je reviens sur les nombres figurés ; on peut dire que la nécessité y est constatée. On saisit l'intérêt des jeux de cubes et des constatations lumineuses auxquelles ils donnent occasion. Par exemple je double le côté d'un carré... l'arête d'un cube. *L'opération* si bien nommée, la construction fait preuve. Laizant a signalé que par ces constructions on peut arriver à saisir des relations surprenantes par leur simplicité. Par exemple si je dis que la somme des n premiers nombres impairs est égale à n^2, l'entendement est inquiet et perdu.

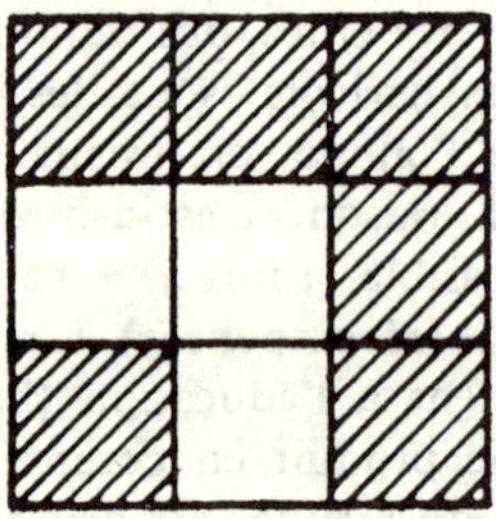

FIG. 1

Mais par cette construction, on constate d'abord, et bientôt on comprend la loi, c'est-à-dire la nécessité. Il ne peut en être autrement.

Les fractions de quart, du tiers, etc.

Cette partie de l'initiation est bien connue.

L'initiation géométrique*, mécanique l'est moins. Par exemple la poulie ou le levier.

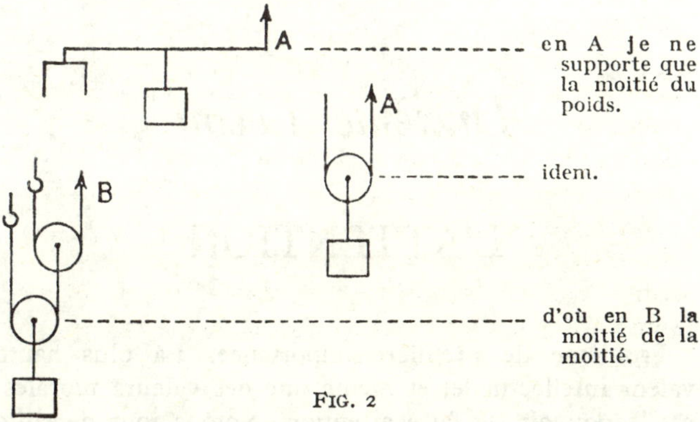

FIG. 2

Mais le terrain le plus favorable est encore l'arithmétique et surtout le calcul mental. (L'Entendement découvre des méthodes.)

* L'initiation géométrique, le triangle, le cercle et π :

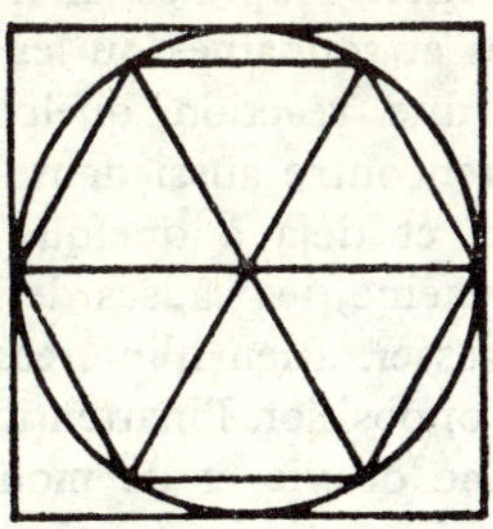

FIG. 3

en Diamètres moins de 4 et plus de trois. Plus près de 3 que de 4. Puis mesure directe.

Dixième Leçon

L'ATTENTION

Problème de première importance. La plus haute valeur intellectuelle, et même une des valeurs morales, est le pouvoir de faire attention. Notons tout de suite que l'attention est volontaire ; c'est la volonté dans l'intelligence. Au rebours le signe le plus marquant des arriérés est l'inattention, l'impuissance à fixer la pensée. L'inattention doit être décrite, car elle a plusieurs visages.

Il y a l'inattention totale ou indifférence, qui est la marque de la dernière stupidité. Il n'y a alors que les impressions fortes et soudaines ou les appétits animaux qui provoquent une réaction quelconque. Ce genre d'inattention se rencontre aussi dans le profond désespoir (abattement) et déjà à quelque degré dans tout chagrin. L'objet même, les causes de la peine, finissent par ne plus intéresser. Rien n'intéresse.

Décrivons par opposition l'inattention mobile, qui est au contraire pleine de vie et de mouvement. Ici il ne faut pas de fortes impressions ; mais les moindres incidents sont saisis au vol. Les yeux et les oreilles sont aux aguets. Les pieds marquent l'impatience d'aller chercher de nouveaux spectacles, les mains prennent, manient, laissent tous les objets. De même les réactions sont rapides, changeantes ; mille expressions passent sur le visage. Communément cette activité s'accompagne d'un discours continu.

Une troisième forme d'inattention est corrélative de l'attention, et nous amène à la décrire. La distraction du savant, du penseur, de l'homme qui médite, en est un exemple grossi. Newton croyait avoir déjeuné. Ici l'esprit n'est ni dispersé ni saisi par l'impression forte ; au contraire c'est lui qui donne force à une impression faible, et qui refuse audience aux autres. Le triomphe de l'esprit est de donner intérêt à ce qui n'intéresse nullement l'animal. Thalès, Socrate. Mais il faut revenir à l'enfant qui évidemment est bien loin de ce pouvoir et même n'y arrivera peut-être jamais.

La psychologie expérimentale a amplement décrit l'attention (Voir Ribot). On y remarque l'immobilité, mais non point celle du sommeil, au contraire tendue. Il est probable que toute la fatigue de l'attention vient de ce travail musculaire sans effet (contracture) qui en même temps agit sur la respiration. (Dans l'extrême attention on retient son souffle.) Enfin l'on remarque (température ou balance) un afflux du sang au cerveau. Aussi une fixité des yeux. Cet état est pénible s'il se prolonge. On y reconnaît sans peine les traits de l'attention animale, qu'on pourrait nommer *attente.* (Le chien. Le chat).

Cet effet est aisé à produire chez l'enfant normal. (Par exemple je vais vous montrer une image, une statuette, etc. Regardez bien.) Ici s'éveille la curiosité, qui n'est pas, remarquez-le, de haute qualité intellectuelle. La recherche du nouveau ne conduit par loin. Et, au contraire, un des meilleurs signes de l'aptitude à comprendre est le pouvoir de revenir sur des choses ordinaires et déjà connues.

Mais disons encore autre chose. L'attention que j'appelle nouée arrive à paralyser l'esprit (comme fait toujours la surprise, le saisissement). Il est très vrai que cet état est favorable à la fixation des souvenirs, par l'intérêt passionné que l'attente suscite. Mais il ne faut pas conclure que le souvenir sera exact et fidèle. Les esprits qui ont ce genre de curiosité gardent le souvenir surtout de l'état affectif ou du choc affectif ; mais le souvenir de la chose est en général tout à fait inexact. Comme les témoins d'un accident ou d'un crime. « Il me semble que j'y suis encore » ; mais cela ne veut pas dire qu'ils ont bien vu. De même qu'il ne suffit pas de faire attention pour agir comme il faut (exemple le timide) de même il ne suffit pas de faire attention pour penser comme il faut. (Le timide à l'examen). Il y a un mauvais usage de la volonté, en toutes choses, qui raidit et paralyse. Et c'est l'habitude en toutes choses qui nous délivre.

Tout l'art d'instruire sous ce rapport, consiste à conduire l'enfant de *l'attention nouée* à *l'attention déliée*. Notamment il faut éliminer la peur de ne pas saisir, la peur de ne pas comprendre et enfin toute espèce d'émotion. Par exemple, dans le calcul mental, il est clair que la peur de se tromper jette dans l'erreur, et la précipitation aussi. Tout le monde donnera la préférence à l'enfant qui à vitesse modérée se trompe rarement, sur l'enfant qui va fort vite, mais souvent se trompe. En sorte que l'état de contracture signe de l'attention animale, signe encore du désir de plaire, de l'ambition, et même de la bonne volonté, doit finalement être réduit et comme dissous. J'ai remarqué chez de très bons élèves et très attentifs, souvent les signes de l'indifférence, toujours une certaine tranquillité, sans inquiétude ; et c'est cette souplesse qui, comme dans les exercices du corps, permet la vraie vitesse. (Ne serrez pas les dents. Ne serrez pas la bride, l'archet, le fleuret). Il y a une fureur d'attention (toujours jointe à l'ambition et à la timidité) et qui détruit l'attention même.

Disons d'abord que l'enseignement oral, j'entends par leçons suivies, a bien des inconvénients tant que l'enfant n'est pas rompu à conduire son esprit sans trouble, sans inquiétude. La parole humaine est naturellement émouvante ; l'éloquence y ajoute, ramenant par sursauts la contracture animale ; cet état n'est pas si éloigné du sommeil qu'on pourrait le croire ; les expériences connues sur la suggestion et l'hypnose le font bien voir. La coutume de prendre des notes a d'abord un effet gymnastique, qui rompt ou plutôt délie cette attention figée ; mais l'art de prendre des notes est bien au-dessus de l'enfance.

Ici, par anticipation, je dois esquisser le tableau d'une classe en activité (Dewey). Le régulateur de l'attention c'est l'action. L'effet en est purement gymnastique, mais cela n'est pas peu. Il faut que l'enfant manie et fasse, tout au moins qu'il parle (Lecture). Ces mouvements délient l'organisme, et tout en déplaçant l'attention, la maintiennent dans les mêmes chemins. Il est bien de lire, parce que c'est une action ; il est meilleur d'écrire et de relire. On a fait l'expérience de deux leçons devant deux groupes d'élèves : 1° discours avec interrogations (les bras croisés) ; 2° Lecture, résumé dicté et relu (au tableau et sur l'ardoise, dans les mêmes conditions de temps). La seconde leçon a laissé en moyenne des souvenirs à la fois plus précis et plus durables. Il est clair que, pour de très jeunes enfants, l'écriture sera remplacée par le maniement d'objets (mettre en ordre, grouper, ranger, faire correspondre), ce qui du reste est un genre d'écriture.

La méthode Socratique (faire découvrir à l'enfant ce qu'il peut découvrir) prête à discussion tant que la parole est seule employée. Mais les effets sont excellents si les réponses et même les questions sont *écrites*. (Exercices de vocabulaire, de syntaxe, de description, de récit. Un mot en blanc. Transformations, etc.). Je renvoie à une autre leçon les effets de l'imitation et de l'émulation.

Onzième Leçon

L'ATTENTION INTELLECTUELLE

Distinguons trois degrés de l'attention.

1° *L'Attention affective* qui est l'effet de l'émotion, de la passion, du sentiment

Surprise
Étonnement
Alarme
Contemplation
Adoration
Extase

Cette attention est à la naissance de toute attention ; mais elle doit être surmontée.

2° *L'Attention active*, ou plutôt ouvrière. C'est l'attention qui suit l'action quelle qu'elle soit, et notamment l'action manuelle. Nous y reviendrons en traitant de l'action et des méthodes actives. Les passions sont ici apaisées, et ce n'est pas un petit résultat. Mais enfin le genre de culture qui résulte des métiers ne mène pas loin.

3° *L'Attention intellectuelle,* qu'il faut toujours avoir en vue, et à laquelle il faut élever l'enfant. Observez que le mot intérêt est ambigu. L'intérêt affectif est le premier moteur. L'intérêt de l'action marque un progrès ; mais la fin de l'instruction est de donner de l'intérêt aux opérations intellectuelles proprement dites. Et c'est ce que nous avons à expliquer.

Quel est le but ? D'arriver à l'Attention Intellectuelle. Caractères — *Analytique.* Ici il faut suivre Descartes. (Chercher le simple — Recomposer par ordre — Faire des dénombrements).

Exemple. Observer un paysage. Une image. Une fleur. Un arbre. Un animal.

Analytique
Ordonnée
Reconstructrice
Impartiale et même défiante.

C'est ce qu'on appelle faire attention aux idées. Mais la règle des règles est que quelque objet doit toujours être présent. Toute connaissance d'idées est une expérience. Les idées ne sont point dans quelque région immatérielle.

Le moyen de conduire l'enfant par là.

1° Attention affective. Chercher ou retrouver l'ordre humain. C'est ce qu'on fait communément. Par exemple un tableau, une statue. Une *saison.* Une *maison.* Des problèmes *réels.* Le jeu de la marchande. (Monnaie, volumes. Poids).

2° Attention ouvrière. Qui apparaît dans ce dernier exemple. Et toutes les fois que l'enfant en même temps qu'il réfléchit, fait quelque chose. Cette méthode approche de celle de Descartes dès qu'il s'agit de défaire et de refaire un groupement d'objets.

Correspondance — Les boutons et les boutonnières. Les bouchons.

Classement — Grandeur. Forme. Couleur. Poids.

Construction imitative — Une maison. Un pont.

Jeux de patience — Cube. Puzzle.

Jeux de lettres.

Tous les exercices de vocabulaire de syntaxe et de composition.

Remarquez que la pensée géométrique ou algébrique ne procède pas autrement. Construire. Transformer. Transposer.

Mais n'oublions pas le but qui est d'observer ou constater, *sans toucher*. C'est l'épreuve de choix pour l'attention intellectuelle. (L'astronomie institutrice des hommes bien plutôt que les métiers). Il faut que l'enfant arrive à l'attention presque immobile, c'est-à-dire en surmontant à la fois l'émotion et le besoin d'agir. (Penser, dit Spencer, c'est se retenir d'agir.) Le développement de la méthode des Tests (épreuves pour classer les enfants) a cet avantage de donner l'idée d'exercices d'attention, dans lesquels le principal obstacle est l'émotion même (Surprise. Désir de comprendre. Crainte de n'y pas arriver. Attention nouée).

Voici le problème. Toute opération difficile décourage l'attention. Mais le facile aussi. On arrive à purifier l'intérêt sans l'affaiblir par *des conditions de temps*. L'exercice, l'entraînement gradué donneront bien vite le calme, la confiance en soi, la rapidité de la mise en train, enfin la sécurité par rapport aux émotions (précipitation), qui sont l'équilibre intellectuel même. C'est comprendre la grande idée Cartésienne, que toutes nos erreurs viennent des passions.

Voici quelques exemples d'exercices d'attention.

1° Calcul mental (temps limité)
2° Opérations écrites
Barrer une lettre } temps limité
Additionner deux chiffres }
3° Description (Temps limité de l'observation).
4° *Jugement.*

Ici il faut se borner à des indications. Le jugement doit dominer le raisonnement et toute pensée. C'est une vue d'ensemble contre les pièges du mécanisme. Un homme intelligent peut faire un calcul. Mais les fautes seront indifféremment petites ou énormes ; tel est le danger des opérations. Une des fonctions du jugement consiste à circonscrire d'avance le résultat de manière à écarter la réponse absurde. Par exemple en mesurant d'après l'ombre la hauteur d'une maison on peut se tromper. Mais 100 mètres est une réponse absurde.

Tout calcul, toute mesure, toute opération d'entendement doit être précédée d'une anticipation du jugement fixant des limites au résultat. Par exemple pour π. Pour le nombre des grains de blé dans un verre, des centimètres cube dans un décimètre cube. Des briques dans un mur. Le calcul mental devrait être orienté de ce côté-là. Par exemple une ménagère qui fait son marché sait bien qu'elle ne dépensera pas 100 francs. L'art du jugement c'est l'art de l'évaluation, de l'approximation. Combien de blé en francs dans une charrette, etc.

La vérification éveille un intérêt purement intellectuel, et très vif.

Douzième Leçon

L'ACTIVITÉ ENFANTINE

Nous aurions pu commencer par là. Une idée que le Pragmatisme a mise en lumière est celle-ci : l'Action est la première ; entendez non pas la velléité ou comme on dit la tendance (qui supposent à la fois retenue et réflexion), mais le mouvement de l'organisme humain par lequel il change les êtres autour de lui. Il est clair que l'action précède la pensée (Penser c'est se retenir d'agir) et l'on voudrait dire même que l'action précède le sentiment. (Qui est inerte ne sent rien. Le sentiment suppose une lutte. Exemple le toucher actif, riche en sensations parce qu'il est riche en actions). Nous avons vu que les émotions se développent par les réactions de l'organisme. Au reste que savons-nous d'un enfant qui crie ? Sent-il ? Ou ne commence-t-il pas d'abord par des mouvements instinctifs, que nous prenons à tort pour des signes ? Peut-on sentir sans penser ? L'un et l'autre ne supposent-ils pas une réflexion sur l'action d'abord essayée ? Le moment de la pensée comme du sentiment, et, en un mot, de la conscience n'est-il pas le moment d'arrêt (qui est ainsi le signe naturel de l'attention) ? Sans décider absolument là-dessus, on peut juger que l'action précède naturellement la connaissance. Tout ce que l'enfant apprend de lui-même (Connaissance du monde extérieur. Éducation des sens) il l'apprend par une continuelle exploration, par un continuel essai, par une entreprise qui n'est interrompue que par le sommeil. Toutes nos connaissances concernant la position des choses (et c'est là le tout de l'éducation des sens, exemple l'aveugle-né guéri) toutes ces connaissances sont des souvenirs d'actions, des anticipations d'actions. Quand je vois ou quand j'entends qu'un objet est loin, que signifie sinon que j'imagine et en réalité que je commence, que j'esquisse l'action déterminée qui me permettra de le toucher. La perception de la distance par la vue n'est réelle que par une mimique énergique des muscles qui nous rend sensible la profondeur ou le relief. Ainsi le corps qui voit est continuellement en mouvement, en attitude, en changement d'attitude. Le relief stéréoscopique n'est senti que par un arrêt ou une préparation à reculer, d'après des signes ; et c'est pourquoi le relief nous saisit. Il y a un cas remarquable où le creux nous saisit ; cela s'appelle le vertige ; et cela intéresse le corps tout entier, comme chacun sait ; le vertige n'est que le commentaire musculaire d'une perception visuelle, c'est-à-dire l'esquisse d'un mouvement par lequel nous essaierions cette profondeur. D'où un recul énergique des mouvements combattus, enfin une belle peur (Montaigne. Pascal) ; ce qui n'arriverait point si nous jugions de l'abîme d'après les signes visuels bien froidement, comme nous calculons la grosseur du soleil (et voilà un exemple de ce savoir où le corps (l'action) n'est presque point). Mais pour le gouffre nous ne pouvons le percevoir sans déjà y sauter. Au reste la contre-épreuve existe. L'inaction complète (forme du liquide) est équivalente au sommeil, c'est-à-dire à la suppression des perceptions. Si donc on bornait la connaissance à la perception (comme il est raisonnable de le faire pour l'enfant) il faudrait dire exactement que nous pensons nos actions et qu'un objet n'est rien de plus qu'un plan d'action et une règle d'action. Il n'est pas sûr que l'homme ait le privilège de savoir jamais avant l'essai. Toujours est-il que le savoir naturel est technique toujours, c'est-à-dire que c'est un savoir-faire, ce qui suppose le faire. Sans aucun doute, chez l'enfant, l'action précède la pensée. L'enfant ne comprend que ce qu'il fait et ne s'intéresse qu'à ce qu'il fait.

Il suffit, pour se convaincre de cela, de remarquer comme l'enfant se répand en actions. L'heureux état de croissance détermine une activité qu'on peut nommer dévorante. État que l'être humain ne retrouvera plus. Richesse. Dépense heureuse de mouvement. Mobilité étonnante, même dans l'apparence du repos. Jeux bruyants. Explosion à proprement parler de l'activité. (La contraction d'un muscle est réellement une explosion).

D'où résulte d'abord cette humeur instable, bientôt irritée, si aisément agressive et méchante, que l'on constate si souvent non sans étonnement, et qui ferait croire à quelque méchanceté. C'est ici qu'il faut se rappeler que l'action va devant et que la pensée suit. L'enfant frappe parce qu'il a de la force à dépenser. Il crie de même. Il est aisément brutal. L'emportement est le régime ordinaire de l'enfant oisif et laissé à lui-même. (Le jeu de frapper dans la main). Sa propre activité l'irrite. L'excitation fait boule de neige (par la provision de force). L'ennui de l'enfant est un ennui actif, on dirait presque explosif. Cette activité spontanée, qui crée par elle-même un besoin, sans aucune autre utilité, c'est l'activité de jeu. Et la première remarque qu'il faut faire à ce sujet, c'est que les jeux non réglés tournent souvent au brutal, au convulsif, surtout devant témoins, ou avec les grandes personnes (par le jeu des opinions, et de la timidité, bientôt tournée en colère). De même une danse non réglée dégénère en agitation, excitation, emportement. L'enfant n'a aucune ruse à l'égard de lui-même. Il est naïvement irrité et directement désagréable (crier, frapper) sans aucun prétexte ; et tel est bien l'ordre naturel. Mais c'est ce que les grandes personnes ne comprennent pas toujours. L'enfant oisif, l'enfant séparé du peuple enfant. D'où l'on voit qu'il faut régler l'action de l'enfant avant de songer à régler ses pensées. Ici encore l'éducation doit précéder l'instruction. Au reste cette discipline est spontanée chez l'enfant, surtout chez les enfants réunis. Les jeux sont un fait de l'enfance. L'observation de leurs jeux est évidemment le commencement de la sagesse. On tirera de là cette conclusion sur laquelle vous pouvez déjà réfléchir, c'est que la légèreté propre à l'enfant trouve son remède dans le sérieux propre à l'enfant (Imitation. Ambition. Espoir. Sentiment qu'il ne restera pas enfant, que ce n'est qu'un passage).

Treizième Leçon

LES JEUX

Les Jeux des enfants sont des actions réglées, sans aucune contrainte, indépendantes de toute fin extérieure comme l'utilité, sans résultat donc, et qui ont leur intérêt en elles-mêmes. Par exemple un jardin avec du sable, un fort sur la plage, etc. Les jeux vont par périodes, selon les saisons et aussi selon une mode qui a ses retours. On peut juger par là de la puissance de l'imitation, et de l'opinion ; une partie du bonheur de l'enfant est d'imiter les autres, et de faire ce que tous font. Tout jeu est une sorte de danse, plus ou moins libre (balle, corde, toupie, billes, barres) qui leur donne une sécurité du même genre que celle que donne à tous la mode, dès qu'on s'y soumet. D'où nous pouvons comprendre que la discipline une fois établie aura puissance sur la révolte. (On ne pleure point à la maternelle.) Inversement, que le désordre est contagieux.

Je vois deux espèces de jeux :

		Collectifs	Individuels
		—	—
1° Jeux réglés : l'enfant se soumet à une règle.	Esthétiques	Chant, danses, rondes.	Chant.
	Force et adresse à se cacher	Marelle. Les barres. L'épervier. Le ballon. Le chat. Les 4 coins	La balle. La corde. La toupie. Le diabolo. (l'objet donne la règle)

2° Jeux Libres. Toujours d'imitation. Mais à des degrés différents.	Imitation.	Poupée. Visites. Épicières. Voiture. Cheval. École. Les métiers.
	Imagination (collectifs).	Chasseurs. Voleurs. Guerre. Déguisements. Les métiers.
	Imagination (solitaires).	Écrire (très jeunes). Dessin libre (insister sur les espèces de dessin). Constructions. Boutons. Bateau (dans les jeux réglés peut-être). *Le récit* (monologue).

Il faut considérer de près d'abord les jeux collectifs ; les passions qui portent à tricher, mais l'indignation ; c'est-à-dire que l'enfant accepte très bien la règle. Surtout un jeu individuel comme la balle, parce qu'alors tricher n'a plus de sens. Tout l'intérêt de ce jeu solitaire vient de ce qu'on accepte la règle. C'est la même chose dans le chant (même individuel) mais ici la règle ne tient plus à l'objet ni aux lois de la nature extérieure, mais plutôt a convenance avec la nature humaine. Les chansons populaires sont des beautés naturelles qui réconcilient toutes les parties de l'homme. C'est une partie de l'esthétique (avec danse) à laquelle l'enfant est très sensible. La danse, la ronde, la chanson. Les paroles magiques. Il l'est moins à d'autres, parce qu'il ne trouve pas aisément un milieu entre imiter servilement et inventer librement. Il y a une différence entre copier un dessin ou un objet, et apprendre une chanson. L'enfant s'intéresse plus naturellement à la musique, surtout par l'intermédiaire du rythme (d'abord collectif). Au reste l'art de la danse est parmi les plus anciens.

On voit comment le jeu se distingue du travail et de l'art.

Par rapport au travail. Le jeu efface le résultat. Le jeu plaît par l'action même. La dépense d'énergie est agréable ; la fin est méprisée (Exemple le jardinage. Frivolité). Le jeu ne continue pas, mais au contraire recommence (Les constructions). La sévère loi du travail est oubliée (agriculture).

Par rapport à l'art. Le jeu esthétique touche à l'art. Mais le jeu ne cherche rien de durable (le jardin). L'architecture, mère des œuvres, est tout à fait étrangère à l'enfant. Il n'y a point de contemplation. L'action dévore tout et détruit ce qu'elle a fait.

Quatorzième Leçon

LE TRAVAIL SCOLAIRE

Il y a une opposition marquée entre le travail et le jeu. Dans le travail il y a économie d'effort et souci du résultat (La Taylorisation). Dans le jeu c'est le contraire : prodigalité d'effort, sans souci du résultat (j'entends *durable*). Il est dans la nature puérile de recommencer depuis le commencement. La tradition n'y devient point chose (Les jardins, les maisons. Les jouets). En ce sens l'enfant est négligent. (Il perd. Il oublie. Il détruit). En ce sens on peut dire qu'il n'a point le sérieux ni naturellement aucune idée de l'impérieuse nécessité, ni de la continuité humaine. Cela est au contraire le trait marquant de l'homme. Tout homme doit servir ; de là vient tout honneur. Et les jeux mêmes de l'homme fait sont les Beaux-Arts toujours construits pour durer. (Aussi la musique et la danse ne se conçoivent point hors de l'architecture, des institutions, des fêtes périodiques). Et la sculpture et même la peinture tirent leur puissance de l'architecture (Michel-Ange) essentiellement *durable*. (Le plâtre. Le moulage, etc.). D'où la dure loi du travail humain qui est de continuer et de donner à continuer. D'où il suit que dans l'existence virile les erreurs et les fautes ont des suites, non seulement dans les faits, mais aussi dans l'opinion. Il faut réparer, expier ; chacun récolte ce qu'il sème. La faute suit l'homme et l'honneur le soutient (Soit dans la guerre. Soit dans les métiers — Les anciennes maisons. Le caractère d'un homme. La noblesse. Le nom. La race). Toutes ces idées sont étrangères à l'enfant, hormis la dernière, qui correspond à un sentiment fort, l'admiration ou vénération à l'égard des parents.

Le travail scolaire est intermédiaire entre le jeu et le travail proprement dit. Il se distingue du jeu par ceci qu'il doit laisser un résultat, et se continuer lui-même. Du travail scolaire doit résulter une œuvre, et cette œuvre appelle une suite. D'où la théorie du cahier. Il faut que le cours des travaux scolaires soit représenté par une œuvre individuelle et aussi par une œuvre collective. Il faut des archives. C'est-à-dire des cahiers solidement reliés. Il n'y a pas de meilleur moyen de réveiller le sérieux et d'obtenir l'effort. Ce serait folie que de se fier aux discours, à la mémoire, aux feuilles volantes. Ce serait Jeu. On recommencerait toujours. D'où cahiers de textes appris ; cahiers de rédaction. A la fois lecture, écriture, orthographe. Mais bien plus action continuée. (Pierres d'attente). De beaux cahiers aux titres ornés (s'il se peut, reliés par les élèves). Un cahier d'honneur. Ce moyen est plus nécessaire aux plus jeunes ; il est bon à tous. Le livre ne le remplace pas. (Le *Calendrier* étend cela à l'humanité). *Copier*.

D'un autre côté le travail scolaire n'a pas les lois rigides du travail humain. Dans l'appréciation du travail humain, nul ne tient compte des dispositions, ni des intentions ; une faute qui marque de l'intelligence, de l'initiative, est une perte. Les *essais* sont méprisés. On est prié de n'agir qu'à coup sûr. Ce régime déjà sensible dans l'apprentissage, si différent de l'instruction, conduit ceux qui y sont soumis à considérer le résultat ; il en fait des techniciens, des praticiens, qui méprisent l'intelligence. C'est pourquoi aussi, dans le monde du travail, le spécialiste garde sa place ; c'est qu'un succès de rencontre est peu de chose. Ainsi se font les réputations ; ainsi les réhabilitations sont fort difficiles.

Le travail scolaire, si sévère qu'il soit, est beaucoup plus doux que l'apprentissage. La faute est aisément pardonnée, elle semble naturelle ; un bon mouvement, un bon problème réhabilite aussitôt. L'épreuve ne dépend point de la précédente. Le premier n'a aucun droit ; il n'y a point de situation acquise. L'espoir est tout neuf pour tous. Et cela résulte de la nature des choses ; l'enfant part à un certain moment, qu'il faut attendre. Et se résigner à tant de papier gâté. Ce qu'il y a ici de beau, c'est que tous visent plus haut qu'ils ne savent ; tous visent au chef-d'œuvre. Ici règne une justice qui n'a point de mémoire. Ce petit monde est hors de la nature et hors de l'humanité.

D'où l'on peut définir deux déviations.

1° L'enseignement professionnel qui imite l'apprentissage. Toujours l'erreur éclaire l'intelligence. Il n'y a point de pensée sans risque. Toute technique tâtonne et craint l'erreur. C'est pourquoi l'atelier en un sens ferme l'esprit (Il le fixe, il le pétrifie).

2° L'enseignement par le Jeu. Certainement plus près de l'enfant, et plus capable d'éveiller l'intérêt, par le mouvement, la variété, la liberté, l'initiative. Mais le *sérieux* manque. Il y a autre chose que la frivolité, c'est le sérieux. Une grande ambition. Un mépris des choses puériles est chez l'enfant. Une recherche enthousiaste, un besoin d'admirer et de vénérer. Peut-être faut-il dire que le sérieux, la règle (emploi du temps), le silence, la discipline sont aussi nécessaires à l'enfant que le jeu. Peut-être le contraste entre l'un et l'autre est-il par lui-même une grande leçon. Les questions *difficiles*.

Quinzième Leçon

LA PÉDAGOGIE PRAGMATISTE

Le Pragmatisme devait renouveler la pédagogie. Si comprendre n'est pas autre chose que construire, si l'intelligence n'est jamais séparée de l'action, si donc la contemplation tant vantée se réduit à de stériles jeux de paroles, si l'action enfin est le régulateur et le juge dernier de la pensée droite, il ne faut pas espérer de faire entrer des idées dans l'esprit de l'enfant par des discours seulement. L'enfant qui écoute, dit à peu près Dewey, à la fois pragmatiste et pédagogue, l'enfant qui écoute n'apprend rien ; il n'apprend qu'autant qu'il fait, qu'autant qu'il essaie. C'est alors que l'attention, la réflexion, la pensée enfin (peser) aura un sens ; ce sera un moyen, un instrument, et, comme disait Bacon, l'instrument des instruments : l'organon.

On veut intéresser l'enfant c'est-à-dire produire en lui une sorte de plaisir qui éveille l'attention. Mais il y a deux moyens bien différents d'y arriver, parce qu'il y a deux espèces de plaisir ; l'un qui dérive de la structure de nos sens, et où nous sommes passifs. Par exemple, je veux que l'enfant aime l'école ; je veux qu'elle soit ornée, décorée de couleurs agréables. Je le touche ainsi malgré lui, je le flatte. De la même manière les contes, les récits historiques ou moraux auront pour fin d'éveiller dans l'enfant des sentiments agréables, qui, par souvenir, le disposeront à l'attention ; on dira alors qu'il aime le maître, pour tous ces plaisirs de curiosité, d'approbation, d'enthousiasme, dont l'enseignement est la source. Sans méconnaître qu'il y a des plaisirs plus élevés, plus proprement humains que d'autres, il faut reconnaître qu'en agissant ainsi on imite ceux qui donnent des friandises à l'enfant. On pourrait dire que c'est toujours une certaine sensualité que l'on cultive. Mais voyons bien où est le défaut ; c'est que l'enfant est spectateur ; il attend qu'on l'intéresse. Semblable à celui qui avait un guignol, et qui s'installait dans son fauteuil. Cette attention est paresseuse au fond et de qualité inférieure. Partout on retrouve et encore chez les étudiants de l'Enseignement Supérieur ce goût pour les spectacles, cette passivité naturelle qui assiste au cours, et qui attend que ce soit intéressant, qui croit avoir beaucoup fait si le cours est intéressant. Comme Dewey le remarque avec finesse (L'école et l'Enfant), cette attention n'est jamais entière ; elle se détourne aisément, il faut la conquérir et la conserver par les moyens de l'orateur. L'enfant, surtout jeune, y prend l'habitude de dédoubler son attention, c'est-à-dire de ne la donner que par une sorte de contrainte, en cédant à l'intérêt, mais restant toujours prêt à la tourner vers d'autres choses, incidents, camarades, jouets, bavardage, rêverie. Des études faites (Voir Sociologie et Psychologie de l'Enfant) dans des classes de la Ville de Paris font voir que l'inattention est presque la règle, et même chez les élèves réputées bonnes. J'ai connu et observé ce genre d'attention chez les garçons même laborieux ; ils voudraient faire autre chose ; ils écoutent de temps en temps, ils écoutent ce qui leur plaît. C'est l'école de la paresse.

Comparez cette attention, que malheureusement on peut dire scolaire, à celle d'un enfant qui joue, ou d'un enfant qui fait quelque chose. Il apparaît alors que l'action intéresse d'une autre façon que le spectacle. (Gœthe faisant marcher les marionnettes). Et l'on retrouve ainsi une autre théorie du plaisir, due à Aristote, bien plus profonde, et pragmatiste au fond. C'est que, hors les plaisirs qui tiennent aux sens, et qui nous sont communs avec les animaux, les plaisirs proprement humains résultent de l'action, c'est-à-dire de la puissance exercée, éprouvée, de l'essai, du risque, de la victoire ; et que les peines résultent toutes inversement de la passivité (Ennui), de l'impuissance, de l'esclavage, comme l'exemple de l'athlète le fait voir. Car il a plaisir à recevoir la couronne, mais parce qu'il l'a gagnée sans mensonge, sans faveur. Son plaisir est d'avoir triomphé de paresse, de maladresse, de crainte. L'explorateur de même. « Le plaisir s'ajoute à l'acte comme à la jeunesse sa fleur ».

Revenons à l'enfant. D'après cela je ne veux point qu'il écoute les bras croisés ; je veux que son attention suive sa propre action. Je prends comme exemple les essais de rédaction et de dissertation. Refaits. Le travail au tableau, la correction, où chacun guette et prend ce qui lui servira pour construire le développement qu'il a d'abord esquissé. Les effets sont merveilleux par ceci que l'élève ne cesse pas de considérer, d'essayer son action propre, qui est ici d'écrire. C'est une action qui suppose déjà une certaine culture. D'après cet exemple, que je connais bien, je conçois que la classe doit ressembler à un atelier (quels que soient les âges) où chacun fait quelque chose ; non qu'il le fasse parce que cela l'intéresse (on attendrait longtemps) mais plutôt il s'y intéresse parce qu'il le fait, parce qu'il invente un peu à chaque instant. Que ce soit compter, ou classer, ou construire, ou écrire, ou dessiner, l'attention alors n'est plus divisée ; tout le corps est occupé en même temps que l'esprit. Cette vue a transformé l'enseignement du premier âge. Mais il faut dire aussi que l'enseignement traditionnel (principalement le secondaire) a trouvé depuis longtemps le moyen de faire travailler l'élève en vue d'une œuvre déterminée. Les thèmes, les versions, les traductions, les compositions françaises forment bien mieux l'esprit et disciplinent bien mieux l'attention que ces *leçons* imitées de l'Enseignement Supérieur, et qui ont gâté l'Enseignement Primaire. La seule action de lire (d'ailleurs si nécessaire) fixe bien mieux les connaissances, comme l'expérience l'a montré. La difficulté est de trouver pour chaque étude un exercice où tous les enfants seront actifs. Le calcul mental est parmi les meilleurs. Aussi l'exercice d'élocution, pourvu que les résultats soient inscrits au tableau et écrits et recopiés par chacun. Sans cette précaution, la méthode socratique (Décrire un tableau — Un jardin, Un animal) ne produit que des remarques souvent vives, amusantes, mais de forme négligée. Dans tous les travaux scolaires, il n'est rien de mieux que si l'on reprend, si l'on met en forme l'esquisse imparfaite de l'élève, jusqu'à la perfection ; l'élève reconnaîtra ses propres inventions, sa propre initiative. Par exemple l'exercice des vers français est bon, comme était celui des vers latins. Bref chaque nature s'instruit selon sa propre action.

Le principe est bon. Le risque est de tomber soit dans le jeu des mains, soit dans le travail d'apprentissage, ce qui ferait négliger lecture et culture. Il n'existe pas de travaux qui conduisent à trouver ce qui est dans les livres (l'Humanité) ni qui approchent de savoir lire. La technique est sans pensée, par un genre de sérieux (T.S.F. avion) ; le jeu aussi, par le manque de sérieux (1).

(1) Ce sont des moyens pour le jeune âge d'éveiller l'intelligence ; mais ce sera toujours une intelligence technique. Tout l'art est d'enseigner ce qui est de culture en excitant toujours l'élève à faire, à inventer, à découvrir, à appliquer. Ce que les mathématiques et le latin (Napoléon) font assez bien.

Seizième Leçon

L'ÉDUCATION PAR L'ACTION

Le spectacle quel qu'il soit (Leçon oratoire. Défilé d'images. Cinématographe) instruit mal, parce que l'intérêt est placé dans l'objet et sollicite l'enfant comme par surprise. Or tout le problème de l'éducation est d'amener l'enfant à *s'intéresser* (beau mot) à des choses qui par elles-mêmes ne l'intéressent pas. Par exemple on peut entendre la musique indéfiniment sans l'apprendre ; c'est que l'on reste alors passif ; l'attention s'enfuit à chaque instant. Même, dans les moments de l'attention, il est clair, par les mouvements esquissés, que l'adulte, et surtout l'enfant, voudrait agir aussi, d'une manière ou d'une autre. Mais, si l'on ne passe point à l'action déterminée, à une action qu'on puisse faire, on n'apprendra rien. (Entendre un pianiste, cela n'apprend pas le piano. Voir un peintre. Entendre un homme cultivé).

L'enfant ne s'intéresse qu'à ce qu'il fait. Pour mieux dire, on ne peut vouloir que ce que l'on fait. La volonté en projet n'est que velléité. Pour apprendre à vouloir, il faut agir. L'attention, qui n'est que la forme intellectuelle de la volonté, ne peut se séparer de l'action. Pour obtenir l'intérêt (l'attention volontaire) il faut d'abord obtenir l'action, *l'essai*. Voilà en quoi le Pragmatisme nous réveille ; voilà ce qu'il nous apporte d'utile et de bon. Tout homme s'intéresse à ce qu'il fait, et aucun homme ne s'intéresse à rien d'autre. C'est la leçon des jeux et la leçon des métiers.

Maintenant tout n'est pas résolu par là. L'action des métiers éteint la pensée, par la dure loi du travail, qui fait craindre la faute et paralyse l'initiative. Aucune activité de jeu ne conduira à la lecture courante, ni aux Humanités. Il est vrai de dire qu'une classe ou une école doit ressembler à un atelier, non à une salle de spectacle ; chacun y doit agir sans cesse et essayer sans cesse ; le travail du maître doit être une continuelle correction, un continuel redressement. De même l'enfant doit souvent refaire, essayer de nouveau. La règle est donc que la tâche proposée à l'enfant soit toujours à sa portée. Qu'il puisse toujours essayer. (Comme le rappellent les méthodes des maîtres de piano et de dessin. Mais le musicien est ici le meilleur modèle parce qu'il divise la difficulté autant qu'il veut quand ce serait en graduant la vitesse). Ces modèles doivent toujours être présents à notre esprit. Quand on voit ce qu'un professeur de piano ou de violon arrive à enseigner, même à des enfants très médiocrement doués, on est confus d'enseigner en tant de leçons souvent si peu de chose. C'est que les enfants sont trop souvent spectateurs, (c'est-à-dire inertes, distraits, ennuyés). Par exemple une rédaction. Il ne sait comment commencer ; il perd courage. Ici on ne fait trop souvent que choisir les brillants sujets et laisser les autres. Il faudrait donc diviser les difficultés. De même pour le calcul ou les problèmes. Ce sont des énigmes pour beaucoup. Il faudrait répéter les exercices faciles. Et là se trouve une difficulté ; car les meilleurs s'ennuieront, et tous attendront du nouveau.

La méthode des tests (outre qu'elle est une méthode de classement pragmatique, pour les métiers et professions) nous apporte ici un secours, par ces exercices simples, mais dans un temps limité, qui permettent de réveiller l'attention, en la ramenant aux conditions personnelles à chacun (c'est-à-dire dans des conditions telles que tout dépend de moi, de mes passions, de ma propre discipline, de ma propre résolution). Par exemple une addition simple ennuie. Une suite d'additions (5 + 3 etc.) encore plus. Mais le test correspondant, en temps limité, intéresse tout élève, si l'épreuve est choisie de façon que les plus habiles arrivent à peine à tout compter. Même le test des lettres à barrer a l'avantage de ramener l'attention sur le détail et les éléments des mots, choses par elles-mêmes sans intérêt.

L'exercice de rédaction de même. Car 1° trouver des mots se rapportant à un sujet, c'est trop facile. L'enfant ajourne, se détourne, ne s'y met pas tout entier. Mais limitez le temps, et vous éveillez, vous disciplinez peu à peu un travail de recherche qui est ici essentiel, ce sont comme des gammes.

2° Pour la mise en forme. Une phrase sur un objet (montré pendant 1 seconde ou deux) ou sur une lecture — ou sur une chose précédemment étudiée. Toujours en temps limité. Outre que ce procédé permet d'interroger utilement 40 élèves à la fois.

Pour la mémoire même le test des 4 vers lus trois fois est certainement excellent par ceci qu'il éveille un vif intérêt qui se porte entier sur la chose à retenir. Comparez à ce prodigieux exercice, celui qui consiste à entendre une leçon d'une demi-heure avec volonté de retenir tout. C'est une volonté molle, sans prise, sans espérance, sans contrôle ; ce n'est que velléité.

Napoléon. La Géométrie et le Latin. L'un et l'autre

réussissent assez bien. Le difficile est de les remplacer, soit pour le commencement soit pour tout le cours des études. Il y a beaucoup à inventer.

Géographie. Astronomie
Histoire. Géographie
Arpentage

Dix-septième Leçon

L'ÉDUCATION DE LA VOLONTÉ

Il faut comprendre d'abord que le principal de l'éducation morale dépend de la volonté, parce que nos principales fautes (Platon après Socrate dit toutes : Nul n'est méchant volontairement) résultent des impulsions émotions et passions, c'est-à-dire du mécanisme corporel mal gouverné. Suivez seulement les effets, pour le caractère, d'une disgrâce physique pensée, par exemple maladresse et timidité. Mais il y a bien plus. On peut considérer les vertus comme définies par un énergique gouvernement de soi, en opposition aux mouvements involontaires les plus redoutables.

	Mouvements	Vertu
Trembler	Craindre. Trembler. Frémir.	Le Courage.
Briser	S'emporter. S'enivrer. S'irriter.	Tempérance.
Prendre	Convoiter. Garder. Prendre. Propriété. Pouvoir.	Justice.
Dormir	Imiter. Approuver. Croire. Adorer.	Sagesse.

Pourquoi se gouverner ? Cela est catégorique. Nul n'aime l'esclavage. Mais beaucoup désespèrent d'en sortir. Je suis ainsi c'est plus fort que moi, je n'y peux rien. Ce ne sont pas telles actions qui sont mauvaises (Prudence — Enthousiasme — Économie — Prévoyance — Vénération), c'est l'état intérieur du sujet, connu seulement par la conscience et toujours très bien connu.

Par exemple : Courage. Je me laisse entraîner, tout finit bien ; je suis décoré et loué. Mais...

Tempérance. Une colère dissimulée et invincible (insomnie). Je passe pour maître de moi.

Justice. Je voudrais garder un dépôt, je n'ose pas (Vauvenargues).

Sagesse. Je répète ce qu'on dit, et il se trouve que j'ai dit vrai (Paresse).

Au regard de la morale individuelle, ce qu'on appelle la morale sociale apparaît comme une police, d'ailleurs aisément respectée, dès que nous nous gouvernons sans mépriser *du tout* les pratiques de politesse, de civilité, d'égard, de conformité, de sociabilité, qui apportent un grand secours aussi contre les passions, et toujours bien venu. La Civilisation est cette partie de l'ordre social qui concourt à la moralité individuelle. Il faut aussitôt que possible viser au centre, et exercer les enfants à dominer leurs réactions physiologiques, *à vouloir*.

Le principe de cette éducation a déjà paru dans les leçons précédentes. De même qu'on ne peut faire attention que si d'abord on agit, plus évidemment encore on ne peut vouloir que si on fait quelque chose. Ce principe conduit fort loin. D'abord à ceci que la pensée ne peut apaiser les passions qu'en changeant la disposition du corps. La possession de soi est athlétique dans le sens strict (comme fait voir l'exemple du cavalier, de l'escrimeur, etc.). En somme la méditations sur les passions est sans issue.

Mais qui pensera à la gymnastique alors ? Il faut agir. Les passions naissent dans l'action (peur, colère, avidité, crédulité) mais aussi en réglant l'action on apaise les passions, et on prend connaissance de son propre pouvoir.

D'où on comprend que les discours concernant les actions que l'enfant n'a pas à faire présentement sont à peu près inutiles.

Par exemple on prépare mieux le soldat futur par gymnastique, adresse, patience, suite, éducation de la responsabilité dans les petits travaux des écoliers, que par des discours émouvants. L'économie n'est rien pour l'enfant, mais l'ordre, la précaution, la propreté sont quelque chose. La justice sociale est une abstraction, mais le respect du matériel scolaire, des livres, des crayons, joint à la bonne administration de ce qu'on possède est quelque chose. Un discours contre la révolte ou la violence n'est qu'émouvant ; mais la politesse scolaire, la pudeur, la mesure, le sourire sont quelque chose. *L'opinion* publique (le citoyen) est de l'avenir. Mais faire que l'enfant remonte toujours de l'erreur à sa propre inattention est une leçon de jugement. Bref l'enfant, en sa situation scolaire (et familiale, et sociale), comme enfant, peut agir ; c'est en ces actions qu'il apprendra à vouloir. Par exemple attention à l'écriture, à l'orthographe, cela va aussi loin qu'on voudra. « Sois non pas droit, mais redressé ». L'enfant ne s'instruit moralement que par les fautes qu'il fait. Par exemple un discours sur l'ivrognerie est déplacé, mais une faute contre la discipline (emportement, fureur) instruit l'enfant et les autres. Qu'il apprenne à vouloir en ce qu'il peut vouloir.

La bonne volonté n'est pas assez ; c'est l'action qui forme l'enfant.

Deux manières. 1° à l'École. Exemple Michelet, celui qui a la clef de l'étude. Un surveillant du vestiaire. Un protecteur des nouveaux. Balayer, aérer, mettre les papiers à la corbeille. Garder la craie. Compter les ardoises. Ces petites fonctions mettent l'enfant en présence de lui-même, de ce qui dépend de lui. De proche en proche (moniteurs) on peut arriver à une liberté presque sans limite. (Se déplacer. Demander un renseignement. Aider le voisin). Les grands éducateurs ne trouvent pas ici de limite (Système anglais).

2° La discipline elle-même peut servir à la même fin. Par exemple se ranger au sifflet ; en apparence c'est contrainte. En réalité bonheur de se gouverner, surprise de se changer si vite. (Rompre les rangs). En toute action éviter la lenteur, la mollesse, l'indécision, la gaucherie et niaiserie. Il ne faut pas mépriser ici le modèle militaire, qui fait, pour l'éducation réelle, beaucoup plus qu'on ne croit, d'ailleurs sans y penser. Bonheur de bien exécuter, et *vite*. Les épreuves (tests) dont j'ai parlé sont par elles-mêmes des exercices de volonté contre les passions. (Exemple un calcul en 4 secondes. Qui empêche ? Timidité. Mauvaise humeur. Indécision. Douter de soi. Réflexion sur soi, intempestive. Tous les exercices scolaires. Exemple : Terminer à l'heure. Épargner sur la mise en train. Faire ce que tous font. S'y mettre. Se mettre au travail comme on se met au jeu.) Vivacité, précision, immobilité après l'action, tels sont les signes d'une volonté déjà exercée. Croire en soi, jurer de vouloir, voilà le tout. Mais il faut essayer.

Ensuite l'habitude et la gymnastique.

Dix-huitième Leçon

L'HABITUDE ET LA VOLONTÉ

Il faut insister encore sur l'Habitude et sur la Coutume, que les analyses classiques ne distinguent pas assez. C'est dans Hegel qu'on trouve l'idée essentielle. (Philosophie de l'Esprit). Il faut partir de la coutume, qu'on peut appeler aussi routine (dans les métiers) et qui est comme un mécanisme monté par la répétition (Traces, chemins de moindre résistance). La coutume nous amène à réagir de la même manière dans des situations très différentes. Chacun a des coutumes dans son langage. Baste. Parfaitement. Nous sommes d'accord. C'est bien entendu. La famille développe un système de coutumes qui va à un langage fermé et sans variété. Les lieux communs sont des coutumes. Les proverbes aussi. La coutume endort. C'est le premier moment.

Mais il arrive qu'une situation nous jette hors de la coutume. L'effet, comme Hegel l'avait bien vu, est une sorte de fureur, où il entre de la peur, de la maladresse. (Le bégaiement). Toutes les coutumes s'agitent (c'est proprement le jeu de l'imagination). D'où un sentiment d'humiliation qui ne trouve point de remède, on le voit en ceux qui discutent mal, ou qui agissent violemment, gauchement. (Colère contre une serrure, contre un faux col). La coutume tient de près au fanatisme (Fureur contre celui qui trouble l'ordre du cérémonial, aussi bien dans les pensées). La coutume est donc comme un costume qui nous enchaîne. La coutume est un esclavage. L'événement insolite provoque stupeur ou fureur. L'enseignement doit compter avec la coutume, d'abord parce que l'enfant apporte ses coutumes familiales et individuelles (dont la timidité, l'entêtement, la mauvaise humeur sont les signes). Aussi parce que tout ce que l'on veut faire faire par volonté, la coutume le reprend (Les lettres changées dans une figure de géométrie). Un exemple de coutume : deux ouvrières mettront deux fois plus de temps. Un mécanisme se crée continuellement ; on ne peut dire qu'il soit tout mauvais. Mais enfin agir et parler ainsi en somnolant, ce n'est pas d'un homme.

La coutume est le grand obstacle à la volonté, non seulement parce qu'elle ramène le mécanisme, mais surtout parce que tout changement dans le mécanisme est trouble et bientôt colère. (Le timide). D'où raideur, maladresse, désespoir. Faire ce qu'on veut, ce n'est pas immédiatement facile.

Je signale ici un lieu commun concernant l'action de coutume, c'est qu'elle est troublée par l'attention et la volonté. Ce n'est qu'un lieu commun, si on l'applique à l'habitude. Il faut répéter que l'habitude (Habitus, possession) n'est point un obstacle à l'action nouvelle. Le premier effet de l'habitude est d'apaiser cet étonnement musculaire, si l'on peut ainsi dire, qui nous paralyse dès que nous sommes mis en demeure d'inventer. Mais comment arriver à cela ? Considérons le piano ou la gymnastique. Le principal de l'étude consiste à répéter partie par partie, non pas en vue de répéter imperturbablement, mais au contraire en vue de remettre les muscles sous la domination de la volonté. L'obstacle est la raideur, qui tient d'abord tout le corps et qui se rétrécit peu à peu et est enfin vaincue. Mais on voit bien qu'il y a deux manières d'apprendre, apprendre une suite d'actions et au contraire apprendre à faire ce qu'on veut. Ce sujet est neuf et de première importance. Il faut distinguer deux profits dans un enseignement. Savoir une chose, et au contraire être en mesure d'inventer en présence de toute chose. Réciter le *Lac* est une chose ; décrire un paysage et un sentiment ensemble est autre chose. Dans l'apparence, on ne voit point de grande différence entre une manière d'apprendre et l'autre. Dans les deux cas il faut répéter. La différence est intérieure et même intime. Dans un cas on se jette, on se *mécanise* si l'on peut ainsi parler, on s'interdit de vouloir ; on reprend son élan, on passe. L'action devient étrangère à mesure qu'on la fait mieux. Tel est le pur métier ; et c'est là que vise l'apprentissage. Au contraire dans l'autre genre de travail on ne cesse point de vouloir, on ne cesse point de commander de mieux en mieux de pouvoir s'arrêter de mieux en mieux et reprendre de mieux en mieux. (Exemple l'escrime. La parole. Le style). Par ce genre de travail qui brise en quelque sorte la mémoire, on se trouve bientôt en présence, à chaque instant, de plusieurs actions possibles, sans aucune nécessité qui nous pousse ici et là. D'où résulte une sécurité et une sérénité (Bach lisant un morceau difficile). Donc perception claire et l'action suit. (Escrime : le voile). Le style donne des surprises du même genre ; car il y a un *entraînement* (c'est le mot des maîtres de gymnastique) qui nous fait maîtres de nous à ce point que tout ce que nous faisons est inventé ; les mots sont nos serviteurs ; tout le vocabulaire est à nos ordres. C'est dire avec Hegel que par l'habitude notre corps devient fluide, c'est-à-dire propre à traduire exactement la pensée, c'est-à-dire la situation perçue. Un exemple remarquable ; les Sénégalais à cheval ; ils sont aussitôt comme il faut être, par la souplesse. Les animaux semblent agir (autant qu'on peut dire qu'ils agissent) dans cet heureux état d'indifférence qui rend vif, précis, adroit. Sans doute la coutume participe de la pensée. La répétition, aimer la répétition, c'est en quelque façon persévérer dans son être. La coutume est aimée. Le témoignage des autres y ajoute beaucoup de force. *Bien penser* cela prend un sens singulier ; il y a un *bien penser* directement opposé à celui-là : douter, savoir douter. Se retenir. Ne pas se jeter. De même le jugement est au-dessus des règles. L'art de vivre fait une part aux règles et aux coutumes, mais sans s'y laisser emprisonner. (Le style). Deux manières d'apprendre l'anglais ; mais toujours la coutume l'emporte, parce qu'il y a des Anglais. Avantage du latin.

Je reviendrais encore aux exercices en temps limité, qui ressemblent aux mouvements élémentaires de la gymnastique, en ce que le seul obstacle est la peur (mêlée de colère) et cette opinion passionnée. Prix de 28 objets à 0,25 ; à 1 ce serait 28, c'est le 1/4 de 28, c'est-à-dire la moitié de la moitié. Mais il ne faut point penser à autre chose (On compte une, deux, trois secondes) ; surtout il ne faut pas se crisper, s'irriter, s'affoler, se dire qu'on ne va pas savoir. Si l'on y fait attention, dans un cas comme celui-là, le mécanisme est dominé. Par de tels exercices, on conquiert l'habitude de compter. Le calcul écrit tient beaucoup plus de la coutume.

Le problème est de grande portée. Car tout enseignement doit former des coutumes (une certaine conformité) mais aussi les rompre sans cesse (initiative, invention). Tout le travail doit se mouvoir sans cesse d'un terme à l'autre.

Dix-neuvième Leçon

LA VOLONTÉ ET LE TRAVAIL[1]

Il s'agit ici de la moralité. Apprendre à vouloir c'est apprendre à se conduire, au lieu de se laisser conduire. Et il faut d'abord écarter un sophisme d'après lequel on confond volonté avec résistance à l'autorité, résistance à la règle. Il est bien rare que l'homme résiste à la règle (Discipline militaire. Obéissance aux lois. Obligations du métier) autrement que poussé par ses passions. Toutes les règles, prises par un certain côté, invitent l'homme à surmonter les fatalités (ou nécessités) de sa nature. Par ce côté, l'obéissance (Epictète) est toujours bonne par la puissance qu'elle nous fait conquérir sur nous-mêmes (Colère, peur, paresse, lenteur, impatience). Mais enfin il se trouve des hommes qui refusent la règle extérieure d'après une obligation de conscience bien claire, et devant des peines bien pires que celles qu'imposerait l'obéissance. Polyeucte. Il n'y a point d'enfants qui résistent à la règle scolaire d'après un devoir supé-

(1) [Les exercices de la volonté.]

rieur. Mais toujours la désobéissance indique non pas la force mais la faiblesse. (Entêtement : L'enfant boudeur, résistant, fermé — Colère : L'enfant violent, insolent, impulsif — Légèreté : L'enfant bavard, peu attentif, négligent. — Paresse qui consiste dans l'enfant à ne faire que ce qui plaît : Dormir. Ne pas se laver. Ne pas étudier. Ne pas faire attention). Paresse est faiblesse. Légèreté, colère, entêtement, de même.

La règle scolaire ressemble à toute loi en ceci qu'elle a deux sens : la contrainte, et l'invitation à vouloir. Elle y ressemble aussi en ceci que ceux qui refusent la bonne volonté sont contraints, pour des raisons d'ordre. (Encore bien plus pressantes quand il s'agit d'enfants, surtout qui n'ont que peu d'années pour s'instruire, et que les parents confient au maître.) Mais de toute façon il faut obéir. Mais cette contrainte n'est qu'un moyen extérieur, préliminaire, préparatoire, étranger à la vraie éducation. Une fois l'ordre assuré, il faut que la contrainte cesse d'agir et que les bonnes volontés (admirable pléonasme) disons simplement les volontés s'éveillent. Il me semble que l'enseignement moral réel consiste dans ce passage. Et remarquez l'avantage du maître sur le père. Le père commande au nom du sentiment. Le maître au fond ne commande jamais. Il attend (comme Moïse (Claudel)...). Le discours le plus fort qu'il puisse faire est dans ce genre-ci.

« Je ne parle pas de l'ordre. Il faut que l'ordre soit. Il sera. Il n'y a point de doute. Là-dessus je n'ai pas à conseiller ni à reprocher, j'exige, je force. Mais cela obtenu, je compte que je n'ai encore rien obtenu. Il n'y a aucune vertu ni aucun profit dans l'obéissance forcée. Je veux des êtres libres, c'est-à-dire que je mets chacun de vous en face de lui-même. Vous vaudrez selon que vous voudrez. Un homme faible n'est rien. Vous remuez et bavardez, c'est faiblesse. Un rien vous détourne, c'est faiblesse. Vous cédez à l'impatience, à la colère, c'est faiblesse. Vous manquez de courage, de confiance, d'espérance, c'est faiblesse. Chacun des exercices scolaires est l'occasion pour chacun de se gouverner lui-même et de s'élever au-dessus de l'animal. Or pour l'accessoire on peut aider, mais pour le principal, qui est vouloir, on ne peut aider. Je ne puis vouloir à votre place. Même, ici, je ne dois point vous offrir à la légère des secours étrangers (sentiments, récompense, etc.), ni même PUNITION. Et il n'y a pas la moindre lueur d'espoir pour qui ne veut pas. Les fautes d'ignorance ne sont rien. Il faut le temps pour tout. Mais les fautes (manques) de volonté sont des défaites pour vous. Il n'y a point de petites fautes. Vous manquez de courage pour vous lever, c'est manquer de courage. Il n'y a pas d'autre héroïsme présentement pour vous que ce choix continuel du difficile, du déplaisant, du rebutant. Et tout héroïsme suppose cela. (Les soldats font leur métier). » Le fait est que l'habitude de travailler quand on veut, aussitôt qu'on veut, aussi longtemps qu'on veut, est une vertu qui manque à bien des hommes. (Ils ajournent. Ils perdent temps. Ils cherchent excuse.) Et c'est déjà beaucoup d'avoir travaillé d'un travail purement écolier. Il y a un exemple étonnant. (Pierrefeu. Les Brevetés). Ce n'est point paradoxal. Ce sont des hommes qui dans leurs études ont su se gouverner, et par cela seul ils sont et restent supérieurs, quelle que soit la tâche. Il faut toujours classer, examiner, décider. Savoir commencer et finir. Si l'on y fait attention on voit qu'il n'y a point de vertu qui ne suppose celle-là. (Le juge Popinot dans l'*Interdiction*. Aussi Mme de la Chanterie (Association de Charité).) Travailler est la grande vertu. Examinons (L'oisiveté, etc.)

1° L'assiduité qui consiste en une suite de résolutions qui concordent (Par exemple on craint de manquer). L'accord avec soi-même. Remarquez l'assaut des prétextes ; ils ne manquent jamais.

L'assiduité suppose confiance dans le temps et l'accumulation (considérer le travail fait).

2° L'exactitude (par crainte de la précipitation, de dépendre des choses) qui concerne une action déterminée. Arriver à l'heure. Avoir terminé à l'heure. (Le lièvre et la tortue).

Il n'est pas difficile d'être en retard.

3° La mise en train. Ne pas s'amuser à de *lents préparatifs*. Attention immédiatement disponible. Instantanément au travail. (La règle scolaire doit être ici un secours). (Récréation. Étude).

4° L'ordre. *Une seule chose à la fois*. Économiser la partie matérielle du travail (qui donne l'illusion du travail). Ne pas ajourner l'important et le difficile (Les Notes, les Fiches).

5° Le repos. Tourner le robinet. Dormir au commandement. Oublier. Ne pas penser mollement et soucieusement à l'obligation de penser demain. Y être tout ou s'en retirer, se détendre. Le travail n'est pas un sujet de conversation.

6° La règle. Se donner un emploi du temps. (Le Chevalier de Saint-Louis à la Trappe.)

7° La patience et la ténacité, la SUITE. L'idée qui doit dominer ici, et être souvent rappelée c'est qu'il n'est d'artiste (romancier, peintre, ministre, général) que par d'immenses travaux (Balzac). Et encore une fois il faut revenir sur cette idée que « patience et longueur de temps... » Exemple : Un pont, une maison. Paver une rue. Lire Voltaire. Ne pas se laisser écraser par les perspectives. Et ici encore l'expérience scolaire est plus précieuse que tout. Rien ne la remplace. Le métier la remplacerait. Mais le métier (manuel) a quelque chose qui découronne le travail, c'est qu'on ne jouit point de l'œuvre. Au lieu que s'instruire est une œuvre qui est d'abord fin et ensuite moyen.

Il est important de présenter toujours les exercices scolaires comme des exercices de volonté. Faciles *si on veut*, impossibles *si on ne veut pas*. Ce genre de difficulté doit être le seul. A l'excuse : je ne sais pas, il faut pouvoir répondre : vous ne voulez pas.

L'idée de *réparation* remplaçant la *punition* (c'est la punition volontaire).

Se promettre à soi-même. Se jurer à soi-même. Le maître : « Ce n'est pas à moi qu'il faut promettre. Qu'est-ce que cela me fait ? Voulez-vous être sot, ignorant ou *sans courage* ? Je n'y puis rien, et je trouve JUSTE que ce soit comme vous voudrez. Pourquoi vous pousserais-je. C'est injustice. Vous devez combattre avec vos propres forces. »

Vingtième Leçon

LA DISCIPLINE INDIVIDUELLE

Je traite ici de la discipline individuelle et je la distingue de la discipline collective qui n'est que police. Laissons l'ordre ; supposons-le. Il reste encore des fautes, et des sanctions. Par exemple : Paresse ; devoir fait sans soin. A refaire. Privation de quelque loisir ou promenade ou jeu. Pis l'élève a menti disant que sa mère est malade. Punition plus grave. Avis aux parents par cahier de notes ou lettre. Réprimande, quelquefois publique : Punition exceptionnelle (Renvoi temporaire. Autrefois séquestre. Vers à copier. Retenue, vers à écrire sous dictée). La punition ici ne peut prendre figure de vengeance. Le maître se résigne aisément. Mais il se reprend en songeant à deux choses. D'abord les parents lui ont délégué autorité et surveillance. Puis il pense à l'enfant lui-même, et non seulement aux suites matérielles (insuccès, esclavage, pauvreté, humiliation) mais encore à ceci que l'enfant ne se développera pas, ne sera pas lui-même. Une pensée qui ne s'allumera pas. Faute contre la civilisation, contre l'Humanité. Au fond, faute contre la charité si l'on se résigne. Ainsi il apparaît que la punition est un bienfait. Socrate le dit dans le *Gorgias* de Platon. Heureux celui qui est puni, c'est-à-dire qui est détourné de suivre les plaisirs et la nature inférieure par une peine prévoyante (qui anticipe) qui l'arrête, qui le fait réfléchir, qui le pousse par des moyens extérieurs (Contrainte. Menace. Promesse) à entrer dans une autre voie, et à goûter à d'autres plaisirs qu'il ignore totalement (Christophe et la musique. La culture. La lecture. Le jugement. L'entretien avec soi et avec d'autres. La vie supérieure.) Platon insiste là-dessus que l'inférieur n'est point juge et ne peut faire la comparaison. On ne peut pas faire goûter à un paresseux le plaisir de travailler ; il faut d'abord qu'il travaille.

Mais d'un autre côté, il n'y a de plaisir que dans l'action libre. Ambiguïté de la notion de *Travail*, la pire et la meilleure des choses. C'est ce qu'il y a de libre dans le travail qui plaît. La contrainte par elle-même ne mène à rien qu'à une vie triste et ennuyée. Cercle dont il faut sortir.

Le but, c'est d'obtenir un effort libre, généreux (comme dit si bien Descartes). La première condition c'est que l'effort tel ne soit jamais méconnu. Éviter le préjugé (Ne fera rien). Ne pas abandonner l'enfant. Interroger. Corriger. Attendre patiemment (à cela s'ajoute le caprice physiologique. Dans le temps de la croissance, il y a des périodes d'inertie intellectuelle, et des réveils soudains). Il faut suivre ces faits de nature avec une grande égalité d'humeur, et c'est ce que les parents ne savent point faire. Même si un enfant s'attristait et perdait courage, il faudrait lui rappeler cette idée même. Mais aussi l'autre idée, c'est qu'il doit se gouverner et s'imposer la tâche, même si les résultats ne sont pas bons. Souvent une composition effraye. Il faut la présenter comme un exercice de volonté, la victoire consistant non à faire bien, mais à faire. Inconvénient du classement. Mais il faut qu'un élève ait le courage de se connaître et de se comparer aux autres. (Pourquoi cette comparaison doit lui donner courage. Le Premier et le dernier : faible différence). Donc saisir les symptômes du réveil, les attendre, ne point s'en étonner. Dire : « Vous vous y mettrez et cela ira tout seul. (Comme pour nager. Le sang-froid admirable du maître.) Vous êtes ici pour vous tromper et moi pour vous redresser. J'étais comme vous. »

Faire entendre que la punition ne sert à rien si elle n'est volontaire. On peut amener l'élève à se noter lui-même, à fixer lui-même la réparation. Dans la famille les promesses (monnaie fiduciaire) ont cours. A l'école il faut promettre précisément de réparer. Et à qui promettre ? Non pas au maître, qui n'a besoin de rien, (qui ne doit jamais se montrer affligé ni irrité, l'enfant aimerait ce pouvoir). Mais se promettre à soi-même. Et encore ne pas se promettre à la légère. Le repentir n'absout pas et ne répare pas (Rubempré). Promettre peu, et *tenir* (Mr. de Saint-Louis). Toujours poser la question ainsi. Voulez-vous être sot, ignorant et *sans courage* ? Non ? Mais moi je n'y puis rien. Je ne puis vouloir à votre place. Au fond *je ne le dois pas*. Comparez un pauvre qui travaille seul, un riche qui a un précepteur savant et sévère. Injustice. (Ici se place l'inconvénient des concours, si le maître en fait une affaire personnelle. Jamais il ne doit laisser voir un tel sentiment ; il doit s'en défendre).

Contraste entre le jeune bourgeois (qui attend) et le prolétaire, qui ne compte que sur lui (mot de Jeannin).

Le problème des leçons particulières. Il faut d'abord les mériter. Mais ce n'est jamais sans inconvénient.

Vingt et unième Leçon

LES CARACTÈRES

Introduction. Les Tempéraments
L'Humeur. La Santé
La Personnalité. L'Individualité

Deux choses à dire encore et auxquelles l'éducateur doit se tenir toujours.

1° Les natures ne changent guère.

2° (Comte) Une très faible variation suffit, et il n'y a point de prédestination.

Toute notre étude tend à rendre ces deux idées plus familières et plus assurées.

Nous nous élevons maintenant au caractère qui est l'humeur pensée. Dans l'humeur il n'y a point de pensée. Au contraire un caractère se pense lui-même, se connaît et se reconnaît. Quand je disais qu'on peut jouer de son humeur, j'approchais du caractère ; mais peut-être je passais par-dessus. Car jouer implique cette nuance que l'on ne se prend pas tout à fait au sérieux ; un caractère se prend au sérieux. On dit quelquefois trop vite que, si on connaissait le caractère d'un homme on pourrait prévoir ses actes de même qu'un chimiste... Ce n'est pas si simple ; l'homme n'est pas terminé à son caractère ; mais le propre du caractère c'est qu'il se termine lui-même : « Tel est mon caractère ». Le bourru sait ce qu'il se doit à lui-même. Le frivole aussi. Le violent aussi. Le rusé aussi. Un homme qui ne pardonne pas a juré de ne jamais pardonner. Un obstiné, de ne jamais céder. (Grandet et sa fille). Il y a de l'infatuation dans tout caractère et une sorte de tyrannie. Par exemple n'aimer point les odeurs. Ne pouvoir dormir dans le bruit. L'homme fait vanité de tout ; et relève au niveau du caractère ce qui bien clairement tient aux vicissitudes de la santé. Exemple le malade qui ne peut dormir et qui s'irrite d'avoir dormi. On voit qu'il y a dans le caractère comme une personnalité morale, mais limitée aux petites choses ; la forme est trop loin de la matière. Le propre de la Grandeur d'âme est de laisser aller l'humeur sans s'occuper de la mettre en système ; par quoi elle tombe aussitôt. Tout homme déclamerait pour un bruit imprévu (une porte) mêlant en son discours son propre caractère et celui d'autrui. L'homme véritable tressaute, esquisse le discours, mais bientôt en rit, et, mieux, l'oublie, l'abandonne comme chose de peu, indigne d'attention. J'en dirai autant de presque toutes les fautes des enfants qui ne sont qu'humeur, et qu'il faut oublier, bien loin de les rappeler, et de modeler ainsi un caractère. « Qui a menti mentira ». « Elle a trompé son père... » *Othello.* Mais ce n'est point vrai des enfants, ni aussi vrai qu'on le croit des hommes.

Vingt-deuxième Leçon

ESQUISSE D'UNE CLASSIFICATION DES CARACTÈRES

Comment classer les caractères ; ou comment préparer un vocabulaire qui permette de décrire sous ce rapport tel homme ou tel autre. Envieux. Jaloux. Vaniteux. Dissimulé. Violent. Bourru. Indolent. Frivole. Paresseux. Irrésolu. Obstiné. Voilà des traits de caractère. Ils ont ceci de commun qu'ils se retrouvent en tous les sentiments, en toutes les actions, en toutes les pensées.

Cette division classique fournirait peut-être une classification intéressante des caractères :

Les Affectifs. Les Actifs. Les Intellectuels.

Ces trois fonctions doivent s'équilibrer. D'un côté l'affection (sentiment ou passion) ne va pas à son développement sans l'action (culte, pratique, épreuve) ni sans la pensée.

Vingt-troisième Leçon

LE DÉVELOPPEMENT INDIVIDUEL PAR LA CULTURE COMMUNE

C'est en dessous du caractère, le plus près possible de la nature biologique, qu'il faut saisir l'enfant. Ce qui frappe, alors, c'est cette nature en chacun unique, et pour le principal immuable, qui apparaît à l'observateur. Celui-ci est un actif sanguin et le sera toujours ; toujours l'action avant la pensée ; émotion plutôt que passion. L'attention suit les actes. Cet autre est sentimental (affectif) et bilieux. L'affection sera toujours son principal motif d'agir et de penser. Ce nerveux sera curieux et instable. Je laisse les nuances ; il faudrait décrire des individus. Et il est clair, comme dit Spinoza, que tel individu ne pourra jamais désirer quoi que ce soit s'il ne désire d'abord persévérer dans son être ; il ne se développera donc que selon son propre plan. Tout lui sera nourriture, mais digéré et transformé à sa propre image. Non seulement il est bon que cela soit ; mais il est nécessaire que cela soit. Toute invitation à changer son être et à revêtir une nature étrangère est donc vaine.

Les vertus en lui seront bien plus proches de ses défauts ou vices que des vertus du voisin. Par exemple la prudence de la dissimulation. Le courage de la brutalité. La probité de la sécheresse. La science de l'esprit de contradiction. La persévérance de l'obstination. Mais c'est encore trop général ; il y a autant de manières d'être obstiné, brutal, dissimulé, rusé, étourdi, qu'il y a de natures individuelles ; autant de passages à la vertu correspondante, autant de visages de la persévérance, du courage, de la probité, de la sagesse. Il faut donc aller au bout de l'idée, et aimer les différences.

Il faut les aimer, car elles sont la force. Cet attachement de chacun à sa nature est la garantie d'une connaissance, d'un sentiment, d'une vertu ; ce qui lui convient il le saisira et gardera par ses moyens propres. On ne s'appuie que sur ce qui résiste. Par exemple une promesse repose sur la promesse d'être fidèle à soi, ou bien elle n'est rien.

Autre idée. Petites variations, suffisantes. Défiance à esprit critique. Brutalité à courage. Attention à ses propres intérêts et probité. Manie de l'ordre et esprit d'ordre. Mais disons encore mieux : toute vertu résulte d'un vice non pas contrarié, mais développé. Un explorateur. Un inventeur insouciant. Un soldat. Un administrateur.

Et enfin disons qu'il n'est pas à craindre que la nature cède jamais, ce qui nous dispense de tant y faire attention et de la cultiver pour elle-même.

Telle est la nature. Il faut d'abord se garder de l'enfermer dans un caractère, de la condamner. C'est arrêter un développement certainement bien plus riche que nous ne pouvons le prévoir. Ne pas parler aux hommes, dit Spinoza, de leur esclavage *(Privatio nihil est)* mais de leur puissance. Ce qui revient à louer plutôt que blâmer, et à inviter selon les leçons de Platon chacun à être pleinement ce qu'il veut être. Reconnaître ce qui existe, ce qui annonce ou promet, laisser le reste. Non point définir, mais assister à la définition en acte ; car dans un enfant rien n'est fait. Délivrer l'idée intérieure, la formule propre de l'être ; cela ne suppose point qu'on se presse de la terminer. Après cela, il ne peut être question de détourner le maître d'observer, de connaître... C'est sa récompense. Je conseille seulement de qualifier plutôt l'œuvre que l'être, de ne rien prédire de mal : « n'est pas encore parti ; n'est pas encore éveillé ».

Bon, maintenant il faut agir, aider, tendre la main ; c'est l'enseignement même. Comment ? Une heureuse nécessité (heureuse à d'autres égards encore) nous impose l'enseignement en commun. Nous ne saurions jamais choisir, enseigner pour tel ou tel. Cette connaissance passe tout homme. Mais bien mieux nous n'avons pas à y penser. Les moyens de culture que la tradition a retenus sont justement ceux qui offrent prise à tous et aide à tous. (Comme la musique parle à chacun, sans être faite pour lui). Le vrai et le beau ont ce privilège de développer les natures. Le vrai, parce que les choses extérieures s'imposent de toute façon, et que, quelque usage qu'on en doive faire (les faire, les rechercher, les changer) la première condition est de les connaître le mieux possible. L'erreur diminue toute nature, toute puissance. Ainsi l'observation, la preuve expérimentale, le calcul, et le *doute* qui est le sel de toutes ces choses, tout cela est bon pour tous, et finira par intéresser chacun, par la variété, par la réalité, par la nécessité. L'esprit géométrique, qui commande toutes les recherches, est bon absolument pour tous. Il faut donc s'obstiner, revenir, d'après cette idée que le plaisir (l'intérêt), la curiosité ne sont pas des signes suffisants. Les plaisirs sont bien (Aristote) les signes des puissances mais seulement quand on sait au moins un peu. J'ai donc le (1) devoir de ne point donner à choisir (Parents et enfants se trompent ici) et de poser en règle que celui qui n'a point du tout goûté à la Géométrie (la Science) manque certainement d'un certain développement de lui-même, de son originalité propre.

Mais ce n'est pas assez dire. Il faut, à travers les différences, chercher son semblable, *croire* à l'esprit humain. L'histoire des grands esprits en est la preuve. Quoi de plus différent ? Socrate, Platon, Aristote, Descartes, Leibniz, Newton (Les différentielles). Mais la science se fait ; l'esprit humain se définit par toutes ces natures si différentes. La culture apprend à aimer les différences sans cesser d'aimer l'humain. Et cette culture bonne pour le maître, est bonne pour l'élève aussi : qu'il se voie différent, mais non pas étranger. Penser, c'est cela même.

Le culte des belles œuvres (poésie et les autres) conduit dans les mêmes chemins, plus efficacement encore. La musique sait bien trouver la nature, elle calme toutes les passions. La poésie aussi touche chacun en son particulier ; elle réconcilie l'inexprimable et l'humain. Toute la culture rapproche les hommes sans leur demander de renoncer à eux-mêmes. En fait plus un écrivain est lui-même, plus il touche l'individu. Ainsi l'amitié des grands hommes et familiarité nous révèle à nous-mêmes. Par exemple Montaigne ; il ne se soucie point de nous aider. Exemple, non modèle (R. Rolland). Nous sommes sauvés par des hommes qui se sont développés eux-mêmes, sans penser à nous. L'expérience fait voir qu'un Descartes, un Balzac n'arrivent à développer leur nature que par d'amples études.

(1) [droit].

Donc poser que le Grand Homme est ce qui convient, et que le médiocre ne convient à personne.

Quelle est la raison dernière de cela ? C'est que le Bien n'est pas une commune formule, mais la foi de chacun en soi. Toute œuvre humaine est l'histoire d'un homme qui s'est sauvé tout, qui ne s'est pas craint lui-même. Ces œuvres donnent donc espérance et foi. L'idée même ici exprimée est tonique au plus haut degré, écartant complètement cette faible idée de la conformité par l'amour des différences (Charité). (L'idée janséniste de la prédestination.)

Vingt-quatrième Leçon

L'ÉCOLE ET LA FAMILLE

La famille est aisément considérée comme un milieu naturel (c'est-à-dire où la volonté humaine n'a rien changé pour le fond, donné, fait). La société de même, quoique ce soit plus difficile. La sociologie se définit par ceci qu'elle considère la société non pas comme régie, encore moins formée, par des lois décrétées par l'homme, mais au contraire comme manifestant par les lois écrites des lois naturelles analogues à astronomie physique chimie biologie (Montesquieu : Ambiguïté du mot loi reconnue : idée sociologique). Histoire naturelle des sociétés. (Le pouvoir réformateur).

Nous avons à considérer l'école tout à fait de la même manière, non pas comme une institution qui paraît bonne à tel sage ; mais comme un fait de la nature humaine, tout aussi net que les deux autres, et s'opposant à tous deux.

L'assemblée des enfants (par âges) est un fait de nature et de société. Cette assemblée (jeux — explorations — amitiés) s'oppose à la famille ; et encore mieux lorsqu'elle s'organise sous le maître (un vieillard conteur, moraliste, conseilleur).

1° La loi biologique de la famille rassemble des êtres d'âges différents. La hiérarchie est partout ; les rapports des parents aux enfants sont imités et répétés. — L'école n'offre point cette hiérarchie ni aucune. (Le premier n'a aucun durable privilège). L'école est le seul exemple de l'égalité (par classes) sous un pouvoir qui n'est ni jugé ni discuté.

2° La loi du sentiment régit la famille. D'un côté on exige sans mesure. (Le sentiment bientôt tyrannise, dit Aristote) ; de l'autre côté on se plaint de ces exigences parce qu'on y voit le signe d'un sentiment faible. Par exemple la sévérité des parents est mal comprise ; et eux-mêmes souffrent de cela. « Cet enfant n'a pas de cœur » ; et de l'autre côté « personne ne m'aime ». D'où des malentendus qui sont presque la règle. Des jalousies. Au total tous se gênent et personne n'est content. En particulier l'enseignement est impossible, par le jeu des sentiments. Les parents exigent trop, sont humiliés par la faute, par l'inattention. Les enfants en revanche ont trop de prise, par la tristesse affectée, par la gentillesse, par les flatteries de sentiment.

Au contraire à l'école, l'enfant ne joue jamais sur le sentiment ; il sent bien que le terrain n'est pas solide ; il n'obtient ni tristesse, ni même colère (ce qui est encore une preuve d'affection, c'est-à-dire un espoir de puissance ; bien faire attention ici). Le sentiment est subordonné. Polichinelle, maman n'est jamais fâchée. La maîtresse non plus mais en un tout autre sens. (Comparaison des enfants. Habitude de métier.)

3° A cela s'ajoute que la famille, étant biologique d'essence, est naturellement dominée par les fonctions biologiques. La santé. Le ménage. Le travail réel. L'économie. Les soucis de commerce et de clientèle. Il n'y a point de règle propre à l'enfance, ou bien elle fléchit à chaque instant. (Retards d'une leçon. Congé, etc.)

L'humeur aussi en dépend ; et la source, le fait économique, est ce que l'enfant comprend le moins (Ne pas crier. Ne pas salir. Ne pas déranger. Il y a des jours tristes et des jours gais, etc.). D'où il se croit souvent victime d'injustice (et le sentiment n'a point de mesure ici, puisqu'il se plaît à essayer, à exiger, à séduire).

A l'école, la nécessité économique est oubliée. Il ne s'agit que de s'instruire. Tout est fait soit pour les tâtonnements de l'enfant, soit pour ses jeux. Tout est réglé et la règle ne fléchit jamais. Un des traits de l'enfance est qu'elle ne discute jamais que la règle incertaine. (Dans la famille on est réduit à *donner des raisons*, ce qui ouvre la discussion. Rousseau a remarqué que l'enfant discute sans fin. Discussion : enfance de l'esprit). Enfin l'enfant se trouve ainsi dans le milieu qui convient à sa faiblesse, à son inexpérience, à son insouciance, à cet esprit de croissance et de mouvement, aussi à son ignorance. Comparer avec l'apprentissage dans la famille. Mais cela conduit à l'autre développement.

Vingt-cinquième Leçon

L'ÉCOLE ET LA SOCIÉTÉ

La société autour de la famille est fondée principalement sur l'échange des services et sur les fonctions (situations fixes et honorées).

1° Lorsque l'enfant se heurte aux intérêts hors de la famille, il est aussitôt malheureux, car il se trompe, et souvent par vouloir bien faire ; mais il casse, il use, il dérange. Il *coûte* au lieu de servir. C'est pourquoi il est durement redressé (déjà dans la famille, surtout pauvre). Les expériences de l'enfant, ses essais, ses erreurs hardies et pleines de confiance sont ici hors de lieu. L'apprentissage est une rude chose. Comment s'instruire quand on n'a pas le droit de se tromper ? Simple imitation, prudence, peur. Toute initiative s'y perd. En revanche on y prend le scrupule du métier, qui est admirable par les effets, mais qui rétrécit l'esprit. (Les castes, les spécialités. Ce n'est pas mon métier).

L'école instruit parce que l'école ne se propose pas de gagner sur le travail de l'enfant. Parce que la faute est naturelle, aussitôt oubliée que corrigée. Parce que la bonne volonté est toujours bien venue. (Une faute d'addition sur papier timbré). La dactylographe apprend à *ne jamais se tromper*, ce qui nie l'esprit. La pensée c'est ce qui se trompe.

2° Dans la société, par ces mêmes causes, et par d'autres, proprement politiques, chacun est jugé. (Exemple : le Maréchal Joffre et Monastir). Chacun doit donc éviter la faute ; d'où l'esprit de prudence administrative. On peut, à force de ne jamais rien faire (fuir les responsabilités, s'abstenir, se couvrir), aller fort loin. Cela est vrai du commerce, de l'industrie, et de toute l'existence politique.

Or l'enfant ne peut jouer ce jeu de finesse et de prudence ; il tomberait dans le désespoir. Tel est le sort de l'enfant qui gagne sa vie au lieu d'aller à l'école. Il ne peut porter sa faute et les suites. S'il réussit, c'est par une prudence prématurée (L'enfant vieux) qui dessèche l'esprit. La politique n'abrutit pas moins que l'apprentissage par ceci qu'une faute ne se répare point.

A l'école, cette dure loi est oubliée, effacée. Nul n'est jugé d'après l'antécédent. La faute d'hier ne compte point dans la dictée de demain. Le premier est déchu de son rang sans cérémonie. Il n'y a pas plus de droits acquis que de fautes irréparables. Cela est de nécessité à un âge où rien n'est dit, où de nouvelles puissances se montrent, où la croissance règle l'esprit, l'effort, le progrès. Le travail scolaire ressemble au jeu par ceci qu'on recommence toujours. Et là-dessus règne la redoutable impartialité du maître, qui transporte son intérêt de l'un à l'autre, aussi aisément que d'une génération à la suivante.

Ajoutons que les difficultés sont graduées, ce qui n'a jamais lieu ni dans les métiers ni dans la politique. (Dans l'action la plus simple, on peut gâter, briser, fausser). A l'école il n'y a point cette responsabilité écrasante. D'où une insouciance remarquable chez les meilleurs.

Tel est en sommaire ce milieu naturel ; encore mal

étudié parce qu'on pense à ce qu'il devrait être (programmes, réformes) au lieu de penser à ce qu'il est. Exemple : La sociologie elle-même. Mais les classes iront leur train. La réalité nous ramène toujours ! C'est d'après cela qu'il faut traiter toutes les questions : Récompenses, punitions, classements, programmes, méthodes. Le principe est toujours : variations faibles et qui suffisent. Exemple : Le changement de programmes avec un mauvais maître (sans autorité, paresseux, sentimental, quinteux) ; et le même programme avec un bon maître : faibles changements. Mais c'est le jour et la nuit.

Vingt-sixième Leçon

LA DISCIPLINE ET LA POLITESSE

C'est ici qu'on voit bien l'insuffisance du sentiment. Il est vrai de dire que l'enfant obéit souvent mieux à l'école et accepte mieux la règle. Nous en savons les raisons. Mais en revanche les révoltes de l'enfant dans la famille sont toujours marquées de sentiment ; le respect est au fond, en tout cas l'amour ; ainsi l'insolence trouve promptement sa limite. Elle ne la trouve pas à l'école. Dès que l'ordre est troublé, la turbulence l'emporte, mais encore pis on découvre alors un certain mépris : il est clair que l'écolier ne traiterait pas ainsi un étranger en visite chez lui. Le maître ne doit donc pas compter que sa fonction sera respectée, ni non plus sa personne. C'est une première erreur dont il faut se garder, comme aussi d'essayer de la raison et du sentiment, par exemple de se montrer offensé. C'est une grave faute. Il est clair que l'élève ne reconnaît pas ici une personne morale, comme il ferait dans un tramway et partout. J'ai remarqué que l'impolitesse, dès qu'on la tolère, est adoptée systématiquement, comme de parler, tourner le dos quand le professeur entre, etc. Cet étonnant oubli des convenances, le même *chez les plus polis*, tient à ce que la situation (relation) maître-élève n'a pas d'analogue dans le monde ; par suite les relations du monde ne doivent pas être ici imitées. Il faut établir une politesse spéciale et sans analogue. Tout est donc à faire et tout de suite. Je cite encore une bonne maxime : « Le terrain qu'on laisse aux élèves, ils l'occupent aussitôt ». Ils invoquent le précédent. Il y a une idée importante là-dessous : « Si c'est défendu pourquoi le permettre ? Ce n'est pas à nous de savoir ce qui est permis et défendu. » Dans la défense d'un élève puni il y a souvent un reproche, quelquefois explicite : l'ordre scolaire n'existe pas dans votre classe. Alors je ne vois plus de limite. Sous ce rapport les chefs se trompent presque tous. Ils disent qu'il faut se faire respecter, qu'un enseignement doit intéresser, et autres lieux communs où il y a un peu de vrai. (Le professeur doit donner l'exemple de la bonne tenue, etc.) Cela tient à ce qu'ils ont surtout avec l'élève des rapports individuels. Hors de la classe, l'éducation du monde et de la famille fait sentir ses effets. Quand il y a révolte alors, cela tient à des passions bien déterminées où la discipline n'a rien à voir. Par exemple un élève refuse de poursuivre un genre d'études, etc. On peut remarquer une politesse naturelle (et sans hypocrisie) dans un élève qui après la classe vient s'excuser. Encore une maxime : il faut tenir pour nulles ces excuses, et ne jamais lever une punition.

La discipline scolaire est donc quelque chose qui ne ressemble à rien d'autre. C'est une politesse collective qu'il faut inventer et maintenir. J'attache une extrême importance aux signes collectifs de politesse. Se ranger pour attendre, ou bien se lever. Il faut que le commencement de la classe soit bien marqué (d'où la nécessité de l'exactitude).

Vingt-septième Leçon

LA DISCIPLINE *(suite)*

Il faut un temps rempli et un ordre suivi de façon à éviter l'indécision, l'incertitude, les questions, la confusion. Une cause de désordre : l'approbation (Merlet), la discussion. Libre à chacun d'exiger l'immobilité, ou l'action d'écrire. D'interroger avec ou sans fantaisie. Sans fantaisie vaut mieux : les leçons récitées. Mais toujours est-il que les fautes, surtout qui visent au tumulte, à la confusion, doivent être punies. Les conditions sont :

1° Ne pas se tromper, se renseigner. C'est une finesse du métier (connaître promptement, avoir l'œil), (le bon élève puni).

2° *ne pas s'irriter.*

3° un bon système : ne rien dire ; mais ne jamais OUBLIER. Surveiller l'exécution (Lagneau). Il y a mille espérances qu'il faut anéantir. C'est le principe de toute répression : une petite peine, mais inévitable.

4° ne pas discuter (système militaire). Il est clair qu'il faut que tout se tienne. D'où il faut s'intéresser au voisin, collaborer. Connaître les surveillants ; s'unir à eux. Les élèves excellent dans le jeu de diviser les pouvoirs. Le système du cahier de correspondance. Ici tout est piège. Quand on connaît les élèves pour les avoir souvent tout est facile. Nous penchons tous à croire que c'est notre prestige personnel qui attire le respect (illusion presque inévitable). C'est une idée que l'on paie toujours. Une heure par semaine, il n'y a pas de prestige qui tienne. Ici aider ses collaborateurs. Les renseigner. Ne pas dire « Il est parfait ». Surtout ne pas se réjouir intérieurement.

Les parents collaborent mal. Ils admettent très bien le professeur sévère. Mais ils rient d'un professeur qui ne sait pas tenir sa classe. Ils prennent cela comme un fait de nature. (Semblables aux élèves en cela, ils sont spectateurs). Le fait est qu'il y a des maîtres qui emportent le désordre avec eux. Il faut croire que cela se voit. L'élève dispose ici d'une attention qui ne laisse rien perdre. Il n'y a qu'un moyen, c'est la punition qui ne fléchit jamais.

Une des causes de l'indiscipline est que, si on la laisse arriver à un certain point, on n'ose plus l'avouer, et on excuse soi-même l'élève. Les élèves savent très bien ce jeu qui consiste à aggraver la faute, afin de l'atténuer. (Exemple quand le garçon entre). Ils voudraient des témoins pour dire que tous ont toujours fait ainsi.

Un symptôme étonnant, c'est que les bons élèves eux-mêmes rient ; c'est qu'ils perdent espoir de travailler, et dans le fond méprisent l'homme faible.

Quand l'ordre est établi alors le maître possède, par un jeu de l'imagination qui ne manque jamais, un prestige inexplicable, propre à la classe, et qui ne ressemble à aucun autre. Des répétiteurs paresseux et même ivrognes l'ont aussi bien. Dans les lycées, les surveillants l'ont toujours, etc.

Je conclus en disant que de même que le tumulte entraîne (Par exemple les chut ! au théâtre, etc.), l'ordre et le silence entraînent encore bien plus. Cet ordre est si naturel, il convient si bien aux passions de l'enfance, il définit si bien le sérieux auquel elle va sans en être pourtant capable, que le désordre semble alors impossible, et *fait scandale.* C'est ce scandale qui est au fond du désordre quand le désordre est toléré : moquerie, indignation, mépris. Une classe perdue.

Maintenant le vif pouvoir de mouvement et de bruit entre en jeu. L'enfant est double. D'un côté il est mouvement explosif, tumulte, par le surcroît de force. (Récréations). De l'autre il est sérieux parce que son état présent le quitte sans cesse, il va, il *attend* (attention), il espère. Le sérieux de la classe est ce qui le fait participer à l'humanité.

Il y a contraste en sa nature (Le bon écolier, qui joue sans souci aucun). Le contraste doit être accepté et marqué, *sans aucun mélange des deux.* (Le sifflet). Le *désordre* est *la loi* de la récréation. (Obligation de jouer, de s'agiter, de crier ; c'est ici qu'il est défendu de *faire l'homme*). Par contraste, il faut que la classe s'impose tout à coup, par un changement soudain d'attitudes, qui éteint toutes les passions du jeu. *Les mouvements.*

Les exercices dans leur rapport avec la discipline. L'attitude attentive. Une action attentive. Écrire. Lire en prononçant tout bas. Repasser sa leçon en attendant son tour, etc. (Les cours, les cours dictés, les sommaires, les cahiers). Le problème des punitions. La punition utile, intelligente. Inconvénient : la négligence n'y est pas discernable. *Copier* est bon (Écrire sous dictée) alors la négligence peut être réprimée. Il est profondément logique d'imposer une attention machinale à qui n'est pas maître de soi. Cette partie de l'attention est toujours importante ; on la méprise trop aisément. Les textes dictés.

Les conseils de discipline. Les punitions graves. Les rapports sociaux. Les grands personnages.

Vingt-huitième Leçon

L'ÉMULATION ET L'ENSEIGNEMENT MUTUEL

La vanité et l'envie se développent ensemble dans la vie de société (comme l'infatuation et la jalousie dans la vie de famille). Il y a toujours de la vanité dans l'envie ; car on n'envie point les vertus, c'est-à-dire les puissances réelles. Nul ne désire être autre ; s'il veut devenir meilleur c'est en restant lui-même. Ainsi je n'envie point l'avarice, ni la richesse qui en résulte. Je n'envie point le courage, ni la gloire qui en résulte. Je n'envie point le travail, ni le savoir qui en résulte. Ni l'intrigue suivie, et le pouvoir qui en résulte. Ce qu'on envie c'est la part de chance et de hasard. Et l'on peut remarquer aussi que l'orgueil se porte presque tout là-dessus (Une réputation à garder, et qui n'est pas bien fondée). L'Envie se dit en présence du Succès : ne le vaux-je pas ? C'est un conflit (L'Envie et l'Orgueil) entre les parties médiocres et qui cherchent appui. Essentiellement comme l'a vu Comte, il y a de la vanité dans les sentiments sociaux ; nous cherchons ce soutien et ce secours, nous voulons participer à cette existence par les signes ; et quand on dit que l'homme est un animal sociable, on ne dit pas autre chose. (La fierté et la puissance refusent de jouer ce jeu. Stendhal, etc.).

A l'école ce n'est point la vie sociale ; ou plutôt le rapport social se transporte tout dans la relation des élèves au maître. Hors de cela, il n'y a ni respect ni puissance ; il s'établit une égalité clairvoyante et bien fondée ; car les jeux, les sports, la camaraderie effacent les différences d'aptitude ; c'est là qu'on voit, qu'on sent qu'entre le premier et le dernier il n'y a pas grande différence ; que le travail suivi fait tout ou presque tout ; qu'il y a souvent un très petit obstacle qui empêche que l'on comprenne. (Exemple : l'enseignement mutuel au tableau). Cette idée est à reprendre, surtout dans le Primaire où l'Étude et la Classe sont moins distinctes. Un maître du même âge, cela efface la distance de l'âge, qui souvent enlève courage à l'enfant. Le bon élève a la simplicité de son âge ; il va tout droit, comme dans les jeux. Il va au plus pressé. Cette méthode a des ressources qu'on ne soupçonne point. Le professeur aperçoit des obstacles, des scrupules ; et en cela il n'est pas toujours sage. Il manque de souplesse, de jeunesse. Il cherche son propre progrès. La fameuse transition de Voltaire (m'y voilà) est un mouvement de jeunesse. La force du bon élève est qu'il ne cherche pas difficulté et ne tire pas importance (exemple une version latine : il faut de la jeunesse d'abord).

Il résulte de ces rapports qui sont constants (conversations d'écolier — Renseignements — Aide) un double sentiment qui a la pureté de la jeunesse. L'élève fort ne méprise point l'autre, parce que tout lui semble facile. (Exemple les trois perpendiculaires). C'est comme pour courir, sauter, lancer la balle, diabolo, bicyclette.

Cela paraît impossible, et soudain facile, dépassé. On n'y pense plus. (Quel est le chauffeur qui est orgueilleux de bien conduire ? C'est le métier).

D'un autre côté l'élève faible admire l'autre, mais il en est à ce point (que l'on trouve rarement plus tard) d'admirer l'espèce et lui-même (comme une mère admire son enfant qui en sait bien plus qu'elle. Mais elle ne voit point tant de distance). (Tu ne crois pas à ces bêtises-là). C'est que l'esprit sent toujours ses puissances, et même d'autant mieux qu'il ne les a pas essayées. (Le prolétaire et Painlevé. Tissot). D'où cette maxime sublime qu'admirer c'est égaler. D'où il est vrai le paresseux se console trop vite. Mais d'un autre côté il participe, il est comme le public à Shakespeare ; et c'est un chemin pour comprendre. Il y a une marge de choses que nous sommes sur le point de comprendre. Il y a de la générosité à le laisser à d'autres. Et voilà l'école du Jugement. (C'est à un tel qu'il faut demander cela). Les élèves de Lagneau. On s'étonne de retrouver plus tard *des hommes*. Mais ils ont participé. On se plaint des traînards. Mais d'abord ils sont une occasion de revenir. Réflexion des plus forts (ce qui manque dans les élites si on les rassemble). D'autre part les traînards sont peut-être mieux avec de plus forts qu'entre eux. (Conçoit-on tous les derniers réunis ? Ils désespéreront de l'espèce). Les hasards sont bons. Il faut les accepter et s'en servir au mieux. Il y a aussi de quoi consoler le faible ; en exaltant le premier, il se relève lui-même. D'où de beaux sentiments, essentiellement sociaux (Une vieille nourrice. Une vieille bonne et son maître, Pasteur ou Renan).

Le mot émulation exprime bien ce rapport, propre à l'école, parce qu'ici l'envie est effacée. (Doit l'être : le succès doit être toujours possible). Le hasard, la chance, l'opinion, n'y sont pour rien. L'espèce, de toute façon, est le modèle de l'individu. A la fois il se contente de sa place et espère beaucoup. Même sentiment à l'égard des grandes œuvres, bien avant de les comprendre on s'y retrouve, seulement par le rythme poétique. (La musique offre ce rapport à l'état de pureté). Ainsi l'émulation (oser et se consoler en admirant) est le principal de la culture. Quel réconfort d'avoir été camarade d'un grand homme. Ces sentiments soutiennent l'esprit. D'où une sécurité du jugement, jointe à la modestie. L'esprit se tient autant par ce qu'il croit (Halley, Branly) que par ce qu'il sait.

Vingt-neuvième Leçon

LA CULTURE LITTÉRAIRE ET LA CULTURE SCIENTIFIQUE

Ce sont comme deux visages de l'esprit, qui ne regardent pas le même monde.

Deux ordres.

1° L'ordre extérieur (le mieux connu, le régulateur de nos pensées. Aussi le dernier connu).

L'événement, qu'il faut subir. L'accident, la guerre, le cyclone, l'inondation, l'incendie. Il faut s'en arranger.

<table>
<tr><td rowspan="1">La Nécessité</td><td>Connue d'abord clairement dans les nombres, l'algèbre, la géométrie, la mécanique.
Démêlée dans l'événement par la confrontation de l'hypothèse et du fait.
Prise comme idée directrice :
1° Pour l'étude de la Nature inanimée
2° » de la Vie (Descartes)
3° » de la Société humaine elle-même
Du connu à l'inconnu.</td></tr>
</table>

Esprit Géométrique. Idée du Matérialisme selon Comte.

2° L'ordre humain.

Le premier connu (L'Enfant), le moins connu, en un sens le perturbateur de nos pensées (Animisme. Anthropomorphisme. Les Primitifs).

Caractères de l'ordre humain (reflétés dans le monde de l'enfant) :

Tout dépend des volontés. (Le miracle).

Donc menace ou prière. Tout est possible. *Les contes.*

Puissance des passions (Contagion). Puissance du Vouloir.

Jeux d'imagination. (Sympathie. Antipathie. Imitation. Association. Superstition. Les rêves. Le langage. L'éloquence. La poésie. Les arts).

Dans ce chaos, il y a pourtant des lois à découvrir. (Vérité de la nature humaine).

L'homme se reconnaît dans les œuvres d'art (Poésie. Drame. Comédie). Ainsi se forme, par les œuvres (sélection. L'opinion. Le Cortège des admirateurs) une psychologie d'inspiration (*Déjà dans le langage.* Cœur. Peuple. Juste. Ivresse. Ordre. Humanités, etc.).

Qui sait sa langue et les langues connaît déjà l'ordre humain.

Les langues sont elles-mêmes assurées, purifiées, conservées par les auteurs.

On comprend aisément quelle est la fin de l'étude des langues et d'abord de la langue maternelle.

1° Savoir bien, c'est-à-dire s'élever au-dessus de l'usage vulgaire (Langue pauvre et sans nuances, où le sens s'étend, où la syntaxe s'efface).

Vocabulaire (Par les racines si on peut)
Syntaxe (Par la logique réelle)

2° Les grands auteurs parce qu'ils font renaître le génie caché de la langue. (Une *familiarité inusitée*).

Poètes — (Homère, Virgile, contes et légendes).
Dramaturges — (Eschyle, Shakespeare, Corneille, Racine, Gœthe, Molière).
Romanciers — (Rabelais, Le Sage, Hugo, Balzac).
Moraliste — (Marc-Aurèle, Montaigne, Pascal, La Bruyère, Vauvenargues).
Philosophes — (Platon, Épictète, Descartes, Kant, Comte).

L'étude des auteurs « Conversation... » comme avec un homme de culture et d'expérience immenses.

On remarquera l'importance des œuvres écrites (pour la culture) : poésie et prose. Les autres arts n'agissent pas moins énergiquement mais sans paroles ; modèrent nos pensées en règlant nos actions. La culture littéraire, avec la même puissance, règle plus directement encore nos pensées par l'expression (c'est la beauté ici qui fait *d'abord* preuve). On remarquera que selon l'ordre biologique (l'enfance) et selon l'ordre historique (les primitifs) cette manière d'apprendre *est la première.*

Dans la psychologie les meilleurs témoins sont les génies littéraires.

D'où

1° La culture suppose un équilibre des deux (Géométrie, Finesse).

On peut imaginer deux portraits :

Celui qui connaît très bien les Humanités (l'Humanité), très mal le *monde* autour.

Celui qui au contraire...

le 1er a naturellement une physique de sauvage. Il croit à la chance et à la fatalité.

le 2e a une notion sommaire et risible de l'homme, des passions, des sentiments (religions).

2° Malgré l'apparence, la culture littéraire est la préparation naturelle de l'autre. (La loi des 3 états) (1).

Ici attention. L'idée est cachée. Car il semble que la géométrie ne demande que l'attention à l'objet. Mais justement cette géométrie pratique finit par l'emporter si l'on n'a point d'abord le sentiment d'un ordre des pensées, qui vaut par lui-même. Il y a deux géomètres. Dont l'un vise toujours à la mécanique (Le jeune garçon. La fille est mieux avertie par sa nature). L'autre aperçoit une fin plus étendue et un horizon des sciences jusqu'à la sociologie. (Qu'est-ce que l'esprit, comment est l'esprit ?)

Encore autre chose. Il faut une rhétorique d'abord, pour bien rassembler la preuve. On a remarqué que les grands géomètres écrivent bien (élégance) mais il faudrait inversement montrer qu'un langage bien connu, jusqu'au solide (l'humain), soutient l'esprit dans les raisonnements difficiles.

3° Ce serait donc une erreur de croire qu'un enseignement primaire doive être surtout scientifique.

(1) Le problème de l'école unique.

1° Point de vue du recrutement de l'élite

2° Démocratie

Commencer par la Culture Littéraire et la pousser toujours à fond. Exemple : Lecture, Récitation, Dictée à l'école Primaire.

Ne pas tant s'occuper des choix, ni des aptitudes. C'est en raison de l'inaptitude que la plus haute culture est nécessaire (Le Catéchisme).

La Religion de l'Humanité

	un sens	un sens
Humanité	↑	│
Patrie	│	│
Famille	│	↓

4° L'essentiel de la culture littéraire. Les Humanités. La Langue. Les Poètes.

5° L'essentiel de la culture scientifique. La Géométrie (Arithmétique, Algèbre, Mécanique).

Règles de l'explication française — Vérités concernant la nature humaine :

1° Explicites

2° Implicites
- Logique.
- Vocabulaire.
- Lois de l'imagination
  - Composition.
  - Sonorité.
  - Rythme.

Il y a ici une psychophysique naturelle (le vers, la strophe, la période, le trait).

Comment *l'esprit historique* (Esprit d'ensemble) met toutes ces connaissances à leur place par la considération toujours présente de l'Humanité tout entière (A chaque époque — Avant — Après).

Trentième Leçon

DU CONFLIT ENTRE L'INDIVIDU ET L'ÉTAT

L'État est un pouvoir abstrait (plus que juridique, administratif, qui *fait* les règlements et qui les applique). Parmi les fonctions de l'État moderne est l'Instruction Publique. A ce point de vue considérons l'antique opposition.

L'individu biologique est indépendant de l'État. L'État règle les échanges mais c'est l'individu qui produit. Le conflit consiste en ceci que l'État

1° prélève une partie de la production (Travaux, Armée, Police, Fonctionnaires).

2° intervient dans les faits de la production et de l'échange. (Le prix du pain. La vie chère. Les huit heures. La grève).

3° produit lui-même (chemins de fer. Routes. Travaux Publics. Arsenaux, Tabac, Postes) et produit assez mal. Il manque l'intérêt personnel (L'œil du maître). Je me borne à cette esquisse.

De même, l'individu pensant. Il ne relève que de sa conscience. Il peut suivre sa religion ou la laisser. Choisir telle règle de morale ou les nier toutes. Préférer tel régime politique. Juger les événements et les hommes. Le vote consacre ce droit.

Mais l'État règle les opinions. Cela est évident et admis pour les bonnes mœurs. Aussi pour les doctrines qui enseignent absolument la révolte. Aussi, dans les temps de crise, pour les doctrines qui mettraient l'humanité et les devoirs correspondants absolument au-dessus de la patrie.

En fait il y a deux parties dans tout enseignement.

1° Une culture d'après le principe de la liberté du jugement. Principalement scientifique. La preuve. Le doute. L'examen. L'esprit de défiance et de précaution. Et par rapport aux théories et par rapport à l'expérience.

2° Une culture nationale et en même temps humaine d'après une antique tradition. Cette culture va naturellement du sentiment (admiration) à l'idée. C'est-à-dire qu'elle prend les idées humaines, occidentales, nationales, comme des faits humains respectables. L'effort de l'esprit n'est pas tant ici à exiger des preuves qu'à éclairer le premier mouvement qui est *instinctif*.

Il y a ici une méthode fondée sur l'expérience (Éclairée : critique des témoignages et des textes) mais sur l'expérience des choses humaines (à la fois psychologique, morale, sociologique). Ces deux parties, c'est toujours Raison, mais en deux sens :

1° C'est la Raison Formelle, l'éducation du Jugement, sans préjugé sur les objets. C'est l'école du doute.

2° C'est le Contenu, c'est-à-dire l'inventaire du Bon Sens. La Nature Humaine commune en fait.

Voyez bien la différence. La méthode rationnelle et expérimentale nous amène à l'art d'observer et d'expérimenter, qui n'est pas peu et qui serait encore le même devant d'autres phénomènes.

La culture humaniste nous fait reconnaître de plus une constance des conditions humaines. Par exemple : Le langage, les religions, le droit (l'arbitre). Les passions. Les crimes. L'accord des hommes n'est plus fait ici de négations. Telle est la *Réalité Sociale*.

Par exemple un crime. Les circonstances relèvent de la méthode Critique. Ne rien croire. Mais les passions — colère, avarice, cupidité, amour, haine, rivalités — viennent illustrer l'expérience humaine, par un accord toujours confirmé avec les poètes et les arts, avec les croyances de tous les temps, avec le langage et les proverbes, enfin avec nos propres sentiments qui à la fois vérifient ces témoignages et sont éclairés par eux. Sens à la fois psychologique, mais encore et surtout sociologique (L'Esprit d'Ensemble. Méthode historique).

Et cela conduit à comprendre qu'il n'y a point réellement conflit et que l'individu sans cette culture serait un être purement biologique. Sous ce rapport redisons qu'accepter le langage commun (même orthographiquement) c'est l'éducation de ce respect de l'humain.

Maintenant y a-t-il conflit entre l'Humanisme et le Nationalisme ? Nécessairement les deux s'apprennent en même temps. La nation, comme la famille est un fait humain. Voir l'accord dans les différences, tel est l'effet d'une culture largement comprise. En la poésie les deux s'accordent.

Remarques sur l'Instinct

1° Définir. Action utile à l'être vivant, mais qu'il accomplit sans savoir qu'elle lui est utile.

2° Vue Bergsonienne sur l'instinct qui est le prolongement, l'effet extérieur de l'action organisatrice, réparatrice, régulatrice (la patte d'écrevisse). Au lieu que l'action intelligente se fait *par outils*.

3° Que l'opposition est aussi dans l'homme.

Toute action repose sur l'instinct.

Nos sentiments sont la connaissance de mouvements instinctifs déjà esquissés (Tendances).

Exemple. La colère, l'enthousiasme, L'AMOUR. Les instincts Sociaux (Comte).

Les reconnaître est un des grands objets de l'intelligence (biologie et sociologie).

Les développer est une partie de la morale, ne pas couper l'homme en deux. La Réalité Humaine, l'ordre humain.

Trente et unième Leçon

LES HUMANITÉS

Comte se plaît à dire que « l'Humanité se compose de plus de morts que de vivants », et que « les morts gouvernent les vivants ». Ne l'entendez point selon l'hérédité ni selon la coutume. Il s'agit de l'immortalité subjective (Homère — Platon — Descartes — Pascal — Gœthe). Le culte des morts est aussi ancien que l'humanité, il se trouve purifié enfin dans les Humanités, si bien nommées. Voici en quoi consiste cette purification. Le mort, en tant que dissous, vieilli, disparaît. (Rite des Sépultures — Exigence des morts. Antigone). Il faut l'entendre ainsi ; tout ce qui fut faiblesse, décadence animalité corruption dissolution (ce qui est continuel et que la mort rend seulement plus sensible), tout cela *doit être* oublié. (Brûlé — Purifications). C'est notre premier devoir envers les morts ; notre piété l'accomplit de toute façon, oubliant aussitôt ce qui fut petit, cherchant ce qui fut grand ; c'est ainsi, c'est seulement ainsi que nous épurons, cultivons, honorons nos meilleures pensées. Les morts sont donc des dieux immortels par notre durée, immortels de plus en ceci qu'ils ne sont plus soumis à la mort, ni à aucun genre de décrépitude. D'où le mythe ancien : ils sont satisfaits, ils ne reviennent plus sous leur grossière enveloppe, quand une fois ils sont ensevelis. C'est donc par cette piété que l'Humanité se sépare de son corps et devient pensée. La mort naturelle, dit Hegel, est le commencement de la vie de l'Esprit. Les mythes toujours ont traduit ces pensées. L'apothéose est le mouvement invincible de l'admiration. Nous sommes libres enfin d'aimer ; ils sont comme nous voulions. Ils nous aidaient mal ; souvent ils contrariaient la vénération. La piété est toujours l'active recherche du meilleur ; elle ne réussit pleinement qu'envers les morts (Les Olympiens. Les Saints). En Platon et dans tout le Christianisme on voit déjà un constant effort pour surmonter des erreurs naïves et bien naturelles. Car l'amour voudrait conserver tout. Ce bel effort, dans la famille, arrive bientôt à une sorte d'oubli par l'insuffisance des documents, et aussi des vertus. Les signes durables manquent. Dans l'ordre politique un peu mieux encore ; mais non purifiée de chair et de fausse puissance.

C'est dans les Grands Hommes (Artistes. Écrivains. Penseurs) que l'Humanité se retrouve, et pense sa propre durée. Les Grands Hommes ont laissé le meilleur d'eux-mêmes et de nous, ce qui rend plus aisé d'oublier le reste. La gloire s'achève par la légende (Homère) qui refait la vie d'après l'œuvre. (Ainsi les recherches historiques sont souvent impies ; il n'y a que l'admiration qui les éclaire comme il faut). Alors les œuvres viennent à nous, portées par le cortège des admirateurs (Immortalité de la foule par les auteurs). L'Humanité prend conscience d'elle-même par ce culte *(Culture)* et jusqu'au détail. (Un poète vieux de 4 000 ans). En eux nous nous trouvons nous-mêmes. Par eux la meilleure partie de nous prend consistance parmi nos faibles pensées. Lire, réciter. Solidité des œuvres. *Prière* (Une Pensée) (Comte). Il n'y a donc point d'homme sans culture. Et on comprend mieux ici ce que j'avançais, c'est que la vraie géométrie suppose la culture ; faute de quoi l'esprit retombe à l'invention mécanique, qui va à une civilisation animale. « Le plus vivant des êtres connus ». « Un même être... » (Pascal). Sous cette idée l'histoire et la littérature prennent leur signification. Et déjà la simple étude de la grammaire est la première initiation.

Le problème de l'enseignement est ainsi posé devant nous en termes non ambigus. (Il faut développer l'Esprit du Catéchisme. Idée d'enseigner *à tous* ce qui importe le plus). Ici paraît l'idée de l'École Unique, et cette grande idée qu'il ne faut pas choisir parmi les enfants, et que parmi les auteurs il faut choisir les Grands. Cette idée arrive difficilement à se purifier.

Recrutement de l'élite ; instruire ceux qui sont dignes. Nous y sommes. Mais ce n'est qu'un commencement. L'idée chrétienne nous pousse au-delà. Car dans le doute il faut baptiser.

La démocratie ne peut s'y tromper. Elle repose (à sa grande terreur) sur les lumières de tous, et donc sur l'instruction, donnée plus fortement, plus obstinément à ceux qui en semblent le moins dignes. C'est une faute contre Justice et contre Charité de céder aux aptitudes et de permettre un choix. Certainement ce choix est aveugle ; pour choisir, il faut connaître. On reste stupide devant cette idée que la femme de ménage, l'usinière, la bouchère décidera que son fils ne fera pas de latin, ignorera la poésie, ou les mathématiques. D'autant que le pire c'est que le choix des parents est toujours celui de l'enfant. C'est permettre de renier les vrais ancêtres.

Nous avons l'équivalent de ce catéchisme obscur et touchant, premier appel à l'Esprit dormant. C'est la poésie. La poésie touche avant d'éclairer ; la plus belle est ici la plus convenable pour tous. Ne croyez pas que ce soit peu pour le jeune barbare que de réciter La Fontaine ou le Songe d'Athalie. C'est, encore une fois, et d'après une loi commune à tous, apprendre l'expression avant l'idée, et plier le corps afin d'éclairer l'esprit. De même pour la musique : toujours le plus beau. Ici nous forçons l'attention et nous surmontons l'inaptitude. Qui ne commence pas ainsi ne commence nullement. Là est la faiblesse de ces méthodes (inspirées par un noble souci des arriérés, noble, mais non toujours assez clairvoyant. L'erreur est [de] développer d'abord l'intelligence au lieu d'éveiller et discipliner le sentiment), qui veulent s'abaisser au niveau de l'enfant et aller de notion claire en notion claire. Mais ce qui est au niveau de l'enfant c'est au contraire le plus obscur et le plus riche.

Bref il faut que l'enfant découvre d'abord une perspective de poètes, jusqu'au fond des âges. Religion de l'Humanité. « Le poids croissant des morts ne cesse de régler de plus en plus notre instable existence ». Exemple, Tissot est une intelligence nue, une ignorance de l'humain (les religions) et par un contraste étonnant une impuissance devant l'abstraction géométrique. Bref une irréligion sans remède qui ferait l'Esprit Primaire. Le but est donc d'ouvrir à tous non pas *l'accès des places*, mais l'accès aux Lumières Humaines ; chacun servira humainement à sa place. On feint que nous avons besoin d'une élite éclairée ; mais bien loin de là ; nous avons besoin d'un peuple éclairé, d'ample jugement, de large vue, et d'abord par sentiment et pressentiment. Donc lecture, récitation, dictée, le tout pris des Grands morts. Choix de l'Humanité. Immortalité commune.

Documents

Avertissement

Documents, ces quelques pages découpées dans la prose familière des derniers écrits d'Alain, Journal *(1938-1951) et* Souvenirs sans égards *(mars-avril 1947).*

On y relèvera le singulier retrait d'Alain devant l'usage polémique du Propos et sa vigilance à l'égard de tout durcissement doctrinal, ordinairement confondu avec la fermeté d'esprit. La pensée d'Alain n'a pas varié ; elle s'est ouverte à la contradiction du réel, aux déboires de l'expérience et aux épreuves de l'histoire. Dans le cours de ces ultimes pensées s'enchevêtrent la réflexion sur l'éducation et la réflexion politique.

Les titres des fragments sont dus à l'éditeur.

Robert BOURGNE.

1

CE QUI IMPORTE

J'ai poursuivi de mes sarcasmes l'enseignement dit vivant ; cela fit un recueil de *Propos sur l'Education.* J'ai vu que de Monzie (1) les avait dans son tiroir et les lisait continuellement. Cela me choquait, car je trouve que ces querelles n'ont guère d'importance. Qu'on enseigne comme on pourra ; ce qui importe c'est que l'on ait de bonnes notions. Je trouve mauvais que l'enfant ne sente pas l'opposition entre ses jeux et son travail ; mauvais que l'enfant croie qu'il s'instruit quand il regarde ; mauvais que la cloche qui sonne l'étude ne change pas l'humeur et les pensées. J'aurais pu écrire bien plus là-dessus.

Journal, 8 juin 1938

2

LE DROIT DE L'ÉTAT

J'ai lu le troisième volume de Jaurès. Je signale dans ce volume un très large développement sur le problème de l'Enseignement public (je veux dire contrôlé et réglé par

(1) Ministre de l'Education Nationale en 1933.

les pouvoirs). Là-dessus il y a deux documents politiques. L'un est un projet de Talleyrand très complet, mais peu explicite sur le primaire, très étendu en revanche sur le Secondaire et le Supérieur. On y trouve un ami de la République aristocratique tel qu'on pouvait l'attendre de ce Seigneur.

Tout à fait autre, et bien plus intéressant pour nous, est le projet de *Condorcet* qui, lui, expose les principes et pense surtout à l'enseignement primaire, celui qui prétend remplacer l'enseignement du père et de la mère. Ce n'est pas qu'il juge cet enseignement obligatoire. Personne alors ne le jugeait tel. On craignait toujours l'intervention de l'Etat dans ce domaine évidemment privé. Toutefois Condorcet n'est pas sans apercevoir ici le droit de l'Etat, qui est le droit de veiller à l'Unité de la Nation, c'est-à-dire à supprimer autant que possible les querelles d'opinion, d'après l'idée que tous les hommes sont frères par la pensée. Cette idée doit être fondée sur l'enseignement des sciences, qui en effet suppose une communauté d'esprit.

Ainsi l'idée n'est pas diminuée, mais au contraire affirmée comme essentielle à la Nation. Il ne faut pas permettre la paresse, ni l'ignorance, ni l'indifférence devant la Fraternité. Évidemment une des conséquences était d'interdire tout enseignement religieux. Cela allait dans un temps où les dogmes étaient considérés comme des superstitions, et presque comme des folies. En fait, comme on sait, les Jésuites eurent toujours le goût des démonstrations scientifiques et de l'exacte connaissance des sciences. Mais cela ne s'opposait nullement à la défiance de Condorcet et de l'Assemblée. Au contraire cela définissait le bon sens et l'esprit critique comme le fondement des sciences. Ce qui remettait l'expérience à son rang (car elle est souvent ambiguë) et par là *l'esprit* faisait un grand pas. Il ajoutait à ce motif principal d'autres raisons, par exemple qu'il y avait dans les enfants du peuple certainement des génies qu'il ne fallait pas laisser perdre. Il faut convenir que là-dessus une sorte d'unanimité s'est faite, et que la question était de savoir ce qu'il faut *premièrement* enseigner. Théologie ou physique ? Même aux yeux d'un pape la réponse n'était pas douteuse, car la théologie n'est nullement exclue par la physique. Ainsi la République se constituait en même temps que la guerre menaçait. On voit clairement comment les Girondins, guerriers téméraires, inspiraient la défiance, et qu'avant la guerre, il fallait penser à tous les genres de progrès. Sur cette question de l'enseignement, Jaurès n'avait pas à chercher le prolétariat, comme il fait toujours, car nul enfant des hommes ne devait être privé de l'enseignement, non plus du secondaire et du supérieur, s'il en était digne. Ainsi nul prolétaire enfant n'était séparé des autres enfants, et l'assemblée révolutionnaire était aussi socialiste qu'on pouvait l'être. Sous ce rapport la propagande socialiste n'eut rien à faire. A cela près qu'elle se défia toujours des intellectuels, comme on a vu aux Universités populaires. Et en fait le socialisme n'avait pas tout à fait tort. Enfin la conclusion qu'il faut instruire le peuple était acquise et se tenait prête comme une armée de réserve. Il faut dire aussi que nos généraux furent souvent fort instruits, et que la formation militaire enferme par elle-même une instruction et très efficace. Par exemple en artillerie il faut bien que l'instructeur donne l'idée d'une trajectoire, et ceux que j'ai connus ne commençaient pas mal, en se servant de l'exemple de la lance d'arrosage, qui en effet rend sensibles tous les cas. De là un fond de bon sens, qui permettait de passer sur d'autres notions, par exemple la dérive des pièces rayées. De même la télémétrie est de bon sens ; tous les hommes comprennent que la grandeur apparente diminue lorsque la distance augmente. D'où il n'est pas absurde de tirer de l'apparence l'éloignement d'un objet dont on connaît préalablement la grandeur. Encore plus dans la marine un tel enseignement est nécessaire. Mais pourquoi insister ? *Ce qui est histoire* dans l'enseignement, c'est précisément ce qui n'est pas enseignement dans l'enseignement.

Journal, 31 octobre 1949

3

« INSTRUIRE LE PEUPLE »

Les choses et les hommes étant ainsi, que peut-on espérer ? Il n'y a rien à espérer tant que socialistes et communistes agissent d'accord sans le moindre accord. Il faut au moins des opinions sincères pour que la liberté ait son prix. J'ai expliqué dans un autre article que la condition d'un changement sous ce rapport, c'est la réforme de l'Enseignement public, et j'ai rencontré alors les vraies difficultés, qui sont que *personne ne veut que le peuple soit instruit*. D'où vient qu'il est difficile d'instruire, surtout si l'on pense que le peuple ne désire nullement être instruit. Ce que le peuple appelle être instruit, c'est pouvoir écouter une conférence sur la bombe atomique, alors qu'il est évident qu'il faudrait vingt ans d'études pour comprendre un seul mot à cette question.

Il n'y a rien de plus obscur que ces découvertes de la chimie sur les éléments. Il faut un grand jugement pour distinguer l'hypothèse et le fait, et je vois que des spécialistes comme Perrin et Langevin en sont incapables. Les éléments, on se borne à *en parler* en suivant des événements rapides qui arrivent promptement à l'explosion. Je prends cet exemple parce qu'on en *parle* beaucoup. Mais j'aurais encore plus à dire de l'Enseignement du treuil ou de la poulie. Il y a une manière d'en parler sans rien comprendre qui menace toute notre politique. Les difficultés que je disais concernant les profits et les salaires sont tout à fait du même genre ; je n'espère donc pas que l'ouvrier *comprendra* sans une profonde réforme de l'Enseignement. Je ne puis que préparer cette réforme en rédigeant des leçons sur le treuil et la poulie. Sur la vis et sur le levier. Sur le moteur et les producteurs de courant ; car ici il est déplorable que l'instruction consiste à voir tourner des moteurs et des dynamos ; quand on y passerait un an cela ne donnerait point la plus petite lumière sur l'induction et les aimants. Rares sont ceux qui comprennent l'anneau de Gramme ; je ne veux pas dire qu'ils comprennent la nature de l'électricité, la nature de l'aimant et autre mystère. Il n'y a point de mystère dans la physique, pas plus que dans la fameuse bombe. Et l'intelligence consiste précisément à éliminer le mystère, à n'y plus penser. Il n'y a pas un grand électricien qui s'intéresse à *ce que c'est que l'électricité* ; en réalité cette question n'a pas de sens. Ce que j'en dis ici est pour montrer que les ouvriers-techniciens de l'électricité sont profondément ignorants. Ils ne sortiront jamais de leur ignorance ; je le sais car j'ai vu leur triste visage dès que la physique devenait difficile ; on ne peut leur en vouloir de n'avoir pas le génie scientifique. Ce qui est donc à faire, et que je fais pour ma part, est de se donner un verre, de l'eau acidulée, du zinc et un morceau de charbon conducteur (charbon de cornue) et par ces moyens si simples de produire un courant ; de faire voir quels sont les signes du courant, le sens du courant et choses de ce genre. Ensuite de construire un galvanomètre simple, avec un fil de cuivre isolé et une aiguille aimantée. Alors on est en mesure de saisir les changements de sens d'un courant ; ce qui permet de décrire l'*induction électrique*, j'entends sans l'expliquer le moins du monde, sans rien faire qui excite l'antique curiosité concernant la substance des choses. « Qu'est-ce que c'est ? » demande l'homme. Brunetière répétait : « Il y a pourtant *quelque chose* derrière l'arbre ». Mais non, grattez, coupez, c'est toujours de l'arbre, c'est toujours la même apparence. Il faut ramener la curiosité à ces exemples qui n'ont rien d'effrayant. Au contraire une *bouteille de Leyde* fait peur aux plus résolus, en *tordant les poignets* avec une brutalité impossible à prévoir. Alors la peur, par anticipation, nous fait imaginer quelque chose qui ne ressemble nullement à un flacon rempli de feuilles d'étain. Notre ignorance vient de la passion, comme on le dit, mais sans bien saisir le rôle de la terreur dans notre *physique amusante*.

Je suis ramené à la fameuse bombe, et il faut bien y arriver. L'explication de ce miracle fait disparaître le fantôme d'imagination ; car dans l'uranium, dans le polonium, il n'y a rien de tragique. C'est ainsi que l'enseignement détruit l'amusement du peuple, qui veut bien qu'on le fasse sauter, mais qui ne veut pas *avoir un effort à faire*. Or la physique est un plaisir, comparé à la version latine ; et je crois que sans version il n'y a de culture pour personne.

Le fait est bien étonnant qu'il y ait une Commission de la Réforme de l'Enseignement. Vous devez comprendre d'après tout ce qui précède que cette commission ne fasse rien ; mais la réalité est plus comique ; c'est que cette commission n'existe pas ; on n'en connaît pas les membres.

Elle ne se réunit jamais. Cela, ce vide, c'est le triomphe de l'administration, qui, naturellement, s'est bornée à envoyer à chacun des membres sa nomination, et à le prier de se rendre à toute convocation le cas échéant.

Nous en sommes à cette difficulté préliminaire ; ainsi il n'y a point d'espoir ? Je vous dis que si, qu'il y a de l'espoir ; mais qu'il faut d'abord une grande révolution dans l'administration, les examens, les grades, etc. Je vous explique, mon cher lecteur, en quoi je suis révolutionnaire et pourquoi, en cette qualité, je me trouve opposé aux socialistes et aux communistes. Car c'est bien la situation, et quand je vois qu'un réactionnaire vote socialiste ou vote communiste, je comprends cela assez bien. Le réactionnaire s'entend avec le communiste sur ce point, qu'ils ne veulent pas du tout qu'on instruise le peuple. Bien entendu ils disent le contraire. C'est toujours la même chose, il faut d'abord comprendre ce qui se passe.

Souvenirs sans égards (mars-avril 1947)

4

LE DROIT A LA THÉORIE

Mes nouvelles pensées, dans les mois qui précèdent, ont eu pour objet la théorie des machines simples, levier, poulie, cric, roue et autres de ce genre. Qu'en est-il résulté ? La preuve de plus en plus que le peuple refusera ce genre d'instruction, qui ne ressemble à rien de ce qu'on lui a dit sur ce sujet. Je suis moi-même étonné de ces idées et je ne sais pas où je les ai prises. Beaucoup dans Maxwell. Beaucoup dans Lord Kelvin. Car les spéculations de ces audacieux penseurs portent toujours à côté de ce que la curiosité attend. Je renonce à faire l'histoire de cette longue confusion entre la connaissance des sciences et la familiarité des appareils et machines. Peut-être est-ce une nécessité. Car il est rare que les recherches qui écartent de la vue les appareils aient produit des inventions.

Néanmoins l'histoire des inventions est faite de pensées qui ont pour objet les relations essentielles et non pas les êtres. Je lisais hier la vie du plus grand inventeur de ce temps, celui qui a conçu l'aile volante, invention en effet très hardie et qui précéda de loin les essais pratiques. Au reste j'ai vu une fois de plus que ces essais n'apprennent rien à un inventeur ; il conçoit seulement l'*aile épaisse* et dans l'épaisseur il place l'équipage et les moteurs. C'est comme un rêve qu'il poursuit ; et, dès qu'il a l'occasion d'essayer, il peut essayer ; il construit un avion qui ne consiste plus qu'en aile épaisse ; sans crainte il le charge, et prouve ainsi que l'on gagne à supprimer le fuselage.

Un autre inventeur donnera au fuselage la forme d'une aile, sûr d'obtenir ainsi une plus grande puissance de transport. J'ai connu et je connais encore un homme que j'appelle l'Aviateur et qui *se fait* toutes ces inventions, par des conversations avec lui-même ; quelques-unes avec moi. L'aile épaisse était depuis longtemps dans ses rêveries, et il disait qu'un jour, quand on voudrait transporter des pierres de taille, l'aile épaisse serait le moyen de transport le plus économique. Il était arrivé à cette conclusion par un rigoureux examen des forces qui sont en jeu dans l'avion ; il avait surtout remarqué, contre mes idées sur la vitesse, que la vitesse de l'avion était exactement le moyen du transport ; qu'on n'avait donc pas le droit de considérer la vitesse comme chose en soi ruineuse, et enfin qu'il fallait ne pas la craindre. J'insiste ici pour faire comprendre ce que j'entends par la théorie, quand j'ai dit ailleurs que tout citoyen *a droit à sa part de théorie.* On voit qu'il ne s'agit jamais de faire voler un avion, quand on veut instruire. De la même manière que, pour les cas d'égalité des triangles, il n'est jamais question de les transporter l'un sur l'autre, quoiqu'on le dise souvent, dans les démonstrations. Démontrer, c'est justement faire voir qu'il n'est pas nécessaire de transporter, et c'est cela même qui est la preuve.

Les choses ont été mal comprises, par l'effet d'une idée juste que c'est l'expérience qui décide toujours ; et parce qu'on oublie que l'expérience peut être imaginaire, comme quand je me prouve que des trièdes opposés par le sommet ont tous leurs éléments égaux, mais que ces éléments sont dans un ordre qui empêche la superposition. Quand on en est arrivé là, c'est l'imagination qui fait preuve ; car il n'est pas question d'essayer de superposer en fait, mais seulement d'apercevoir qu'on ne peut pas superposer. Exemple plus simple ; comment sait-on qu'une oreille droite et une oreille gauche ne sont pas superposables ? (exemple de Kant). Et encore mieux, comment sait-on qu'une oreille *et son image dans la glace* ne sont pas superposables ? Appellera-t-on expérience cette découverte ? Non. Ce n'est pas une expérience ; c'est *une nécessité que l'on voit.* Je crois que toutes les démonstrations géométriques supposent des constatations de ce genre. La difficulté de la géométrie dans l'espace (théorème des trois perpendiculaires) est de *voir* ce dont il s'agit. Hors de cela le raisonnement est pénible et sans effet. On remarquera que je suis dans mon sujet ; car si je veux instruire un ouvrier, je n'ai pas le droit de lui épargner les démonstrations difficiles. Mais lui je sais bien qu'il ne me suivra point. Qu'est-ce que cela veut dire ? Que je ne le reconnais pas *pour mon semblable, pour un homme.* L'idée n'est pas petite, il s'agit de la seule fraternité qui compte ; il s'agit de la *République* possible ou impossible. Les partis n'y peuvent rien, et je ris de leurs raisonnements.

Souvenirs sans égards

5

RÉVEILLER DES INDIVIDUS

Etes-vous curieux de savoir si la République peut être entre des hommes qui ne se reconnaissent point pour des hommes ? Platon dirait qu'alors une injustice de principe commanderait tout. Mais que serait une République qui, par son essence, serait injuste. C'est la vraie question. Il faut fonder une République qui soit juste.

Par définition, une République est juste. Alors ce n'est pas la peine de chercher de petits moyens. Il faut que la République soit une République. Interrogez vos secrètes pensées de politique. Vous y trouverez toujours une Fraternité pour un homme inconnu, situé très loin. Tel est le principe de la politique avec l'Annamite ou avec Dakar. Ce que nous devons faire ne fait point doute. Il faut traiter l'homme en homme, même s'il n'en est pas digne. Surtout s'il n'en est pas digne. Vous voyez que la géométrie est l'épreuve décisive quand on veut savoir si un être est un homme, ou seulement un singe habillé. Notre idée c'est que l'homme n'a point le droit de *faire la bête.* Ce n'est pourtant pas une idée folle. En tout cas, fixez dans votre esprit qu'il est impossible de faire la République entre des hommes qui ne se reconnaissent point comme tels. Dites plutôt alors que vous allez considérer les hommes comme des animaux domestiques très précieux. C'est dire qu'il faut *solennellement rétablir l'esclavage.*

Mais pensons à la forte dialectique de Hegel. S'il y a un maître et un serviteur, nécessairement l'esclave deviendra le maître du maître, et le maître, l'esclave de l'esclave. Ainsi la République se retournera d'elle-même par une révolution ouvrière. Ce qui revient à notre principe, qu'il n'y a République qu'entre des hommes qui se reconnaissent mutuellement comme des hommes. Tout dépend de là. Un militaire humoriste disait (voir *Les silences du Colonel Bramble*) qu'on peut bien tuer l'ennemi, attendu que l'ennemi n'est pas notre semblable. Ces idées-ci sont au point où l'on est forcé de réfléchir. Il faut les laisser en cet état ; on découvrira alors que les plus vieux refrains de la politique sont bel et bien des vérités.

L'individualisme est bien le principe des démocraties ; mais cela ne fait pas contradiction ; il est ridicule de penser que l'individualisme est contraire à la coopération ; au contraire, il en est le ressort. Et ces déclamations contre l'individualisme sont des sottises ; cela n'a pas de sens. Même on peut dire que l'esprit Républicain repose sur le sentiment d'un individu pour d'autres individus, qu'il souhaite aussi résistants, aussi individus que lui-même. Le parti opposé, au fond clérical, est au contraire individualiste dans le mauvais sens ; c'est-à-dire qu'on ne pense jamais qu'avec fureur à des gens différents, et qu'on admet très bien qu'ils ne soient pas posés. La confusion est à son comble ; songez qu'en ce parti l'individu est immortel et prie volontiers pour lui-même seul. L'individu est dieu pour eux, comme il est dieu pour l'ouvrier matérialiste ; tant que l'accord ne se fera pas sur ces idées, la politique flottera dans la nuit. Je pense à un personnage de Balzac (dans *Le Curé de village*) qui déclame : « L'individualisme est notre vice qui rend la société impossible... » Et lui-même qui ne cède pas sur ses idées il n'est donc pas individualiste en cela ? Balzac s'est élancé sur ce thème monarchique. Il n'est pas difficile de comprendre que tous les héros de ce beau roman sont individualistes. C'est par là qu'ils inspirent confiance. Quelle confiance pouvez-vous avoir dans un homme qui ne croit pas à lui-même ? Ce n'est pas Véronique qui peut surmonter ces lieux communs ; mais je suis sûr que le grand prélat Dutheil qui la sauve méprise ces lieux communs ; ou plutôt il les ignore. Il ne fait que réveiller des individus et les réconcilier à eux-mêmes. Car que faire d'autre ?

Je conclus que là-dessus encore, l'ouvrier est mal instruit. Aussi n'avancera-t-on point. Chacun pensera d'abord à se sauver, comme font les catholiques, et c'est l'origine d'autres discours, enthousiastes et jésuitiques, tout à fait de même espèce que les discours militaires et patriotiques. L'ouvrier acclame ; il faudrait de l'analyse directe, et non pas ces aboiements sauvages qu'ils nomment des pensées. Je dis qu'il faudrait reprendre les idées depuis le commencement, et j'ai donné une idée du commencement. Je suis bien loin dans l'antique ; hier qu'est-ce que je lisais ? Platon. A vivre dans deux mondes séparés, nous ne nous entendrons jamais.

Souvenirs sans égards

6

FOLIE D'HUMANITÉS

« La géométrie et le latin », parole surhumaine, car elle dit tout. Chacun a pu reconnaître dans mes leçons élémentaires de mécanique la géométrie elle-même.

Et quant au *latin* nous y voilà. Comment faire ? Il faut ici une sorte de *Folie d'Humanités*. Il faut aimer tous les peuples et leur langage comme des commencements de République. Ici je n'aurai plus de contradicteurs, car les communistes ne connaissent pas la question, et leur style, hélas, le dit assez.

Ici je me contente de faire lire. Quoi lire ? Quoi ? Eh bien Tout ! S'enchanter du langage humain, en jouer comme d'une musique c'est la condition de toute culture. Par les poètes surtout, car ce sont *les seuls qui sachent les langues*. Bon ! Alors faire réciter tous les poèmes ; on aura alors toutes les idées réelles de l'Homme. On parlera tous le langage des dieux. Quelle civilisation alors ! Quelle hauteur de contemplation. Quelle majesté de l'homme !

Ne dites pas que c'est trop difficile. Il faut ! Il faut ! Si nous ne sommes point dignes d'Homère, on ne peut rien faire de nous. Et ne dites pas que vous n'y pouvez rien, quand il est clair que le devoir de l'homme est d'être un homme. Si vous renoncez, je me demande ce que vous espérez de la politique. Une société animale ? c'est-à-dire une coopérative ?

Une société animale sera injuste par essence. Elle fera toute la guerre possible. Voilà ce qui me paraît hors de doute. Et maintenant, mes garçons, à vos versions. Je reviens à dire : « Ce qui est bon pour Jaurès est bon pour vous tous. »

Souvenirs sans égards

TABLE ANALYTIQUE DES « PROPOS SUR L'ÉDUCATION »

Note bibliographique

Nous donnons ici pour chacun des Propos sur l'éducation, *selon la numérotation de la présente édition, la parution originale en périodique et la publication dans les recueils ultérieurs.*

I – *Dépêche de Rouen et de Normandie*, 16 août 1913.
Propos II (224), Pléiade, 1970.

II – *La Lumière*, 8 août 1931.
Libres Propos (LXX), septembre 1931.
Propos II (528), Pléiade, 1970.

III – *Libres Propos* (LXXIV), octobre 1931.
Propos II (533), Pléiade, 1970.

IV – L'École Libératrice, 4 janvier 1930.
Libres Propos (CCCIX), mai 1930.
Propos II (500), Pléiade, 1970.

V – *Dépêche de Rouen et de Normandie*, 8 janvier 1914.
L'École Libératrice, 10 mai 1930.
Propos II (235), Pléiade, 1970.

VI – *La Lumière*, 14 septembre 1929.
Libres Propos (CCLVI), 20 octobre 1929.
Propos I, « L'art de vouloir », Pléiade, 1956.

VII – *Libres Propos* (CXXI), 6 août 1921.
Propos I, « Qu'est-ce que l'école », Pléiade, 1956.

VIII – *Libres Propos* (XL), 15 août 1924.
Propos I, « Le salut personnel », Pléiade, 1956.

IX – *Dépêche de Rouen et de Normandie*, 4 juin 1914.
L'École Libératrice, 21 juin 1930.

X – *La psychologie et la vie*, mars 1928.
Libres Propos (CIX), 20 avril 1928.
Propos II (467), Pléiade, 1970.

XI – *L'École Libératrice*, 18 janvier 1930.
Libres Propos (XXVI), 30 avril 1921.
Sentiments, passions et signes (29), « Père et fils », 1926, Marcelle Lesage.
Propos I, « Père et fils », Pléiade, 1956.

XII – *Libres Propos* (LXII), 20 novembre 1927.
Propos II (459), Pléiade, 1970.
XIII – *Libres Propos* (CCCXXXVII), 4 mars 1922.
Propos I, « Un peuple étranger », Pléiade, 1956.
XIV – *Libres Propos* (XCII), 14 octobre 1922.
Cent un propos d'Alain – V (77), Marcelle Lesage, 1928.
XV – *L'Émancipation*, août 1925.
Propos I, « Panique d'enfants », Pléiade, 1956.
XVI – *Libres Propos* (CCVIII), 29 octobre 1921.
XVII – *Libres Propos* (XXXII), 15 août 1924.
Propos II (410), Pléiade, 1970.
XVIII – *Libres Propos* (CCXLV), 3 décembre 1921.
XIX – *L'Émancipation*, 15 juin 1925.
Propos I, « Géométrie et latin », Pléiade, 1956.
XX – *Libres Propos* (XXXVIII), 15 août 1924.
Propos II (413), Pléiade, 1970.
XXI – *Libres Propos* (LXXVI), 18 juin 1921.
Propos II (269), Pléiade, 1970.
XXII – *Libres Propos* (CXXI), 9 décembre 1922.
Propos II (346), Pléiade, 1970.
XXIII – *L'Émancipation*, 10 avril 1925.
Sentiments, passions et signes (31), « Jean Valjean », Marcelle Lesage, 1926.
Propos I, « Jean Valjean », Pléiade, 1956.
XXIV – *Libres Propos* (XXXIII), 7 mai 1921.
Propos I, « Épreuves pour le caractère », Pléiade, 1956.
XXV – *L'Émancipation*, décembre 1924.
Propos sur des philosophes (106).
Propos II (423), Pléiade, 1970.
XXVI – *Libres Propos* (XIII), 5 mai 1923.
XXVII – *La Lumière*, 25 avril 1931.
Libres Propos (XXXVIII), mai 1931.
Propos I, « Leçons de choses », Pléiade, 1956.
XXVIII – *Libres Propos* (XXX), 16 juin 1923.
XXIX – *L'Émancipation*, 5 février 1925.
Propos I, « L'apprentissage », Pléiade, 1956.
XXX – *Libres Propos* (XXII), 27 mai 1922.
Propos I, « Définir les formes », Pléiade, 1956.
XXXI – *Libres Propos* (CLXIV), 17 septembre 1921.
Propos II (285), Pléiade, 1970.
XXXII – *La psychologie et la vie*, mai 1928.
Libres Propos (CXXXIV), 20 juillet 1928.
XXXIII – *Libres Propos* (CXVII), 1er décembre 1923.
XXXIV – *Libres Propos* (CII), 28 octobre 1922.
XXXV – *Libres Propos* (CCCVII), 4 février 1922.

XXXVI - *Libres Propos* (CXV), 25 novembre 1922.
Propos II (342), Pléiade, 1970.
XXXVII - *La Lumière*, 17 octobre 1931.
Libres Propos (LXXXVI), novembre 1931.
Propos I, « Les cours et l'enseignement », Pléiade, 1956.
XXXVIII - *L'École Libératrice*, n° 23, 1929-1930.
Libres Propos (LXIX), septembre 1931.
Propos II (531), Pléiade, 1970.
XXXIX - *Libres Propos* (LXX), 20 décembre 1927.
Propos II (455), Pléiade, 1970.
XL - *La Lumière*, 9 février 1929.
Libres Propos (CCI), 20 mars 1929.
Propos I, « Lire », Pléiade, 1956.
XLI - *Libres Propos* (LXI), 20 novembre 1927.
Propos II (451), Pléiade, 1970.
XLII - *L'Émancipation*, n° 100, février 1927.
XLIII - *La Lumière*, 10 mars 1928.
Libres Propos (CX), 20 avril 1928.
XLIV - *Dépêche de Rouen*, 14 mai 1914.
L'École Libératrice, 8 février 1930.
XLV - *Libres Propos* (LIII), 28 mai 1921.
Cent un propos d'Alain - V (30), Marcelle Lesage, 1928.
Propos I, « Une bibliothèque », Pléiade, 1956.
XLVI - *Libres Propos* (CLXXV), 24 septembre 1921.
Cent un propos d'Alain - V (45), Marcelle Lesage, 1928.
L'École Libératrice, 28 septembre 1929.
Propos I, « Les aventures de Télémaque », Pléiade, 1956.
XLVII - *Propos sur le christianisme* (I), « Chateaubriand », Rieder, 1924.
Libres Propos (CXCII), 15 octobre 1921.
Propos I, « Les martyrs », Pléiade, 1956.
XLVIII - *Dépêche de Rouen*, 31 août 1910.
Cent un propos d'Alain - IV (19), Wolf, 1914.
L'École libératrice, 3 mai 1930.
Propos I « L'almanach », Pléiade, 1956.
XLIX - *Libres Propos* (CCXXIV), 12 novembre 1921.
Cent un propos d'Alain - V (50), Marcelle Lesage, 1928.
Propos II (295), Pléiade, 1970.
L - *Libres Propos* (LXVII), 19 août 1922.
LI - *Libres Propos* (CI), 16 juillet 1921)
LII - *Libres Propos* (LXXXVI), 2 juillet 1921.
Cent un propos d'Alain - V (32), Marcelle Lesage, 1928.
Propos II (271), Pléiade, 1970.
LIII - *Libres Propos* (LXXXIX), 23 juin 1921.
Cent un propos d'Alain - V (33), Marcelle Lesage, 1928.

Propos I, « Le pinson », Pléiade, 1956.
LIV - *Libres Propos* (CLXVII), 3 mars 1923.
Propos II (356), Pléiade, 1970.
LV - *Libres Propos* (XLII), 14 mai 1921.
Propos II (263), Pléiade, 1970.
LVI - *L'Émancipation*, 15 juillet 1925.
LVII - *Libres Propos* (XLV), 21 mai 1921.
Sentiments, passions et signes (33), « Individus », Gallimard, 1926.
Propos sur des philosophes (77), PUF, 1961.
Propos II (264), Pléiade, 1970.
LVIII - *La psychologie et la vie*, mai 1930.
Libres Propos (CCCXVIII), juin 1930.
Propos I « Se penser soi-même », Pléiade, 1956.
Propos sur des philosophes (72), PUF, 1961.
LIX - *Dépêche de Rouen et de Normandie*, 9 juin 1910.
L'École libératrice, 29 mars 1930.
LX - *Dépêche de Rouen et de Normandie*, 5 mai 1911.
Propos d'Alain – II (30), NRF, 1920.
L'École Libératrice, 14 décembre 1929.
Propos II (155), Pléiade, 1970.
LXI - *Dépêche de Rouen et de Normandie*, 21 janvier 1914.
L'École Libératrice, 31 mai 1930.
Propos I, « Leçons de choses pour adultes », Pléiade, 1956.
LXII - *Libres Propos* (CCCXXVII), 25 février 1922.
Propos II (310), Pléiade, 1970.
LXIII - *Libres Propos* (CCXXXVII), 26 novembre 1921.
Propos I, « La méthode concrète », Pléiade, 1956.
LXIV - *Libres Propos* (XXV), 15 juillet 1924.
Propos I, « Savoir ou pouvoir », Pléiade, 1956.
Propos sur des philosophes (24), PUF, 1961.
LXV - *Libres Propos* (XLIV), 20 septembre 1927.
Propos I, « Algèbre », Pléiade, 1956.
LXVI - *Libres Propos* (LX), 11 août 1923.
LXVII - *Libres Propos* (LVIII), 15 octobre 1924.
Propos II (420), Pléiade, 1970.
LXVIII - *Libres Propos* (XXII), 2 juin 1923.
Propos sur le christianisme (6), « Humanités », Rieder, 1924.
Propos I, « Humanités », Pléiade, 1956.
LXIX - *La Lumière*, 12 mars 1932.
Libres Propos (XX), mars 1932.
Propos I, « Pour le grec », Pléiade, 1956.
Propos sur des philosophes (94), PUF, 1961.
LXX - *Libres Propos* (LXXXI), 20 janvier 1928.
Propos II (460), Pléiade, 1970.

LXXI - *Libres Propos* (XLVI), 8 juillet 1922.
Propos II (324), Pléiade, 1970.
LXXII - *Libres Propos* (CLX), 20 octobre 1928.
La Lumière, 25 août 1928.
LXXIII - *Libres Propos* (CXXIV), 6 août 1921.
Propos I, « Les bonnets à sornettes », Pléiade.
LXXIV - *Libres Propos* (CC), 22 octobre 1921.
Propos II (288), Pléiade, 1970.
LXXV - *Libres Propos* (XCIX), 28 octobre 1922.
LXXVI - *Libres Propos* (XLIII), 20 septembre 1927.
Propos sur des philosophes (101), PUF, 1961.
Propos II (447), Pléiade, 1970.
LXXVII - *L'École Libératrice*, 24 mai 1930.
Libres Propos (XXI), mars 1932.
Propos sur des philosophes (99), PUF, 1961.
Propos II (507), Pléiade, 1970.
LXXVIII - *L'Émancipation*, 20 juillet 1926.
Propos I, « Exercices de volonté », Pléiade, 1956.
LXXIX - *Libres Propos* (CXVIII), 30 juillet 1921.
LXXX - *La lumière*, 30 juillet 1927.
Propos I, « Ciguë infinitésimale », Pléiade, 1956.
Libres Propos (XLII), 20 août 1927.
Propos sur les pouvoirs (136), Folio essai, 1985.
LXXXI - *L'école libératrice*, 17 mai 1930.
LXXXII - *L'école libératrice*, 7 juin 1930.
LXXXIII - *L'École Libératrice*, 12 juillet 1930.
Libres Propos (CCCXXXV), août 1930.
Politique (60), PUF, 1950.
Propos I, « Obéissance », Pléiade, 1956.
Propos sur les pouvoirs (56), Folio-essai, 1985.
LXXXIV - *La Lumière*, 10 décembre 1927.
Libres Propos (LXXXV), 20 janvier 1928.
Politique (100), PUF, 1951.
Propos sur des philosophes (53), PUF, 1961.
Propos I, « L'union fait la force », Pléiade, 1956.
Propos sur les pouvoirs, Folio-essai, 1985.
LXXXV - *Libres Propos* (CXCIX), 22 octobre 1921.
Éléments d'une doctrine radicale, « La culture », NRF, 1925.
LXXXVI - *La Lumière*, 6 juin 1931.
Libres Propos (XLVIII), juin 1931.
Propos II (525), Pléiade, 1970.
LXXXVII - *La Lumière*, 24 septembre 1927.
Libres Propos (LX), 20 octobre 1927.
Propos II (448), Pléiade, 1970.

Table des matières

Imprimé en France
Achevé d'imprimer en octobre 2001
par Normandie Roto Impression s.a. 61250 Lonrai
N° d'impression 012491 — Dépôt légal octobre 2001